MAGDALENE BUSSMANN · GOTTFRIED BITTER

Lebenszeichen gegen Angst und Tod

Für eine humane Welt
und eine menschliche Kirche

Heinrich Missalla
gewidmet

Publik-Forum
Zeitung kritischer Christen

DOKUMENTATION

INHALTSVERZEICHNIS

III. „GEFÄHRLICHE ERINNERUNG“ FÜR GEGENWART UND ZUKUNFT: WARUM WIR NICHT VERGESSEN DÜRFEN

Was gab den Anlaß zu diesem Buch?

Anlaß zu diesem Buch, einer Textsammlung, ist der Geburtstag von Heinrich Missalla am 26. Juni 1926. Mit seinem 65. Lebensjahr scheidet er aus dem aktiven Dienst als Universitätsprofessor aus und ist damit „emeritiert". Heinrich Missalla ist einer breiteren Öffentlichkeit vor allem in Verbindung mit dem Thema „Krieg und Frieden" bekannt. In seinem Buch „Für Volk und Vaterland. Die kirchliche Kriegshilfe im Zweiten Weltkrieg" dokumentierte er den Mißbrauch der Religion für den Krieg, wie er von katholischen Amtsträgern betrieben worden ist. Wenn Presse, Funk und Fernsehen, Akademien, Gemeinden oder Gruppen einen speziell „katholischen Friedenstheologen" suchten, dann fiel die Wahl auf ihn – auf einen der wenigen im Geiste der Bergpredigt friedensbewegten „Rufer in der Wüste". Wie selbstverständlich wurde er Geistlicher Beirat der deutschen Sektion der katholischen Friedensbewegung Pax Christi – als Nachfolger seines Gesinnungsfreundes Paulus Engelhardt.

Heinrich Missalla weiß wovon er spricht. Bevor er im Jahre 1953 zum Priester der Erzdiözese Paderborn geweiht wurde, dem später errichteten Ruhrbistum angehörend, wurde der 16jährige zum Luftwaffenhelfer, der 18jährige zum Soldaten, der bis Mitte 1946 in Gefangenschaft festgehalten wurde. Danach Studium der Philosophie und der Theologie, während seiner Tätigkeit als Religionslehrer in der Berufsschule, Pfarrerexamen, Dr. theol., danach Dozent für Erziehungswissenschaften, 1971 ordentlicher Professor an der Universität Gesamthochschule Essen.

Den priesterlichen Kontakt zu einer konkreten Pfarrgemeinde hat er nie aufgegeben, vielmehr gepflegt. Sein Engagement für eine offene, friedensstiftende, dialogbereite Kirche wurde vielen zum Vorbild. Bis heute ist er im „Bensberger Kreis" aktiv, eine renommierte Gruppe kirchenkritisch engagierter Katholikinnen und Katholiken. Er ist Mitbegründer des im Jahre 1966 gegründeten Kreises. Nachdem im Jahre 1980 in Berlin der erste „Katholikentag von unten" stattgefunden hatte, konstituierte sich noch im gleichen Jahr die „Initiative Kirche von unten". Heinrich Missalla ist bei dieser basiskirchlichen Bewegung einer der Mitinitiatoren. Und im Jahre 1986 wird er zum Mitherausgeber von Publik-Forum gewählt.

Der Name Missalla steht also für vieles, wofür Christinnen und Christen engagiert sind, und was die in dem vorliegenden Buch gesammelten Texte zum

Ausdruck bringen. Magdalene Bußmann und Gottfried Bitter bringen in dem folgenden Text eines persönlichen Briefes an Heinrich Missalla in bewegenden Worten zum Ausdruck, was jene denken und fühlen, die Heinrich Missalla kennengelernt haben.

Lieber Heinz,

65 Jahre alt zu werden, ist an sich noch nichts Verdienstvolles, das ist wohl eher ein Geschenk.

Aber in 65 Lebensjahren ein „eigener" Mensch zu werden, mit Charakter und persönlichem Profil, das ist die Herausforderung, die Du angenommen und – so meinen sicherlich nicht nur wir – erfolgreich bestanden hast.
Selbst wenn Du von Dir sagst: „Ich komm' in die Jahre, es knirschen die Knochen, licht werden die Haare", so interpretieren wir das eher als augenzwinkerndes understatement, das ja auch – irgendwie – typisch für Dich ist.

Und da Du Dich, Dein außergewöhnliches Engagement für Frieden, Gerechtigkeit, Bewahrung der Schöpfung in allen Lebensbereichen immer wie selbstverständlich einfordern ließest, Dich in Initiativen und Gruppen einsetztest, die sich für ein menschenfreundliches Gesicht der Kirche abmühen, für viele Menschen in Deiner Aufgabe als Priester und Theologieprofessor ein Stückchen eben dieser Kirche, die bei den Menschen ist, bedeutest, daß viele von uns Dich als verläßlichen Freund erleben dürfen, dafür insbesondere möchten wir Dir mit dieser Geburtstagsschrift danken.

Wir nennen dieses Geschenk ganz bewußt nicht „Festschrift", denn das erinnert eher an (dickleibige) Bücher, die geehrten Gelehrten in der Regel dann dediziert werden von ebenso gelehrten Kollegen, wenn sie sich aus dem akademischen Leben verabschieden. Du sagst zwar auch „Uni – Ade!", aber als „Emerit" wirst Du Dich dann – so hoffen und wünschen wir – ganz auf Deine wichtige und überlebensnotwendige Friedensarbeit konzentrieren können, in der Dir das Eingebundensein theologischer Reflexion in einer an den Menschen orientierten Praxis unaufgebbar ist.

Lieber Heinz, zur Mitarbeit an diesem Band haben wir nicht nur Kolleginnen und Kollegen aus dem universitären Bereich gebeten – das ist zwar bei den meisten „Festschriften" so üblich, das kennzeichnet aber nicht in angemessener Weise Dein Arbeiten, Deine Präsenz, Deine inspirierende Kraft, denn für Dich ist die

Universität lediglich eines Deiner Wirkungsfelder (und vielleicht auch nicht das wichtigste?).

Wir haben in dieser Geburtstagsschrift Beiträge von Freundinnen und Freunden zusammengestellt, die sich – wie Du – abmühen um eine friedliche, lebenswerte Welt, um eine humane Politik und um eine geschwisterliche, einladende Kirche.

Die Verfasserinnen und Verfasser verstehen sich nicht ausschließlich als – und sind auch nicht – Expertinnen und Experten im Sinne der akademischen Wissenschaft, sie sind Menschen, die sich einmischen, die reflektiert und authentisch Christin und Christ sein wollen, denen bewußt ist, daß die Glaubwürdigkeit des Glaubens sich an der gelebten Praxis zu messen hat, denen Kirche und Politik also nicht gleich-gültig sind.

Daher markieren die Beiträge jeweils den spirituell-politischen Standort der Autorin, des Autoren, sie sind Lebenszeichen, Wegmarkierungen, deren Ziel eine humane Welt, eine menschliche Kirche ist.

Heinz, wir schenken Dir eine Geburtstagsschrift von unten, denn Du bist jemand, der sich trotz akademischer Titel und universitärer Würden immer verstanden und verhalten hat – und es wohl auch weiterhin tun wird – als „kleiner Leute Kind". Dein Arbeiten und Dein Engagement sind dieser Perspektive von unten verpflichtet, denn Titel, Rang und Würden waren und sind Dir immer unheimlich und „zu groß" – aber damit befindest Du Dich in guter biblischer Tradition (vgl. Mk 10, 42-44)!

Die Autorinnen und Autoren möchten Dir mit ihren Beiträgen einen kleinen Beweis ihrer Solidarität mit Deinem Arbeiten zum Ausdruck bringen, Dir gleichzeitig auch für Deinen unermüdlichen, selbstlosen Einsatz bei Pax Christi, im Bensberger Kreis, in der Initiative Kirche von unten, bei Publik-Forum… (hoffentlich haben wir niemanden übergangen!) und nicht zuletzt auch im universitären Bereich danken. Wir hoffen und wünschen Dir und uns, daß Du auch als „Emerit" weiterhin der bleibst, als den wir Dich kennen, aber eine Konversion zum „Emerit" dürfte Dir sehr schwer fallen, das wäre so etwas wie „contra naturam". Da diese Geburtstagsschrift auch von unten entstanden ist, hat sie eine lange und langwierige Entstehungsgeschichte, so daß sich aus einigen Beiträgen bereits ein Stück – brandaktueller – Zeitgeschichte herauslesen läßt – diese sind vielleicht wegen ihrer Ungleichzeitigkeit wieder zeitgerecht.

Da Kosten und Umfang dieses Bandes sich leider in eng kalkulierten Grenzen halten mußten, konnten wir einige Beiträge – und das sagen wir mit großem Bedau-

ern – nicht mehr in Deine Geburtstagsschrift aufnehmen. Sie erscheinen in einer Art „Privatdruck“ pünktlich zu Deinem Festtag. Wir bitten die Autorinnen und Autoren um Verständnis und Dich, Heinz, um Entschuldigung, daß dieser Band nicht alle Deine Freundinnen und Freunde zu Wort kommen läßt.

Wir wünschen Dir alles Gute, Gottes Segen und Shalom, die immer bei Dir sein mögen!

Magdalene Bußmann und Gottfried Bitter

KAPITEL I: WIRKLICHKEITEN – OPTIONEN – VISIONEN: CHRISTINNEN UND CHRISTEN AUF DEM WEG INS JAHR 2000

Bernhard Gertz: Gemeinde-Struktur und Oster-Liturgie im Kontext prophetischer Theologie

Zur Feier der Heiligen Woche in der Universitäts-Pfarrei St. Augustinus, Bochum-Querenburg

„In Wahrheit ist es würdig und recht, den verborgenen Gott, den allmächtigen Vater, mit aller Glut des Herzens zu rühmen und seinen eingeborenen Sohn, unsern Herrn Jesus Christus, mit jubelnder Stimme zu preisen ... Gekommen ist das heilige Osterfest, an dem das wahre Lamm geschlachtet wird, dessen Blut die Türen der Gläubigen heiligt und das Volk bewahrt vor Tod und Verderben."

Schon oft hat Heinrich Missalla diese Wort aus dem „Exsultet" in der Osternacht-Feier unserer Gemeinde gesungen, in jener Nacht, die wir als „Gipfel unseres Tuns und Quelle unserer Kraft" verstehen. H. Missalla wohnt im Kirchen-Forum Bochum-Querenburg und ist Subsidiar an unserer Pfarrei St. Augustinus. Was ist das für eine Gemeinde und wie feiert sie die Heilige Woche?

Gemeinde im Umbruch

Als ich vor einigen Jahren die Situation unserer Pfarrei in den „Katechetischen Blättern" schilderte[1], war die Wirklichkeit noch verhältnismäßig nahe bei der ursprünglichen Planung: eine Pfarrei in der Bochumer „Universitäts-Rahmenstadt", geprägt von der Nachbarschaft zur Universität und zur Katholischen Studenten-Gemeinde, eingebunden in eine auf dem Reißbrett entworfene Welt von Beton und Kalksandstein. Von einer normalen Pfarrei unterscheidet uns die Beheimatung im ökumenischen Kirchenforum, wo die Orts- und die Studenten-Gemeinden beider Konfessionen ihr Zuhause haben. Eine gemeinsame, reich gegliederte Halle, unser „Atrium", bildet den Mittelpunkt der gesamten Anlage. Von dieser Halle aus sind auch die beiden Kirchen zugänglich: unten die katholische Kirche auf der Ebene der Tiefgaragen, der Schnell- und Versorgungsstraßen; über der katholischen die evangelische Kirche auf der Fußgänger-Ebene mit Buchhandlung, Restaurant, Galerie und Gemeindesaal. Ein Haus, in dem seit der Einweihung 1975 Ökumene im Alltag praktiziert wird.

Das zweite Merkmal unserer Pfarrei besteht darin, daß seit Gründung unserer Pfarrei 1967 ein zweites Gemeindezentrum zu uns gehört: St. Paulus, Bochum-Hustadt. So haben wir also zwei Kirchen, zwei Gemeindehäuser, zwei Kindergärten, zwei Wohnhäuser usw. in einer Pfarrei (und nicht etwa zwei Pfarreien mit einem Pfarrer!).

Vielleicht erscheinen diese knappen Hinweise auf komplizierte Strukturen schon verwirrend. Die Menschen unserer Gemeinde konnten sich aber an diese komplizierten Strukturen relativ gut gewöhnen, weil sie darin eine Entsprechung fanden zu ihrer Wohn- und Arbeits-Situation zwischen Universität und Opelwerk. Dringender war eine Orientierung in den brennenden Fragen der Zeit. Solche Orientierungs-Hilfen hat auch Heinrich Missalla Pfarrangehörigen und Studierenden gegeben. Ich denke an seinen Vortrag bei einer Gedenkstunde in unserer Kirche zum Jahrestag des Kriegsbeginns oder an den 8. Mai 1985, als unsere Jugendlichen in der Kirche eine szenische Lesung aus der „Ermittlung" von Peter Weiss vortrugen. Ich denke an Gesprächsabende zum „Holocaust", zur Blockade in Mutlangen, an Reiseberichte aus Polen und der Sowjetunion. Solche Abende behalten ihren Stellenwert im Versuch unserer Gemeinde, ein prophetisches Wort der Kirche in der jeweiligen Stunde der Zeit zu sagen.

Nun hat sich seit Mitte der achtziger Jahre die Zusammensetzung unserer Bevölkerung gravierend verändert. Zwar gab es auch vorher schon Ausländer aus 33 Nationen. Aber weil sie fast alle dem akademischen Milieu angehörten, galten sie meist als interessante Nachbarn, denen man gern begegnete. Das galt auch noch für die Asylanten aus der afghanischen Oberschicht, die seit 1980 aus der Partnerstadt, der Universität Kabul, nach Bochum kamen. Im Kindergarten und im „Müttertreff" junger Frauen mit ihren Kindern im Gemeindehaus entstanden mannigfache Partnerschaften und Freundschaften. Lesungen verfolgter afghanischer Schriftsteller waren in unserem Gemeindehaus möglich. Vertreter der evangelischen und der katholischen Gemeinde waren eingeladen, wenn die Afghanen ihr Neujahrsfest in kirchlichen Räumen feierten.

Aber dann kamen die moslemischen Arbeiter und die Asylbewerber aus vielen Ländern, und die Deutschen zogen sich zurück. Viele suchten sich anderswo eine Wohnung. Das Problem wurde mir schlagartig nach einer Predigt zum Tag des ausländischen Mitbürgers 1986 deutlich. Ich hatte gesagt: „Solange bei uns noch 29 große Wohnungen leerstehen, kann man noch nicht sagen: das Boot ist voll!" Hernach meinte eine Frau: „Sie haben gut reden. Bei Ihnen hat auch noch nie der Nachbar in der 7. Etage auf dem Balkon einen Hammel geschlachtet!" Eine Zeitlang sah es so aus, als würde die Gemeinde kleiner, die Wohnungen leerer, die Probleme zwischen den Völkern und Religionen größer. Da kamen mehrere Großfamilien von aramäischen Asylbewerbern an. Sie waren Christen aus Syrien und der Türkei. Sie waren im Sprachkurs, im Müttertreff, im Kindergarten, in der Schule – und in der Kirche. Sie fielen überall auf als exotische, gerngesehene Gäste. Als sie wie selbstverständlich bei uns zur Kommunion gingen, konnten und wollten wir sie nicht zurückweisen. Zum Glück stießen wir wie zufällig auf eine zwischenkirchliche Vereinbarung.

Am 23. Juni 1984 unterzeichneten Papst *Johannes Paul II.* und der in Antiochien residierende Patriarch der „Syrisch-Orthodoxen Kirche" *Moran Mar Ignatios Zakka I. Iwas* eine gemeinsame Erklärung zur gegenseitigen pastoralen Hilfe. Darin heißt es wörtlich:
„Unsere wenn auch noch nicht vollkommene Identität im Glauben berechtigt uns, eine Zusammenarbeit zwischen unseren Kirchen ins Auge zu fassen: in der Seelsorge, in Situationen, die heutzutage sowohl wegen der Zerstreuung unserer Gläubigen über die ganze Welt als auch wegen der unsicheren Zustände dieser schwierigen Zeiten häufig sind. Es ist in der Tat unseren Gläubigen nicht selten aus materiellen oder moralischen Gründen unmöglich, Zugang zu einem Priester ihrer eigenen Kirche zu finden. Bemüht, ihren Bedürfnissen entgegenzukommen, und in der Sorge um ihr geistliches Wohl ermächtigen wir sie, in solchen Fällen von rechtmäßigen Priestern unserer beiden Schwesterkirchen die Sakramente der Buße, der Eucharistie und der Krankensalbung zu erbitten, wenn sie sie brauchen. Eine logische Folge der Zusammenarbeit in der Seelsorge wäre es, auch auf dem Gebiet der Priesterausbildung und der theologischen Erziehung zusammenzuarbeiten. Die Bischöfe werden ermutigt, die Möglichkeiten wechselseitiger Teilnahme an der theologischen Ausbildung zu fördern, wenn sie es für ratsam halten. Dabei vergessen wir nicht, daß wir noch alles in unserer Macht stehende unternehmen müssen, um zur vollen sichtbaren Gemeinschaft zwischen der katholischen Kirche und der syrisch-orthodoxen Kirche von Antiochien zu gelangen, daß wir unaufhörlich zu unserem Herrn flehen müssen,

uns jene Einheit zu gewähren, die allein es uns ermöglichen wird, der Welt in völliger Einmütigkeit das Evangelium zu bezeugen.“ [2]

Die Aramäer kennen wie alle Ostkirchen eigentlich keinen Kommunion-Unterricht. Ihre Kinder sind von der Taufe an zur Eucharistie zugelassen. Ihren Religions-Unterricht erhalten sie in einer mystagogischen Liturgie. Trotzdem nahmen 1989 sieben Aramäerkinder in einer gesonderten Gruppe an unserem Kommunionunterricht teil. Eine Katastrophe drohte, als eine dieser Familien – 6 Kinder und die Mutter schwanger – nach Syrien abgeschoben werden sollte. Christengemeinden, Parteien und Bürgerinitiativen vereinigten sich, um eine Duldung zu erwirken. Höhepunkt war eine Unterschriftenaktion, zu der wir in unseren Gottesdiensten aufgerufen hatten. Den zuständigen Behörden war das gar nicht recht, zumal auch noch durchgesickert war, daß wir notfalls der Familie in unserer Kirche Asyl gegeben hätten. Wir haben den Hinweis, unter Ausschluß der Öffentlichkeit lasse sich diskreter und erfolgreicher verhandeln, für die Zukunft als guten Ratschlag angenommen. Aber für die Beheimatung der Aramäer war die Petition mit vielen hundert Unterschriften wirksamer, und für die Gemeinde war es eine wichtige Erfahrung.

Und dann kamen die Spätaussiedler und die Übersiedler aus der DDR. Wie man weiß, ist der Zustrom zu den Ruhrgebiets-Städten, besonders nach Bochum außerordentlich groß. Von Anfang 1987 bis zum 31.1.1990 kamen mehr als 9.600 Aus- und Übersiedler nach Bochum, während an der Universität statt der ursprünglich geplanten 10.000 Studienplätze jetzt 36.000 belegt sind. Im Gebiet unserer Pfarrei ist schon seit mehreren Jahren ein Übergangsheim für 133 Asylbewerber und seit dem Herbst 1989 ein Übergangsheim für 184 Aus- und Übersiedler. Unsere Jugendräume und Gemeindesäle sind die ganze Woche über vormittags belegt mit Sprachkursen. Einmal wöchentlich kommt ein Ordenspriester der polnischen Mission zum Religions-Unterricht in polnischer Sprache und zur Meßfeier mit Beichtgelegenheit für die polnische Gemeinde. Unsere beiden katholischen Kindergärten mit je 4 Gruppen zählten Ende Februar 1990 rund 390 Kinder auf der Warteliste. Davon waren 180 schon drei Jahre und älter, so daß sie sofort aufgenommen werden könnten, wenn nur genügend Plätze vorhanden wären. So wird es eng an allen Ecken und Enden, und die Herausforderungen an die Gemeinde wachsen von Tag zu Tag. Schon immer ging es hier darum, die christliche Botschaft in einem kirchenfernen Milieu zu leben und zu bezeugen. Aber jetzt müssen Christen von sehr unterschiedlicher Herkunft und Mentalität zusammenwachsen, gerade auch in der Liturgie. Und diese Liturgie muß missionarisch sein. Keinesfalls darf sie sich auf einen sektenhaften Kern reduzieren, niemals sich zelotenhaft in der Öffentlichkeit präsentieren.

Die Große Heilige Woche

Diese Skizze unserer Situation war notwendig, um dem Leser und der Leserin ein Bild zu vermitteln, unter welchen Bedingungen wir versuchen, die Große Heilige Woche der Kirche zu feiern. Wir erheben nicht den Anspruch, mit unserer Art der Liturgie-Feier schon die angemessene Antwort auf die Fragen zu geben, die sich uns in diesem Jahr stellen. Aber es ist schon viel gewonnen, wenn wir die österliche Bußzeit nicht in einer verkaterten „Aschermittwochs-Stimmung" beginnen, wenn wir uns vielmehr beschenkt wissen, wie es die erste Fasten-Präfation zum Grund für Dank und Preis nimmt: *„Denn jedes Jahr schenkst Du Deinen Gläubigen die Gnade, das Osterfest in der Freude des Heiligen Geistes zu erwarten. Du mahnst uns in dieser Zeit der Buße zum Gebet und zu Werken der Liebe, Du rufst uns zur Feier der Geheimnisse, die in uns die Gnade der Kindschaft erneuern. So führst Du uns mit geläutertem Herzen zur österlichen Freude und zur Fülle des Lebens ..."*

Seit 1984 gehört in unsere Oster-Vorbereitung praktische und konkrete Polen-Hilfe als Beitrag zur Versöhnung. In den ersten Jahren halfen etwa 20 junge Christen beim Auf- und Ausbau einer Jugend-Begegnungsstätte in Auschwitz-Birkenau. Die Gemeinde beteiligte sich mit erheblichen Geld- und Sachspenden. Danach verbrachten die Jugendgruppen ihre Ferien in Polen mit polnischen Jugendlichen. 1990 waren es wieder Sammlungen und Lebensmitteltransporte für die Armenküchen in Krakau.

In der Fastenzeit bilden sich Gesprächsgruppen und Arbeitskreise, die sich auf die Feier der Heiligen Woche vorbereiten. Ich übergehe hier die eher folkloristischen Züge, die zum Beispiel die Liturgie des Palmsonntags auch für Kindergarten- und Schulkinder einladend machen und konzentriere mich auf die Bußandacht am Palmsonntag, den ersten Gottesdienst der Heiligen Woche, zu dem sich die Mitglieder unserer Gemeinden in einer einzigen Feier versammeln. Zur Vorbereitung auf diese Bußfeier blättere ich in diesem Jahr einmal in unserer „Trutznachtigal". Das ist eine kleine Zeitschrift, die seit 1978 in einer Auflage von 300 – 500 Exemplaren Beiträge aus dem Umkreis unserer Pfarrei veröffentlicht. Heinrich Missalla gehört zu den ständigen Autoren. Die folgende Sammlung von Zitaten aus seinen Beiträgen läßt ahnen, welche Anstöße zur jeweils akuten Gewissens-Erforschung in diesen Beiträgen gegeben sind.

In seinem Vortrag „Zur Entstehung, Begründung und Problematik der Theologie der Befreiung" sagt er am 30.5.1978 vor der KSG Bochum:
Eine Theologie, die sich distanziert-neutral zu den Problemen verhält, von denen Menschen bis aufs Blut betroffen sind, wird durch die „Theologie der Befreiung" und ihre Vertreter in Frage gestellt. Es gibt keine „Zuschauer-Theologie", so wie es keinen Glauben an Jesus Christus ohne die Nachfolge gibt. Die Berufung auf die Aufgabe, sich den „letzten Fragen" der Menschheit widmen zu müssen, kann angesichts des Massenelends eine Flucht davor sein, sich den „vorletzten" Fragen und Dingen zu stellen, in denen man sein Heil (und das Wohl anderer) wirkt oder verspielt. In Lateinamerika ist jedenfalls nicht der Atheismus das Problem Nr. 1, sondern die Tatsache, daß Menschen als Un-Personen behandelt werden.
(Trutznachtigal = TN 1978, S. 18)

Im selben Jahr sagt er bei der Essener Hochschulwoche zum Thema „Kirche und Menschenrechte":
Die Botschaft des Jesus von Nazareth, sowie die Botschaft von Jesus dem Christus läßt nicht zu, fremdes von eigenem Leid zu trennen. (Vgl. Dorothee Sölle, Das Recht ein Anderer zu werden, in: Die Wiedergewinnung des Humanen, Stuttgart 1975, 194 ff.).
Der alte Satz, daß der Glaube ohne Werke tot ist (Jak 2,17), muß dahingehend ausgelegt und einschärft werden, daß jeder sein „Heil verwirkt, der sich nicht für den „Nächsten" (und das heißt heute: politisch) engagiert;
Die Solidarität mit dem leidenden Menschen führt im Wissen um die gemeinsame Verantwortung für eine neue Welt zur Kooperation mit allen Kräften und Gruppen, die die Überwindung von Unrecht und Leid zum Ziel haben;
Wer Gott zu glauben behauptet, hat kein Recht zur Mutlosigkeit, zur Angst und zur Apathie. Wer sich auf Jesus von Nazareth beruft, beruft sich auf den, der den Teufelskreis des Getretenwerdens und Wiedertretens, des Geschlagenwerdens und Wiederschlagens, des Geängstigtwerdens und Wiederangstmachens durchbrochen hat.
(TN 1978/148f.)

Zur Woche der Brüderlichkeit, März 1979 in Essen: „Die neue Buße heißt: Denken":
Gegenwart und Zukunft zwingen zu Analyse, zu Prognose, Utopie und Planung, die jedoch nur zu leisten sind, wenn ein grundlegender Wandel des Bewußtseins eingeleitet und eine ebenso neue grundlegende Kraft des Denkens entbun-

den wird. Wer aber soll jenen Prozeß einleiten, wenn nicht die, die glauben, daß Gott ihnen eine Verantwortung für die Welt übertragen hat?
(TN 1979/118)

Bei der Gedenkstunde zum 40. Jahrestag des Kriegsbeginns:
Ich habe gelernt, daß die Bitte im Vaterunser „und führe uns nicht in Versuchung" auch eine politische Dimension enthält, wie sie früher vielleicht nicht bewußt gewesen ist. Mit dieser Bitte wird jeder Beter zugleich auf seine Mitverantwortung für die Geschichte angesprochen. Es ist nicht der Beliebigkeit des Einzelnen überlassen, die je eigene Verantwortung zu übernehmen und daran mitzuarbeiten, daß niemals wieder Verhältnisse eintreten, durch die Menschen wie zur Nazi-Zeit belastet, überfordert, entwürdigt und zerbrochen werden."
(TN 1979/203f.)

Im Frühjahr 1980 im Zusammenhang mit dem „Fall Küng": Überlegungen zum Stellenwert des Dogmas von der päpstlichen Irrtumslosigkeit":
Die durch Jesus gestiftete und durch seinen Geist gehaltene Gemeinschaft derer, die ihn als ihren Herrn annehmen und ihm „nachfolgen" wollen, wird in einem dialogischen, kollegialen, pneumatisch vermittelten Prozeß das herausfinden müssen, was jeweils als konkrete Ausformung des Grundbekenntnisses zu gelten hat, und es läßt sich nicht bestreiten, daß jede Epoche ihre spezifischen Fragestellungen zeitigt und je andere Forderungen an diejenigen stellt, die das Zeugnis des Glaubens geben wollen.
(TN 1980/153)

Im April 1980 auf dem Bundestag des ND-Männerrings in Ottobeuren: „Die Wahrheit des Glaubens und die Wahrhaftigkeit der Gläubigen":
Was nicht durch Menschen getan, bezeugt, verkündet und gelebt wird, wird in dieser Welt überhaupt nicht getan, bezeugt, verkündet und gelebt. Die Wahrheit des Glaubens befreit nicht von der Geschichte, sondern befreit zu ihr, wenn und solange sie die Wahrheit des Gottes Israels und des Gottes Jesu Christi ist. Er enthebt uns nicht der Unwissenheit, der Sterblichkeit, der Endlichkeit, wie es die hellenistische Erlösungssehnsucht erstrebte, sondern führt in eine Zukunft der Gerechtigkeit und des Friedens, genannt Reich Gottes, indem er in die Zeit hinein einen neuen Impuls gibt und mit dem Mann aus Nazareth einen neuen Anfang setzt. Die Bezeugung der Liebe, der Gerechtigkeit und des Friedens Gottes ist nicht unserer Beliebigkeit anheimgestellt.
(TN 1980/262)

„Über die Aufgabe der Erziehung zum Frieden":
Um die notwendige neue Einstellung zur Realität unserer Welt zu gewinnen, ist die Anstrengung des Lernens und des Denkens eine unabdingbare Voraussetzung. Es mag für die meisten Menschen ungewohnt sein, sich mit Fragen der Auf-und Abrüstung, des Imports und des Exports, der Nahrungsmittelproduktion usw. zu beschäftigen. Aber angesichts der Situation unzähliger Menschen und der damit verbundenen Gefährdung auch der eigenen Existenz wage ich zu sagen: Wer seine Möglichkeiten zur Information und zum Lernen nicht wahrnimmt, der macht sich schuldig!
(TN 1981/172)

Aus einer Rede zur Vorbereitung auf den Katholikentag 1982: „Friede – Gottes Geschenk – den Menschen anvertraut"
Das Verhältnis von Gebet und Handeln des Menschen ist neu zu bedenken. So wie Gott und Welt, der Frieden des Reiches Gottes und der vom Menschen zu schaffende Frieden wohl voneinander zu unterscheiden, nicht jedoch voneinander zu trennen sind, so stehen auch Beten und Handeln miteinander in Beziehung. Wer betet, bekundet seine Beziehung zu Gott, die sich im Verhältnis des Betenden zur Welt und zum Mitmenschen auswirkt. Der Bitte um Vergebung wird nur entsprochen, wenn der Mensch selber vergibt (Mt 6,14f; 18,35); Barmherzigkeit wird gewährt, wenn der Bittende Barmherzigkeit übt (Mt 5,7; 18,21-35). Sollte es bei der Bitte um Frieden anders sein? Das Handeln ist der Erweis der Redlichkeit des Betens, und wer um Frieden betet, ohne das ihm Mögliche für den Frieden zu tun, der belügt sich und seine Mitmenschen. Das Gebet entbindet den Beter nicht von der Verpflichtung, sich den harten Realitäten der Welt zu stellen; im Gegenteil: es bringt ihn dazu, sich illusionslos, gelassen und tapfer den Herausforderungen einer Welt zu stellen, die von Krisen geschüttelt ist, für deren Bewältigung niemand eine Antwort zur Verfügung hat.
(TN 1982/48f.)

Aus der Meditation „Evangelium und Widerstand":
Doch nicht immer sind die Götzen so leicht zu identifizieren wie zu Babel oder später zu Rom, als die Bürger den Bildern des Kaisers Weihrauch streuen sollten. Dämonen und Götzen haben viele Gesichter, treten in vielen Verkleidungen auf. Eine der Hauptaufgaben der heutigen Gemeinden könnte darin bestehen, die falschen Götter zu identifizieren. Voraussetzung dafür ist die Fähigkeit, die Geister zu unterscheiden (vgl. 1 Kor 12,10), mit Sicherheit auch die Lauterkeit des Herzens.
(TN 1983/11)

Aus dem Vortrag zur Jahrestagung der Telefonseelsorge 1983: „Schalom: Verheißung – Angebot – Herausforderung":
Verlasse ich mich angesichts der chaotischen Mächte in unserer Welt auf das Wort des Auferstandenen: „Ich bin immer bei euch, jeden Tag bis zum Ende der Welt." (Mt 28,20)? Trauen und glauben wir dieser unfaßbaren, unsichtbaren und dennoch realen Nähe Gottes gerade dann, wenn nichts, aber auch gar nichts auf ihn hinzuweisen scheint? Gott unter uns im Kind; Gott unter uns in der Gestalt des Wanderers und Predigers; Gott unter uns im Zerschlagenen am Kreuz; Gott unter uns in den Kleinen, den Verachteten, den Wehrlosen, den Leidenden. Ist das unser Gott und der Gott unserer Kirche? Oder setzen wir, setzt unsere Kirche nicht doch mehr auf die sogenannten Realitäten, von denen wir meinen, sie setzten sich doch immer wieder in dieser Welt durch: Organisation und Macht, Geld und Taktik."
(TN 1984/55f.)

Vor der Regionalgruppe „Initiative Kirche von unten" in München 1984: „Die Kirche lebt von unten":
Wir brauchen eine Vielzahl von Initiativen und freien Gruppen, in denen offen und angstfrei, ohne Bevormundung und ohne Verzweckung die Fragen erörtert werden, wie Christen „den Anforderungen der jeweiligen Situation entsprechen" können. Dabei sind Mut und Phantasie ebenso zu entwickeln wie Sachkenntnis und Argumentationsfähigkeit. Dem Amt kommt dabei die Aufgabe zu, daß die Heilsbotschaft weder inhaltlich noch ihrem Anspruch nach verkürzt wird und daß der Streit der Brüder und Schwestern um die Realisierung des Glaubens fair ausgetragen wird. Nur so wird zum einen die Wahrnehmung der Verantwortung aller und die Subjektwerdung der Gläubigen gewährleistet, zum anderen werden die reformatorischen Kräfte des Evangeliums für die Gesellschaft freigesetzt und vielleicht sogar Modelle einer neuen Weise des Miteinander entwickelt.
(TN 1984/231)

Zur Ökumene, in: „Denkpause" 1985:
Delp und Moltke, Gerstenmaier und Groß – zwei evangelische und zwei katholische Christen – haben im Gefängnis gemeinsam gebetet und sich im Glauben bestärkt. Auch wir beten manchmal gemeinsam, wir zanken uns nicht mehr wie früher. Aber ist das genug? Tun wir wirklich alles nur Erdenkliche und Mögliche, um vor dem gemeinsamen Herrn, der die Einheit gebietet, bestehen zu können? Und können wir, nach wie vor gespalten und getrennt, der Zeugen des christli-

chen Glaubens wirklich angemessen gedenken, wenn einerseits die Einheit der Kirche „eine Frage auf Leben und Tod für die Christenheit" geworden ist (Karl Rahner), und wir uns andererseits mit einem „Ökumenismus der beschwörenden Worte" zufrieden geben?
(TN 1985/8).

„Brauchen wir eine Theologie der Befreiung?":
Und wer will leugnen, daß der größte Teil der Werbung in unserem Wirtschaftssystem an eine oder mehrere der sieben klassischen „Todsünden" appelliert: Stolz und Gier, Neid, Zorn und Habgier, Völlerei und Trägheit? Liegt die Versuchung nicht nahe, die Befriedigung unserer Begierde durch den Einsatz von Gewalt zu sichern?
(TN 1985/148)

Aus einem Vortrag in der KSG Bochum 1985: „Wider die Resignation. Zwanzig Jahre nach dem Konzil"
Trotz des erklärten Willens der Bischöfe zur Solidarität mit den Menschen und ihrer Geschichte könnte man den Eindruck gewinnen, als seien die Konzilsväter doch zu sehr im kirchlichen Binnenraum verblieben und hätten manche bedrängenden Fragen und Gefährdungen der Menschen nur unzulänglich wahrgenommen, vor allem die Glaubensnot und die Gottesfrage. Umso nachdrücklicher ist darum die Frage an die „nachkonziliare" Kirche zu richten: Haben wir uns nicht zumindest teilweise zu sehr befaßt mit (sicherlich wichtigen) Aufgaben z.B. der Liturgiereform oder der Reform kirchlicher Strukturen, aber zu wenig mit dem, was Menschen heute wirklich in Not bringt? Wie können wir heute glauben? Welche Form müßte das Zeugnis des Glaubens heute am Ende des 20. Jahrhunderts in der in ihrer Existenz vielfach gefährdeten Welt finden? Wie können wir den Menschen jene Hoffnung vermitteln, die wir alle in Christus geschenkt bekommen haben?"
(TN 1986/243f.)

Und noch einmal: „Christsein und Widerstehen. Über christlichen Glauben, Nonkonformismus und Widerstand" (1988):
Nur in der Annahme unserer Armut stehen wir uns selbst nicht im Weg und geben Gott Raum. Dem widerstreitet unser Innerstes. Eine Welt voller Angst, im verkrampften Selbstbehauptungswillen und im Versuch zu einer totalen Absicherung ist der letzte und übersteigerte Ausdruck des Menschen, der sich gegen Gott wehrt.
(TN 1988/66)

Aus einem Vortrag „Zur Haltung der katholischen Kirche im Zweiten Weltkrieg“:
Eine Aufarbeitung unserer Geschichte sind wir nicht nur den Opfern des von Deutschland angezettelten Krieges schuldig; wir brauchen sie auch, um unser Verhältnis zu den Völkern der Sowjetunion zu klären und um die mit der Politik Michail Gorbatschows eröffneten Möglichkeiten einer neuen Politik nicht zu verspielen.
(TN 1989/165)

Zur Situation nach der „Kölner Erklärung“: „Sorge um die Kirche oder Rebellion?“:
Ich lasse mich dabei von einem doppelten Interesse leiten: zum einen davon, daß die Kirche das Evangelium Jesu Christi in unserer Zeit unverkürzt und unverfälscht zur Geltung bringt; zum anderen, daß dieses Evangelium Jesu Christi so verkündet und bezeugt wird, daß heutige Menschen seine befreiende, erlösende und Hoffnung stiftende Kraft erfahren können, damit sie zum Glauben an den kommen können, der allein Lehrer, Meister und Herr ist. Es geht also um Treue einerseits und um Glaubwürdigkeit unserer Kirche andererseits.
(TN 1989/188)

Und abschließend aus dem selben Vortrag – für manche vielleicht noch eine Überraschung –:
Die Kirche ist mehr als der Papst oder ein vatikanisches Sekretariat. Auch unter den Kurialbeamten und im Kollegium der Bischöfe gibt es viele Männer, die unter der Situation in unserer Kirche leiden und die sich um eine Reform aus dem Geist des Evangeliums bemühen. Wir sollen zwar offen aussprechen, was wir für bedenklich, für gefährlich, für falsch halten. Doch wir dürfen keine falschen Fronten bilden, Klassifizierungen wie „Konservativ“ und „Progressiv“, „oben“ und „unten“ sind wenig hilfreich und drohen die wichtigere Frage zu verdunkeln, wie wir das Evangelium Jesu Christi glaubwürdig bezeugen.
(TN 1989/193)

Die ersten Tage der Karwoche lassen in der Regel noch wenig ahnen von der Wucht der Heiligen Drei Tage. Immerhin bekommen sie in manchen Gruppen schon einen eigenen Akzent. Studenten stellen diese Tage ausdrücklich unter den Wahlspruch „ora et labora“ (im Studenten-Jargon spricht man von „Oel-Woche“). Die Teilnehmer treffen sich zum gemeinsamen Gebet und zu den Mahlzeiten am Morgen, Mittag und Abend. In der Zwischenzeit geht jeder seiner Arbeit nach, aber es ist klar, daß diese Arbeit vom gemeinsamen Gebet und gemeinsamen Mahl geprägt ist. Ich sehe darin erste Ansätze zu einer Lebensweise, wie sie sich etwa in den „Jerusalem-Gemeinschaften“ darstellt.[3]

Wenn Ostern spät liegt, kann es sein, daß der Eröffnungs-Gottesdienst für das Sommersemester in die Karwoche fällt. Dann entsteht jene etwas hektische Erwartung, die zu jedem Semester-Anfang gehört, aber in dieser Woche gedämpft und zurückgenommen durch die Erwartung des eigentlichen Festes.

Ein besonderes Erlebnis haben auch die Kommunion-Kinder, die nicht in Ferien gefahren sind. Sie haben zwar nicht den normalen Unterricht, aber sie sind eingeladen zu einer besonderen Feier, in der sie mit Matzenbrot und Traubensaft behutsame Hinweise auf die jüdische Paschafeier erleben, damit sie erahnen können, in welcher Tradition Jesus mit seinen Jüngern das Abendmahl gefeiert hat. Die Kindergärten feiern in den Kirchen die Erinnerung an Jesus und halten anschließend in ihren Gruppen ein Mahl mit Traubensaft und selbstgebackenem Brot, um die Treue, die Güte und die Menschenfreundlichkeit Jesu zu schmecken. Den Kreuzweg beten die größeren Kinder am Karfreitag um 11 Uhr.

Die Heiligen drei Tage

Es ist selbstverständlich, daß es trotz verschiedener Kirchen in der einen Pfarrei am Gründonnerstag nur eine einzige Abendmahlsfeier gibt. Alle Priester der Pfarrei feiern sie in Konzelebration. Alle Gläubigen empfangen die Kommunion unter beiden Gestalten, wie sie das aus den Meßfeiern der Studenten-Gemeinden und aus kleineren Gruppen-Messen schon kennen. Wir haben lange gezögert, die Fußwaschung in dieser Gründonnerstagsmesse zu halten. Sie schien nicht das angemessene und spontan verständliche Zeichen zu sein, weder für ein soziales Engagement der Gemeinde noch für die totale Hingabe Christi. Oder – um ein Wort Hölderlins zu gebrauchen –: „...es hindert mich aber eine Scham.“ Wie berechtigt diese Scham war, erfuhren wir, als Jugendliche ihre Bereitschaft mitzumachen, in letzter Minute zurückzogen. Trotzdem haben wir es gewagt, und wir sind froh darüber. Es kommt viel auf das Fingerspitzen-Gefühl an, im Sinn des hl. Ignatius von Loyola würde man besser von „discretio caritatis“ sprechen. Es ist ein Zeichen gegen die Spiritualisierung der Innerlichkeit, eine Konsequenz aus der Fleischwerdung des Wortes und ein Gehorsam gegen das „Neue Gebot“ des Herrn, eine glückliche Erfahrung.

Auf den Abendmahlsgottesdienst folgt die Nachtwache, die erst mit den Laudes am Karfreitag um 6 Uhr endet. Die liturgischen Anweisungen fordern das Ende der Betstunden um Mitternacht, was ich verstehen kann, wenn ich mich in die Nacht einer italienischen Stadt versetze. Aus der Erfahrung unserer eigenen Ölberg-Nacht kann ich den Verstoß gegen diese Regel nur begrüßen. Erst inmitten der Nacht wird das Ölberg-Leiden des Herrn ganz präsent. Man muß das erleben, wie ältere Leute noch spät in der Nacht kommen. Man muß die Jugendlichen sehen, wie sie in der nur von Kerzen erhellten Kirche von Bild zu Bild, von Buch zu Buch gehen; wie sie sich los-lassen, den Formzwang der Gesellschaft vergessen und sich bis in die Fingerspitzen hinein geben als Menschen, die den Herrn suchen, Ihn um Vergebung bitten und Ihn lieben. Der Wunsch zum Beichtgespräch ergibt sich wie von selbst. Priester, „Beichtväter", die diese Nacht mitmachen, erfahren sich als Brüder im Dienst.

Über den Karfreitag läßt sich in unserem Zusammenhang am wenigsten sagen. Die uralten strengen Formen der Liturgie sprechen für sich. Eine Aktualisierung auf die jeweilige Stunde der Zeit und der Geschichte ist fast nur in der Predigt möglich und sinnvoll. Eine wichtige Richtschnur sehen wir in dem Text aus dem Synoden-Beschluß „Unsere Hoffnung" (I.2.):
Freilich wendet sich die Botschaft Jesu sofort und immer auch gegen uns selbst, die wir hoffnungsvoll auf sein Kreuz blicken. Sie läßt es nämlich nicht zu, daß wir über seiner Leidensgeschichte die anonyme Leidensgeschichte der Welt vergessen; sie läßt es nicht zu, daß wir über seinem Kreuz die vielen Kreuze in der Welt übersehen, neben seiner Passion die vielen Qualen verschweigen, die ungezählten namenlosen Untergänge, das sprachlos erstickte Leiden, die Verfolgung zahlloser Menschen, die wegen ihres Glaubens, ihrer Rasse oder ihrer politischen Einstellung in unserem Jahrhundert im Machtbereich faschistischer oder kommunistischer Systeme zu Tode gequält werden, die verfolgten Kinder seit den Zeiten des Herodes bis Auschwitz und bis in die jüngste Zeit. Nur wo wir Christen ein Ohr haben für die dunkle Prophetie dieses Leidens und ihm uns hilfreich zuwenden, hören und bekennen wir die hoffnungsvolle Botschaft von seinem Leiden zu Recht.

Eine solche „hilfreiche Zuwendung" hatte unsere Jugend mit einem „Hungermarsch" am Karsamstag im Sinn. Die Wanderung ging über eine Strecke von etwa 17 km, an mehreren Informationsständen wurde die Bevölkerung auf das Anliegen aufmerksam gemacht. Sehr bald schloß sich die evangelische Jugend mit ihren Seelsorgern an. Die Jugendlichen merkten aber doch, daß die Feier der Osternacht unter den körperlichen Anstrengungen dieses Tages zu sehr litt. 1990 wird deshalb der Hungermarsch auf einen Samstag im Mai verschoben. Aber es soll keinen Zweifel geben, daß er aus dem Zusammenhang von Liturgie und Diakonie entspringt.

Aus liturgischen und theologischen Gründen, die ich hier nicht weiter darlegen kann, sind wir fest überzeugt, daß die „Osternacht" nicht als Vorabendmesse um 18 oder 19 Uhr beginnen, sondern nur mitten in der Nacht gefeiert werden kann. Aber natürlich muß eine solche Forderung auch einen Sitz im Leben der Leute haben. Jahrelang blieb dafür nur der Hinweis auf die „superlange Kinonacht" im Cinema des Uni-Centers oder die Fernseh- und Video-Nächte zuhause. Diese Erfahrung fließt auch jetzt noch in unsere Argumentation ein, wenn wir die Firmlinge und sogar die Kommunionkinder zu dieser Nacht einladen. Aber die stärkeren Argumente kommen jetzt aus den Erfahrungen des Herbstes 1989. Die „Kerzen-Revolution" und die Montags-Demonstrationen auf den nächtlichen Straßen bleiben für immer im Gedächtnis. Natürlich wäre es fatal, wenn wir diese politischen Erfahrungen jetzt einfach benützen wollten, um sie in ein frommes liturgisches Spiel umzumünzen. Tatsächlich feiern wir die Osternacht als Gemeinde im „Exodus" schon seit 1978. Seit diesem Jahr bricht die Paulus-Gemeinde nach den alttestamentlichen Lesungen den Wortgottesdienst der Osternacht ab und geht auf die Straße. Mit Windlichtern, Kerzen und Fackeln, mit Liedern, Liedrufen und Litaneien geht da ein Zug nach 23 Uhr mitten durch das Wohngebiet zum Uni-Center. Nur einmal macht er auf diesem halbstündigen Weg Halt: am evangelischen Gemeinde-Zentrum wartet der evangelische Nachbarpfarrer mit einigen Gemeindemitgliedern. Man sagt sich die Osterbotschaft und tauscht Segenswünsche aus. Und die Gemeinde lernt vom evangelischen Pfarrer den Kanon mit der neuen Jahres-Losung.

Währenddessen feiert die Augustinus-Gemeinde den Wortgottesdienst in der großen gemeinsamen Halle, dem „Atrium" des Kirchenforums, bis die Paulus-Gemeinde eintrifft, die Gemeinden begrüßen sich mit einem Wechselgesang und ziehen dann, während noch einmal und immer wieder das Lumen Christ erschallt, in die Augustinus-Kirche. Die sich hier versammeln, haben die Einladung verstanden:

„Kommt laßt uns jubeln vor dem Herrn...
Denn Er ist unser Gott,
Wir sind das Volk seiner Weide..." (PS95).

Das sind die Mitglieder einer „ganz normalen" Gemeinde, Studentinnen und Studenten, katholische Spätaussiedler, die wir mit dem Bus aus dem Übergangsheim geholt haben, Gäste von Taufgesellschaften, Gäste aus evangelischen Gemeinden, vielleicht auch ungetaufte Übersiedler, die sich den Spätaussiedlern angeschlossen haben, weil die katholische Freundin sie eingeladen hat oder einfach, weil sie einmal sehen wollen, wie wir feiern.

Denn in diesem Jahr gehört zu den Täuflingen auch ein siebzehnjähriger Übersiedler, der von seinen Mitschülern zum Katechumenat gebracht wurde. Seit Beginn der Fastenzeit nimmt er Taufunterricht, und 8-10 junge Christen unserer Gemeinde nehmen daran teil. Was ihnen Taufe bedeutet, erfahren sie ganz neu.

Natürlich verkündet die Predigt die Botschaft der Auferstehung, aber wie will sie die Menschen erreichen, wenn sie nicht den „Kairos" der jeweiligen Osterfeier anzunehmen versucht. Einmal stand sie z.B. unter dem Thema „Denn gesiegt hat der Löwe aus dem Stamme Juda"; ein andermal griff sie einen Spruch auf, der am Anfang der Karwoche auf die Außenwand unseres Saales gesprüht war: „Zahme Vögel singen von Freiheit – wilde Vögel fliegen."

Die Architektur des Kirchenforums bewahrt uns davor, nach dem Gottesdienst sofort ungeschützt auf der Straße stehen zu müssen. Die Halle, in der die Osterkerze entzündet, das Exsultet gesungen und die Lesungen vorgetragen wurden, ist nach der Liturgie der Raum für die festliche Begegnung der Gemeinde. Mit den Segenswünschen werden auch die Ostereier ausgetauscht, gebackene „Lämmer" werden „geschlachtet", ein Glas Wein gerecht. Es ist wohl schon 1.30 Uhr, wenn sich die Festgesellschaft auf den Heimweg macht; in manchen Häusern treffen sich Kreise und Gruppen noch bis zum frühen Morgen.

Aus der Erfahrung dieser Nacht heraus hat Heinrich Missalla einmal geschrieben: *„Die Kirche verkündet nicht nur Gottes befreiende und rettende Taten, sie feiert auch dankend das, was Gott an den Vätern getan hat, in den Symbolhandlungen der Liturgie, und glaubt in ihnen Gottes befreiendes, rettendes Handeln gegenwärtig...: Gott, deine uralten Wunder leuchten noch in unseren Tagen. Was einst dein mächtiger Arm an einem Volk getan hat, das tust du jetzt an allen Völkern...Du führst alle Völker durch das Wasser der Taufe zur Freiheit..."*

(TN 1985/140f.)

Anmerkungen

1) „Osternacht in Querenburg", K.B. 3/85, S. 227-230.
2) Aus: Th. Schneider, „Das Gleiche auf unterschiedliche Weise bezeugen! Die ökumenischen Bemühungen um ein gemeinsames Eucharistieverständnis", in: Orientierung Nr. 7, 52 Jg. 1988, S. 78.
3) Vgl. „Die eigentliche Wüste ist die Stadt", Herderkorrespondenz 44. Jg. Februar 1990, S. 69-75.

Norbert Greinacher: Für eine konziliare Kirche[1]

Ich möchte in dieser Festschrift für Heinz Missalla einige Gedanken vortragen zu einem Ereignis in der frühen Kirche, das vermutlich im Jahre 48 stattfand, das man in harmonistischer Sprachweise den „Antiochenischen Zwischenfall" zu bezeichnen pflegt, das man aber genauer den Konflikt in der Kirche von Antiochien nennen sollte.

Um was ging es?

Antiochien, in der Nord-Ost-Ecke des Mittelmeeres, ganz im Süden der heutigen Türkei gelegen, war in der Antike eine reiche Handelsstadt, Brennpunkt der hellenistischen Kultur, Residenz der Seleukiden, seit 64 v. Chr. Hauptstadt der römischen Provinz Syrien und Residenz des römischen Statthalters. Die Bevölkerung setzte sich zusammen aus zugewanderten Griechen und Juden sowie aus eingeborenen Syriern. Die Juden waren reich und machten auch viele Proselyten unter den Griechen. Das Antiochenische Bürgerrecht war hoch angesehen und wurde auch Juden verliehen. In diesem Schmelztiegel von verschiedenen Nationen, wir würden heute sagen, in dieser multikulturellen Gesellschaft, trafen nun vor allem nach der ersten Verfolgung der Christen in Jerusalem, im Zusammenhang mit dem Märtyrertod des Stephanus, Christen aus Palästina, Zypern und Cyrene ein, die Zeugnis gaben von der befreienden Botschaft des Jesus von Nazareth. Und so entstand eine christliche Gemeinde in Antiochien, die sich wie selbstverständlich zusammensetzte aus Juden, Griechen, Syrern und vermutlich noch Mitgliedern anderer Völker. In Antiochien nannte man übrigens auch die Jünger und Jüngerinnen Christi zum ersten Male „Christen" (Apg 11,26).

Es scheint auch so gewesen zu sein, daß im Kontext dieser relativ liberalen, multikulturellen, toleranten, reichen Hafenstadt die christliche Gemeinde über

Rassen-, Religions- und Geschlechtergrenzen hinweg die Einheit einer christlichen Gemeinde verwirklichte, sozusagen ein Abbild dessen, was Paulus im Galaterbrief beschreibt: „Es gibt nicht mehr Juden und Griechen, nicht Sklaven und Freie, nicht Mann und Frau, denn ihr seid einer in Christus“ (3,28).

Soweit, so gut! Aber einigen religiösen Fanatikern und Funktionären in Jerusalem ging diese Liberalität und Toleranz entschieden zu weit! In der Apostelgeschichte lesen wir: „Es kamen einige Leute von Judäa herab und lehrten die Brüder: Wenn Ihr Euch nicht nach der Ordnung des Mose beschneiden laßt, könnt Ihr nicht gerettet werden“ (15,1).

Mit anderen Worten: Der Konflikt war da! Auf der einen Seite eifrige, intolerante Juden, die Christen geworden waren, die aber verlangten, daß auch alle Nichtjuden, die Christen werden wollten, sich dem Gesetz der Torah, vor allem der Verpflichtung der Beschneidung unterziehen, sollten. Auf der anderen Seite Christen und Juden in Antiochien, vor allem aber auch Paulus, der zwar von Haus aus auch Jude war, der als Jude und jüdischer Lehrer erzogen worden war, der aber erkannt hatte, daß in diesem Konflikt das Schicksal der Kirche auf dem Spiele stand. Darauf werde ich zurückkommen.

Wie ging man nun mit diesem Konflikt um?

„Nach großer Aufregung und heftigen Auseinandersetzungen“ in der Gemeinde von Antiochien – so heißt es in der Apostelgeschichte 15,2 – zwischen diesen religiösen Eiferern aus Jerusalem auf der einen Seite und Paulus und seinen Mitarbeitern Barnabas und der antiochenischen Gemeinde auf der anderen Seite, werden Paulus und Barnabas zur Klärung der Streitfrage nach Jerusalem geschickt. Dort werden sie vor der Versammlung der ganzen christlichen Gemeinde, vor den Aposteln Jakobus, Petrus und Johannes sowie den Ältesten, das heißt dem Kollegium der Gemeindeleitung empfangen. Auch hier wird heftig und kontrovers diskutiert. Vor allem einige „aus dem Kreis der Pharisäer“, die Christen geworden waren, bestanden darauf, daß die – aus ihrer Sicht – unreinen Heidenchristen durch die Beschneidung und die Beachtung der Torah tischgemeinschaftsfähig gemacht werden müßten, denn ein Jude durfte sich nicht mit einem „Unreinen“ an einen Tisch setzen.

Petrus ergreift hier Partei für die Offenheit, die Toleranz. Zwischen Judenchristen und Heidenchristen gibt es keinen Unterschied, da Gott die Herzen beider „durch den Glauben gereinigt hat“ (Apg 15,9).

Der Konflikt wird zunächst durch einen Kompromiß geklärt. Und zwar durch Jakobus, den Jüngeren, den Bruder Jesu, der an der Spitze der Gemeinde in Jerusalem stand. Um es den Judenchristen zu ermöglichen, mit Heidenchristen Tischgemeinschaft zu halten, sollen die Heidenchristen in Antiochien zur Einhaltung der sogenannten „Jakobusklauseln" bewegt werden, das heißt sie sollen 1. auf den Verzehr von Fleisch aus heidnischen Götzenopfern verzichten, sie sollen 2. keine Ehe unter engen Verwandten eingehen – das ist wohl mit dem Ausdruck „Unzucht" gemeint, sie sollen 3. verzichten auf den Verzehr von nichtgeschächtetem Fleisch, von „Ersticktem" und 4. sollen sie auf den Verzehr von Blut oder bluthaltigen Speisen verzichten (vgl. Lev 17-18). Diesen Jakobusklauseln kommt eine Doppelfunktion zu: Einerseits wird die Tischgemeinschaft ermöglicht, andererseits wird judaisierenden Judenchristen wie Juden die Gelegenheit entzogen, die Judenchristen der Urgemeinde des jüdischen Gesetzbruches zu bezichtigen.

Dieser Kompromiß wird feierlich bestätigt: „Denn der Heilige Geist und wir haben beschlossen, Euch keine weitere Last aufzuerlegen als diese notwendigen Dinge" (Apg 15,28).

Dieser Kompromiß wird in der Gemeinde in Antiochien angenommen: Der Gemeinde in Antiochien wurde der Kompromißbrief vorgelesen, und sie „freuten sich über die Ermunterung".

Soweit, so gut, – sollte man meinen!

Aber die religiösen Fanatiker, die intoleranten Funktionäre in Jerusalem, die rigoristischen Pharisäer in Jerusalem ließen keine Ruhe.

Eine Zwischenbemerkung: Ich finde die Geschichte dieses Konfliktes unheimlich spannend – unheimlich deshalb, weil sie so nach brandaktueller Gleichzeitigkeit riecht!

<u>Aber wie ging es weiter?</u>

Petrus, den wir katholische Christinnen und Christen den ersten Papst nennen, kam auf Besuch nach Antiochien. Wie selbstverständlich nahm Petrus, der bekanntlich Jude war, am Essen mit den Nichtjuden in der Gemeinde teil. Dann aber kamen die „falschen Brüder" aus Jerusalem (Gal 2,4), jene „Leute aus dem Kreis um Jakobus" (2,12). Der Besuch dieser Leute hatte wohl den Charakter einer Art Visitation. So etwas soll es in Antiochien, in Sao Paulo und anderswo geben!.

Und nun spitzt sich der Konflikt zu. „Petrus setzte sich ins Unrecht" (Gal 2,11). Bevor diese religiösen Kontrolleure kamen, hält er die Tischgemeinschaft mit den nichtjüdischen Christen ein. Jetzt, als diese „falschen Brüder" kamen, trennte er sich von den Nichtjuden, er zerschnitt sozusagen das Tischtuch! Mit anderen Worten: Der Konflikt strebt seinem Höhepunkt zu. Der Rückzug des Petrus vor den „falschen Brüdern" paßt gut in das Bild des Zauderers und Zweiflers, das wir von den Evangelien her kennen.

Paulus aber zeiht Petrus vor versammelter Gemeinde der Unaufrichtigkeit, der Heuchelei (Gal 2,13). Als Christ weiß Petrus eigentlich genau, daß der Weg zum Heil über Jesus Christus führt und nicht über das Gesetz. Aber sein Verhalten entspricht dieser Erkenntnis nicht. Petrus handelt gegen sein eigenes Gewissen.

Und was geschah nun? Da es sich um ein öffentliches Ärgernis handelt, um ein Abgehen von der Wahrheit des Evangeliums (Gal 2,14), „widerstand Paulus dem Petrus ins Angesicht hinein". Paulus weist Petrus, den Fels, vor versammelter Gemeinde zurecht. Walter Radl veranschaulicht klar, um was es ging: Für Paulus „stand das Konzil auf dem Spiel". In der Situation nach dem sogenannten Apostelkonzil von Jerusalem war durch Petrus nun der Neuaufbruch gefährdet. Sein Verhalten war ein Verrat am Konzil und seinem Geist[2]. Wer nur etwas den Charakter des Paulus kennt, kann sich vorstellen, wie hart der Widerstand des Paulus gegen Petrus, den ersten Papst, war. Über den weiteren Verlauf des Konfliktes berichtet uns weder die Apostelgeschichte etwas Genaueres, die sowieso zu einer harmonisierenden Sichtweise neigt, noch der Galaterbrief. Es scheint so gewesen zu sein, daß die Argumentation des Paulus keinen durchschlagenden Erfolg bedeutete und daß in Jerusalem das Mißtrauen der rigoristischen jüdischen Christen gegen Paulus bestehenblieb.

Was lehrt uns dieser Konflikt? Welche Dimensionen hat dieser spannende Konflikt?

1. Kirche oder Sekte?

Wenn die religiösen Fanatiker und Funktionäre aus Jerusalem Recht bekommen hätten und wenn Nichtjuden das jüdische Gesetz verpflichtend auferlegt bekommen hätten, wäre die Christengemeinde vermutlich eine jüdische

Sekte geblieben, eine kleine, in sich geschlossene, rigoristische, gettohaft der Welt abgewandte Gruppe in Palästina. Nur die Freiheit von den jüdischen Gesetzen eröffnete der Christengemeinde die Möglichkeit, zu einer Kirche, zu einer universalen, offenen Kirche zu werden. Dies ist der Ursinn des Wortes katholisch: alles umfassend.

Auch heute stellt sich uns dieselbe Frage wie damals: Bleiben die christlichen Kirchen wirkliche Kirchen oder werden sie von Neuem zu einer Sekte? Will man unsere Kirchen von Neuem binden an geschichtlich gewordene, zu ihrer Zeit vielleicht sehr berechtigte, heute aber gegenstandslose, ja der christlichen Freiheit widersprechende Normen, Interpretationen, Riten und Strukturen? Es gibt in der Kirche nicht nur dogmatische und ethische Häresien, es gibt auch strukturelle Häresien, welche der befreienden Botschaft des Jesus von Nazareth heute widersprechen.

Kirche oder Sekte?

Es bleibt für uns gar keine andere Wahl, als sich mutig und phantasievoll von Neuem auf den Weg zu machen als „Exodus-Gemeinde", um dieselbe Kirche in geschichtlicher Kontinuität heute von Neuem Gestalt werden zu lassen.

2. Rechtfertigung

Der theologische Kern des Konfliktes der Kirche in Antiochien bestand im Problem der Rechtfertigung. Paulus hält es für schlechthin falsch, der Gnade Gottes Grenzen zu setzen. Wer behauptet, nur der kann gerettet werden, der beschnitten ist, setzt menschliche Bedingungen für das grenzenlose Heil Gottes. Hinzu kommt die Frage nach dem Heil für die Frauen, die ja nicht beschnitten werden konnten. Für Paulus ist klar: Nicht die Erfüllung bestimmter menschlicher Gesetze und Werke macht gerecht, sondern fundamental der Glaube an Jesus Christus.

Diese Kernaussage christlichen Glaubens über die fundamentale, erste Rechtfertigung des Menschen durch Gott, ist für mich eine hoffnungsvolle, zutiefst befreiende und beglückende Botschaft. Endlich gibt es einmal etwas auf dieser Welt umsonst! Gratia gratis data, nannten dies die Theologen des Mittelalters. Eine gratis, umsonst von Gott den Menschen geschenkte Gnade! Der Christ kann es sich deshalb leisten, auch einmal nichts zu leisten.

Ich sage dies als katholischer Theologe bewußt so zugespitzt und in Dankbarkeit den evangelischen Traditionen und Theologen gegenüber, daß sie uns dies katholischen Christinnen und Christen immer wieder in Erinnerung rufen. Allerdings tue ich dies nicht, ohne auch an die katholische Traditionen zu erinnern: an die zweite Rechtfertigung: Daß der Christ und die Christin, nachdem sie gerechtfertigt wurden, sich auch entsprechend ihrer Berufung zu verhalten haben. In der Gerichtsrede bei Matthäus 25 werden wir mit allem Ernst darauf hingewiesen, daß das Eingehen in das Reich Gottes gebunden ist an die Werke der Barmherzigkeit: „Was Ihr dem Geringsten meiner Brüder und Schwestern getan habt, das habt Ihr mir getan."

3. Der Primat des Papstes

Der Konflikt in der Kirche in Antiochien zeigt ganz klar, daß der Primat, also die Vorrangstellung des Papstes, keineswegs uneingeschränkt bei Petrus lag. Auf dem Apostelkonzil in Jerusalem spricht zwar auch Petrus, aber den entscheidenden Kompromiß legt Jakobus vor. In Antiochien zeigt sich Petrus – nach dem Zeugnis des Galaterbriefes – als schwacher, unehrlicher Christ, der sich an der Wahrheit des Evangeliums versündigt. Er wird von einem Mitchristen, der kein Zeuge der Auferstehung war, von Paulus, zur Rede gestellt, zur Rechenschaft gezogen, ja dieser leistet ihm Widerstand ins Angesicht hinein.

Es kam deshalb nicht von ungefähr, daß es im Urtext der „Kölner Erklärung" die von über 200 deutschsprachigen katholischen Theologieprofessorinnen und Professoren im Januar 1989 unterschrieben wurde, zunächst hieß unter Berufung auf Gal 2,11: „Wenn der Papst tut, was nicht seines Amtes ist, kann er im Namen der Katholizität nicht Gehorsam verlangen, dann muß er Widerstand erwarten." Im Endtext wurde – gegen meinen Widerstand – das Wort Widerstand in Widerspruch abgeschwächt.

Ich meine: Die Theologen beider Konfessionen haben die theologischen Voraussetzungen dafür geschaffen, eine für alle christlichen Kirchen neue, dem Evangelium entsprechende Struktur für eine universale Kirchenleitung zu schaffen. Ich schäme mich als katholischer Christ, daß der jetzige Papst die Einladung des Generalsekretärs des Weltkirchenrates an die katholische Kirche, Vollmitglied zu werden und im Rahmen des Weltkirchenrates einen neuen Anfang zu machen, abgelehnt hat.

4. Konflikte in der Kirche

Der Konflikt in der Kirche von Antiochien, Konflikte in der Kirche: sie sind nichts Neues. Wer sich nur einigermaßen auskennt in der Geschichte der Kirchen, kann sie geradezu kennzeichnen als einen andauernden Prozeß von Auseinandersetzungen, Streitereien, Konflikten, Polarisierung. Es sei nur beispielhaft erinnert an den Streit um die Festsetzung des Ostertermins, an den Bilderstreit im 8. Jahrhundert, an die christologischen Auseinandersetzungen des 3. und 4. Jahrhunderts, an die Auseinandersetzung um die Gewährung der Kelchkommunion an die Laien, an den Streit um die Laienpredigt usw. Die entscheidende Frage lautet: Wie gehen Christinnen und Christen mit Konflikten in der Kirche um? Und wie werden sie gelöst?

Der Konflikt in Jerusalem und Antiochien lehrt uns: Die Entscheidung in konfliktreichen Fragen hat nicht in Expertenzirkeln zu erfolgen, auch nicht autoritär durch kirchliche Bürokraten und einsame Entschlüsse, sondern vor versammelter Gemeinde.

Konflikte, das zeigt uns auch dieser Konflikt in Antiochien, sind manchmal notwendig, um der Wahrheit des Evangeliums willen. Unterschiedliche Ansichten nicht zu klären, sondern sie zu Ressentiments erstarren zu lassen, kann nicht als der geeignete Weg christlichen Zusammenlebens betrachtet werden.

Konflikte gehören zum Leben. Als zölibatär lebender Mensch habe ich mir sagen lassen: Es gibt keine Ehe und keine Familie ohne Konflikte! Es gibt auch keine Fakultät ohne Konflikte! Ohne Konflikte gibt es keine Reformen, keine Erneuerung, keine Entwicklung, keine Wandlung. Konflikte sind nicht ein Zeichen von Schwäche, sondern von Leben, von Mut, von Phantasie. Konflikte in der Kirche halten diese notwendige Wandlungen offen. Zwar sollte man Konflikte nicht verherrlichen. Sie sind für die Betroffenen oft sehr schmerzlich, nur allzu oft tödlich. Aber in der Situation unserer „condition humaine" gehören sie zum Leben der Menschen wie zum Leben der Kirche dazu, ja, sie sind notwendig, wie der Konflikt in Antiochien es uns zeigt.

Tischgemeinschaft

Ein zweites theologisches und praktisches Zentrum des Konfliktes in Antiochien – neben der Rechtfertigung – war die Frage der Tischgemeinschaft. Sowohl die Mehrheit der Gemeinde in Jerusalem wie die Gemeinde in Antiochien war bemüht, möglichst vielen Menschen die Tischgemeinschaft in der christlichen Gemeinde zu ermöglichen. Zerstörung bzw. Gefährdung der Tischgemeinschaft wird gebrannmarkt. Rituelle Vorschriften haben der Tischgemeinschaft zu dienen; sie sind nicht zu ihrer Verhinderung da.

Wie Paulus am Verhalten des Petrus aufzeigt, ist mit der Aufkündigung der Tischgemeinschaft der Glaube selbst im Kern bedroht. Ein allein am Kirchenrecht orientiertes Sakramentenverständnis offenbart erhebliche Defizite, ja ein Mißtrauen gegenüber dem uneingeschränkten göttlichen Willen im Hinblick auf das sakramental vermittelte Heil für alle Menschen. Nicht menschliche – auch nicht kirchliche – Macht ermöglicht fruchtbaren Empfang des Abendmahls, sondern Gottes Gnade. Von daher kann ein Ausschluß von den Sakramenten nur eine allerletzte Notmaßnahme sein. Der Graben zwischen Judenchristen und Heidenchristen war offenkundig tiefer als der zwischen den verschiedenen christlichen Kirchen heute. Eine Abendmahlsgemeinschaft zwischen den Kirchen ist deshalb möglich, wenn man es nur will. Auch hier haben die Theologen aller christlichen Kirchen alle wichtigen Hindernisse für eine solche eucharistische Tischgemeinschaft aus dem Wege geräumt.

Zu beachten ist die Reihenfolge von gemeinsamen Abendmahlen und der Einheit der Kirche. Nicht erst nach einer Wiedervereinigung der Kirchen ist Tischgemeinschaft möglich. Theologisch ist vielmehr die Einheit der Kirche eine vorzügliche Wirkung der Teilnahme an der Eucharistie. Die Wirkung der eucharistischen Feier besteht nach 1 Kor 10,17 darin, daß sie die Vereinigung mit Jesus Christus und der Teilnehmenden untereinander schafft und so den Leib Christi, der die Kirche ist, ständig nährt.

Für eine konziliare Kirche

Wenn die katholische Kirche die heutige Situation und die nahe Zukunft bestehen will, kann sie keine uniforme Kirche mehr sein. Wir müssen einen falschen, einseitigen, totalitären Begriff von Einheit der Kirche ablegen. Natürlich müssen wir alles daran setzen, die Einheit der Kirche zu wahren, ja zu festigen. Aber das kann nur eine Einheit in der Vielfalt sein, in der Vielfalt der theologischen Meinungen, der verschiedenen Spiritualitäten, der verschiedenen Gestaltung der Eucharistiefeier, der verschiedenen Strukturen von Gemeinden, wobei allerdings alle sich verpflichtet wissen müssen der Grundlage des Glaubens, wie er seinen Niederschlag in den Traditionen des Alten und Neuen Testamentes gefunden hat und in der Traditionsgeschichte der Kirche überliefert wurde.

Kirche kann nur Kirche bleiben, wenn sie eine konziliare Kirche ist. Konziliar kommt von „concilio“ und heißt: Zusammenbringen, durch Vereinigung zustande bringen“. Konziliare Kirche meint eine Kirche, welche verschiedene Kirchen in verschiedenen Sprachen, Mentalitäten, Theologien, Traditionen, Liturgien, Gesetzen usw. zusammenfaßt zu der einen universalen Kirche. Dazu ist allerdings auch notwendig, daß aus einer eurozentrierten, universal zentralistisch geleiteten Kirche eine polyzentrische Kirche wird, welche die Selbständigkeit der kirchlichen Gemeinde, der Landeskirche, der nationalen und kontinentalen Kirchen respektiert.

Nur auf diese Weise kann auch eine Wiederversöhnung der Kirchen geschehen: Nämlich so, daß die großen Kirchen östlicher Traditionen sich in ihrer Andersartigkeit anerkennen, daß es Gemeinden geben wird mit einer römisch-katholischen Tradition, mit einer lutherischen oder reformatorischen Tradition, daß sie alle aber Gemeinschaft untereinander haben und sich der Einheit der Kirche verpflichtet wissen.

Anmerkungen

1) Gedanken zu Apostelgeschichte 15,1-35 und Galaterbrief 2,11-21. Predigt von Dr. Norbert Greinacher, Professor für Praktische Theologie an der Katholisch-Theologischen Fakultät der Universität Tübingen, am 28.10.1989 im Semestereröffnungs-Gottesdienst der Evangelischen Hochschulgemeinde Marburg in der St. Elisabethenkirche in Marburg.
2) Vgl. Walter Radl, Galaterbrief, Stuttgart 1985/SKKNT 9.

Paul Hoffmann:
Die verdrängte Alternative

Man hat uns gelehrt, Geschichte aus der Perspektive der Sieger zu sehen. Das, was sich durchgesetzt hat, soll am Ende auch noch das „Recht“ und die „Wahrheit“ auf seiner Seite haben. So werden am Ende die in der Geschichte Unterlegenen auch noch um ihre Ehre gebracht. Dagegen steht die Einsicht, daß es in der Geschichte immer auch die *andere* Möglichkeit gab und nicht immer die stärkere Position auch schon die bessere war. Die Geschichte – eine Geschichte der verpaßten Chancen, der unterdrückten Möglichkeiten, der verdrängten Alternativen.

Das gilt auch für die Kirchengeschichte, und der für sie in Anspruch genommene „Beistand des Heiligen Geistes“, der doch wohl *allen* Jüngern Jesu verheißen wurde und nicht nur einigen wenigen Privilegierten, garantiert auch nach klassisch römisch-katholischer Lehre nur, daß es in der Kirche Jesu Christi nicht zum Schlimmsten kommt (mag es auch oft schlimm genug zugehen). Eine Garantie, daß es in jedem Fall zu den optimalsten Lösungen kam, gibt es nicht. Eine solch realistische Sicht kirchlicher Wirklichkeit entspricht durchaus der Glaubenseinsicht in die Gebrochenheit jeder geschichtlichen Gestaltwerdung jener mit und in Jesus von Nazareth erschlossenen neuen Möglichkeit menschlicher Existenz (vgl. 2 Kor 4,7).

Welcher Kirche gilt überhaupt die nach Mt 16, 18f dem Petrus gegebene Verheißung, daß sie nicht untergehen werde? Nach der bekannten Stelle sprach Jesus ja bezeichnenderweise von *seiner* Kirche und legte sich damit auf keines der geschichtlich gewordenen Kirchensysteme fest. Wenn diese Stelle schließlich zur Rechtfertigung eines gesamtkirchlichen Führungsanspruches des römischen Bischofs seit dem 3. Jahrhundert herangezogen wird, so bleibt zu bedenken, daß dieses Verständnis bis zur Reformationszeit nur von den Päpsten selbst bzw. in römischen Dekreten zur Selbstlegitimierung des eigenen Anspruchs geltend gemacht wurde, während sogar in der abendländischen Auslegungstradition das Gros der Theologen entweder der von Origenes begründeten östlichen Deutung auf den Glauben aller Jünger oder der augustinischen Deutung des Felsens auf Christus folgte[1].

Dieses Selbstverständnis des römischen Bischofs, in einer autoritär-zentralistischen Ausprägung durch das Vaticanum I festgeschrieben und auch durch das Vaticanum II nicht in Frage gestellt, ist von den christlichen Kirchen des Ostens nie anerkannt worden und wurde schließlich durch den Protest der reformatorischen Kirchen auch im Westen fragwürdig. Die gegenwärtige „Legitimationskrise“ des römischen Kirchensystems ist also in der *Sache* begründet, mag sie zur Zeit auch durch eine rigide zentralistische Kirchenpolitik weiteren Kreisen des „Kirchenvolkes“ erst zum Bewußtsein kommen. Dazu trägt nicht zuletzt auch die rasante Entwicklung in den Staaten des sowjetischen Machtimperiums bei. Sie macht den Widersinn jeder Form von Totalitarismus deutlich, mag dieser nun profaner oder geistlicher Natur sein. Soll die römische Kirche seine letzte Bastion in der sogenannten freien Welt bleiben?

Derartige Krisen lassen sich nicht durch Gewaltmaßnahmen erledigen. Sie fordern eine Grundlagendiskussion, in der das Gewordene, also der real existierende Katholizismus, jenen Ursprüngen bei Jesus von Nazareth, die er ständig zur Rechtfertigung seines Anspruchs heranzieht, konfrontiert wird. Das, was geworden ist, muß sich messen lassen an dem, womit „wir" Christen einmal angetreten sind. Der Blick zurück läßt uns zugleich erkennen, daß das Gewordene das Ergebnis eines komplexen Prozesses ist, in dem das jesuanische Erbe unter den Herausforderungen der historischen Situationen und ausgesetzt den vielfältigen Einflüssen des jeweiligen soziokulturellen Milieus seine je neue historische Gestalt fand[2]. Solche Gestaltwerdung ist zweifellos notwendig, um dem jesuanischen Erbe im Wechsel der Zeiten und Kulturen seine Aktualität zu erhalten, doch ist diese immer zugleich auch gefragt, ob sie dem Erbe Jesu tatsächlich die Treue wahrt und ob sie der Herausforderung der eigenen historischen Situation so gerecht wird, daß das Erbe Jesu durch sie den Zeitgenossen tatsächlich vermittelt werden kann. In diesem Sinne frage ich nach den historischen Bedingungen für die Ausbildung der das römische Kirchensystem bestimmenden hierarchischen Struktur im 2. Jahrhundert und nach den möglicherweise im Neuen Testament angelegten Alternativen zu dieser Entwicklung, die im Hinblick auf eine zukünftige Gestalt auch der römischen Kirche in Erinnerung gerufen werden müssen.

Die Anfänge der hierarchischen Kirchenstruktur im 2. Jahrhundert

Die für die spätere Kirchenentwicklung konstitutive „monepiskopale" Gemeindestruktur (*ein* Bischof mit Presbyter-/Ältestenkollegium und Diakonen) läßt sich in den frühchristlichen Gemeinden nicht nachweisen und – sehen wir von den Pastoralbriefen einmal ab – aus dem Gesamtzeugnis des Neuen Testaments nicht begründen. Ihre gesamtkirchliche Durchsetzung erfolgte erst in der zweiten Hälfte des 2. Jahrhundert. Als ihr frühester Vertreter kann Ignatius von Antiochien gelten, der ihr in den kleinasiatischen Gemeinden Geltung verschaffen wollte. Umstritten ist, ob eine solche Kirchenordnung schon der pseudo-paulinische Verfasser der Pastoralbriefe anzielt. Mir scheint es wahrscheinlich, doch dürfte diesem Konzept die Realität der Gemeinden, die wahrscheinlich noch kollegial geleitet wurden, nicht entsprochen haben. Der Hirt des Hermas bezeugt für die römische Gemeinde noch um 140 n.Chr. die Leitung durch ein Ältestenkollegium, dem Episkopen mit Sonderaufgaben zu- und untergeordnet waren.

Die Transformierung der ursprünglich freien personalcharismatischen Jesusbewegung, die von Wanderaposteln und Wanderpropheten mit einer noch nicht amtlich-institutionellen, sondern persönlich-pneumatischen Autorität getragen war, zur Kircheninstitution hin, stellt einen soziologisch notwendigen und auch theologisch legitimen Prozeß dar[3]. Eine charismatische Bewegung bedarf der Institutionalisierung, soll sie die Zeiten überdauern, und sie bedarf schließlich auch der „Großform" Kirche, soll sie nicht zur Sekte werden. Ob allerdings dieser Institutionalisierungsprozeß in „monarchischen" oder „demokratischen" Formen seine Gestalt findet, ist mit der Institutionalisierung als solcher noch nicht entschieden.

Die Pluralität der frühchristlichen Entwicklung

Die Zeugnisse des NT lassen uns die frühe, noch offene Situation erkennen. Der entscheidende Schritt erfolgte durch die Entstehung von Gemeinden in den Großstädten des römischen Weltreiches, die in besonderer Weise mit dem Lebenswerk des Völkerapostels Paulus verbunden ist. Denn erst in den Stadtgemeinden mit ihrer Konzentration einer größeren Anzahl von Christen an einem Ort war die Voraussetzung und der Bedarf für die Ausbildung differenzierter Funktionen gegeben. Die künftigen „Kirchenämter" entstehen hier von der Basis der Gemeinde her, erwachsen aus dem personalen Engagement und der spezifischen Begabung Einzelner, Männer wie Frauen, und bedürfen der Akzeptanz durch die Gesamtgemeinde (vgl. 1 Thess 6,12f, 1 Kor 16,15f). Selbst der Gemeindegründer Paulus, der mit apostolisch-charismatischer Autorität seinen Gemeinden gegenübersteht, muß um seine Anerkennung kämpfen, wie gerade die Korintherbriefe zeigen.

In der zweiten Hälfte des Jahrhunderts gewinnen die Leitungsfunktionen, wenn auch in unterschiedlicher Ausprägung, ihr Profil. Eph 4,11 nennt neben Evangelisten und Lehrern vor allem die Hirten. Die Didache läßt zu Beginn des 2. Jahrhunderts erkennen, wie Episkopen und Diakone in der Ortsgemeinde die Wanderapostel ablösen – unbeschadet der Autorität der Gesamtgemeinde. Vor allem mit der Aufnahme des jüdisch-synagogalen Presbyter-/Ältestenkollegiums erhält nun die Gemeindeleitung einen institutionellen Rahmen, dem schließlich auch die ursprünglich freien Dienste integriert werden. Am Ende des Jahrhunderts sind *kollegiale* Leitungsformen in verschiedener Ausprägung weithin verbreitet (vgl. 1 Petr, Jak, Apg, 1 Clem).

Daneben bestehen jedoch auch noch andere Gemeindeformen: Die Johannesapokalypse kennt Gemeinden, die von charismatischen Propheten geleitet werden; in den Gemeinden des Johannesevangeliums dürften Lehrer die entscheidende Autorität gehabt haben (ähnlich auch der Jakobusbrief). In der Gemeinde des Matthäusevangeliums sind es christliche Schriftgelehrte. Einen monarchischen Führungsanspruch läßt nur der vom Verfasser des 3. Johannesbriefes heftig attackierte Gemeindeleiter Diotrephes vermuten. Solche Tendenzen stoßen also noch eher auf Ablehnung.

Kritische Vorbehalte gegen den Herrschaftsanspruch des Amtes

Mk 10,42-45 sowie Lk 22,24-27 stellen in der Tradition Jesu die Unvereinbarkeit zeitgenössischer Herrschaftsformen mit der christlichen Gemeinde heraus und binden letztere an das allein maßgebliche Vorbild des den Seinen dienenden Jesus. Christliches „Amt“ kann es nicht anders denn als *Dienst* geben, was in den frühen Zeugnissen noch nicht metaphorisch, sondern durchaus konkret gemeint ist. In solch herrschaftskritischer Tradition warnt auch 1 Petr 5,2f die Presbyter vor dem Mißbrauch ihres Amtes zu Bereicherungs- und Herrschaftszwecken. Am Ende des Jahrhunderts – also kurz vor den Pastoralbriefen – erhebt Matthäus im Namen Jesu sogar einen grundsätzlichen Vorbehalt gegen jede patriarchale Form der christlichen Kirchenverfassung. In Absetzung vom jüdischen Rabbinat definiert er in 23,8-11 die Kirche Jesu exklusiv als Gemeinschaft von Brüdern und Schwestern und wehrt jede Form von Patriarchalismus in ihr als Usurpation eines göttlichen Vorrechts ab: „Ihr alle seid Brüder (und Schwestern)“ – „Ihr sollt keinen Vater nennen“ – „Einer nur ist euer Vater, der im Himmel“. So sieht Matthäus am Ende des Jahrhunderts die „Gemeindeordnung“, auf die der Auferstandene selbst die entstehende Kirche aus allen Völkern verpflichtet (28,20).

Aus der Perspektive des NT ist die Ablösung der geschwisterlich-kollegialen Gemeindestrukturen durch ein „monarchisches“ Amtskonzept im Monepiskopat im späten 2. Jahrhundert alles andere als selbstverständlich.

Wie kam es zur Durchsetzung des monepiskopalen Amtes?

Zweifellos dürfte die gesellschaftliche Isolation und Diffamierung der christlichen Minderheiten durch die heidnische Umwelt, Pogrome und schließlich auch staatliche Verfolgung es notwendig gemacht haben, die Gemeinden von innen her zu stabilisieren. Die Konzentration auf das eine bischöfliche Leitungsamt kam diesem Bedarf entgegen. 1 Petr ist allerdings ein Beispiel dafür, daß dies auch geschehen kann, indem man der Gemeinde ihre Würde als „auserwähltes Geschlecht, königliche Priesterschaft, heiliges Volk" (2,9) bewußt macht, sie also von innen her und nicht von oben stabilisiert.

Einfluß auf die Entwicklung hatten sodann innergemeindliche Probleme: Die kollegiale Leitung führte vielfach zu Rivalitätskonflikten (vgl. z.B. Hermas); die gemeindliche Einheit wurde gerade im 2. Jahrhundert zunehmend durch „Irrlehrer", besonders durch die gnostische Bewegung gefährdet. In dem Maße, wie die von den sich konsolidierenden Stadtgemeinden ins Abseits gedrängten alten charismatisch-pneumatischen Begabungen eine neue Heimstatt in jenen außergemeindlichen Bewegungen fanden, wurde für die Gemeinde das „freie Charisma", vor allem wenn es Frauen in Anspruch nahmen, verdächtig. Schon die Pastoralbriefe machen deutlich, wie deren eigentümliche Konzentration auf das *eine* Charisma des Amtes und die damit verbundene Entmündigung der Gemeinde von der Angst vor diesen außergemeindlichen Bewegungen gesteuert ist. Zeiten der Krise fördern den „Ruf nach dem starken Mann".

Der entscheidende Faktor dürfte jedoch gewesen sein, daß die fortschreitende Zeit mit dem Ausbleiben der Parusie nahezu zwangsläufig dazu führte, daß man sich – trotz aller Distanzierung von der Umwelt – in Gesellschaft und Geschichte auf Dauer einrichtete. So kommt es zur „Veralltäglichung des Charismas" und damit zur Anpassung an das zeitgenössische Milieu[4]. Dessen Einfluß ist wiederum schon in den Pastoralbriefen mit Händen zu greifen. Entsprechend der antiken Orientierung des Inhabers öffentlicher Ämter am Leitbild des pater familias wird nun auch der christliche Gemeindeleiter mit den Zügen eines Familienoberhauptes ausgestattet. Damit ist die Rezeption der antik-heidnischen, konservativ-patriarchalen Ordnungsmuster in der christlichen Kirche eingeleitet. Sie sind es, die eigentlich die monarchisch-hierarchische Amtsstruktur begründen.

Die Entwicklung erhielt schließlich auch eine theologische Legitimation. So garantiert für Ignatius der *eine* Bischof als Stellvertreter des *einen* Gottes die Einheit der Gemeinde; ein verbreiteter theologisch besonders wirksamer Topos ist die Behauptung, daß die Bischöfe von den Aposteln als ihre Nachfolger eingesetzt wurden (so schon 1 Clem 44,3; vgl. aber auch Apg 14,23).

Die Entscheidung für die patriarchale Kirchenstruktur kann, so gesehen, durchaus als das „Gebot der Stunde" angesehen werden. Ihre positive Bedeutung für die weitere Kirchengeschichte läßt sich eindrucksvoll belegen und ist uns hinlänglich vermittelt worden. Allerdings können die negativen Folgen dieser Entscheidung nicht unterschlagen werden: Dieselbe Kirchengeschichte belegt bis in die Gegenwart hinein ebenso eindrucksvoll die mit der monarchisch-hierarchischen Kirchenverfassung strukturell gegebene Gefahr des Machtmißbrauchs, der autoritären Pervertierung des Amtes. Der Preis für das „(über)mächtige Überdauern" der Männer- und Väterkirche war nicht zuletzt die Disqualifikation der Frauen, die Degenerierung der mündigen Gemeinde, die weitgehende Verdrängung der charismatischen Begabungen zugunsten des alle Kompetenzen an sich ziehenden einen Leitungsamtes, die Spaltung der Kirche in Kleriker und Laien, der Ersatz prophetischer Verkündigung durch eine sich zunehmend versteinernde Tradition – bis hin zu den Vielen, die im Namen der „Einheit der Kirche" oder der „Reinheit der Lehre" für die Erhaltung des Systems geopfert wurden. Am Ende steht der Verlust der Einheit der Kirche.

So bleibt die Frage, ob mit dieser geschichtlichen Entscheidung das durch Jesu Botschaft von dem gütigen, sich dem Menschen vorbehaltlos zuwendenden Gott erschlossene Potential neuer Möglichkeiten menschlicher Existenz seine *optimale Sozialgestalt* gefunden hat. Wo blieb Jesu Rede „von *seinen* Brüdern und Schwestern" (Mk 3,33-35)? Wo die Erinnerung an seine Forderung radikalen Herrschaftsverzichts (Mk 9,35; 10,42ff)? Wo seine Bindung aller an den *einen* Vater, der in den Himmeln ist?

Die Frage, ob in der noch vorinstitutionellen Phase der frühchristlichen Entwicklung nicht Modelle angelegt waren, durch deren institutionelle Weiterentwicklung dem jesuanischen Erbe angemessener Gestalt gegen worden wäre, läßt sich nicht umgehen.

Eine frühchristliche Alternative

Daß in der frühen Christenheit alternative Möglichkeiten angelegt waren, belegt am Anfang der beschriebenen Entwicklung Paulus, der als der „große Gemeindeorganisator" nicht nur maßgeblich an der Entstehung der christlichen Stadtgemeinde, der Keimzelle der künftigen Entwicklung, beteiligt war, sondern auch als Erster in der Geschichte der Christenheit über die Gestalt der Kirche – ihre „Verfassung" – nachdachte.

In Gal 3,26-28 zitierte Paulus eine schon formelhafte Wendung, die für das Selbstverständnis seiner Gemeinden als repräsentativ gelten kann: *„Alle seid ihr Söhne (und Töchter) Gottes durch den Glauben in Christus Jesus. Denn* *die ihr auf Christus getauft wurdet, habt Christus angezogen. Da gibt es keinen Juden noch Griechen, da gibt es keinen Sklaven noch Freien, da gibt es nicht Mann und Frau. Denn alle seid ihr Einer in Jesus Christus.“*

Durch Glaube und Taufe also sind alle in der Gemeinde Gottes freie Töchter und Söhne geworden (vgl. Gal 4,6f; Röm 8,15-17). „In Jesus Christus“, d.h. in der durch das Heilshandeln Jesu Christi initiierten Geschichte sind die aus frühchristlicher Sicht die antike Gesellschaft bestimmenden Merkmale aufgehoben: die Grenze zwischen Israel und den Heiden, die Unterdrückung der Frauen und die Entwürdigung der Sklaven. Die, die Christus „angezogen“, d.h. sich mit ihrer Existenz auf die in Christus erschlossene neue Lebensmöglichkeit eingelassen haben, gewinnen „in Ihm“ ihre neue Identität; sie sind „neue Schöpfung“ (2 Kor 5,17).

Ein solches aus der überwältigenden Erfahrung des Geistes in den frühen Gemeinden geborene Kirchenbild trägt die Züge einer Vision, in der die endzeitliche Utopie der Aufhebung der die menschliche Gesellschaft bestimmenden Gegensätze in dieser Weltzeit schon vorweggenommen wird. Daß dies nur in der für die christliche Existenz eigentümlichen Dialektik von Schon und Noch nicht gelingen kann und daher immer fragmentarisch und in der Praxis gefährdet bleibt, dispensiert die christliche Gemeinde nicht von der Pflicht, solches immer wieder zu wagen. Es ist die Realisation des Glaubens an den Gott, der im Sterben Jesu *für alle* sich als der Gott *aller* erwiesen hat. Daher darf die Rede von Heil, Erlösung, Gotteskindschaft usw. nicht auf seelisch-jenseitige Sachverhalte beschränkt bleiben, sie muß ihre Wahrheit vielmehr darin erweisen, daß solche „Würde eines Christenmenschen“ das gemeindliche Miteinander bestimmt. Im NT wird dies u.a. deutlich in der aktiven Rolle, die gerade Frauen in der frühen Christenheit zukam, in der Tischgemeinschaft von Sklaven und Herren, Juden und Heiden.

Das paulinische Konzept einer charismatischen Gemeinde

Dieses kirchliche Selbstverständnis setzt Paulus auch in 1 Kor 12 voraus, wenn er – veranlaßt durch die Krise der korinthischen Gemeinde – sein *Konzept einer charismatischen Gemeinde* entwirft. In Korinth hatten offensichtlich aufgrund eines einseitig enthusiastisch-pneumatischen Christentumsverständnisses einige Gemeindemitglieder das entscheidend-unterscheidend Christliche in der außerordentlichen pneumatischen Begabung, vor allem in der Glossolalie, der ekstatischen Rede, gesehen. So drohte der christliche Glaube nach dem Muster antiker Frömmigkeit in eine enthusiastisch-individualistische Religiosität abzudriften und seine soziale Dimension zu verlieren. Das Selbstverständnis dieser Pneumatiker führte zur „Spaltung", zum Schisma, der Gemeinde: Eine geistliche Elite stand nun gegen den Rest der Gemeinde, der in eine inferiore Position abgeschoben wurde. Strukturell gesehen taucht hier erstmals eine Gefahr auf, die die Kirchengeschichte in zahlreichen Spielarten begleiten wird, daß die *Einheit* der Gemeinde durch ein, wie auch immer geartetes innerkirchliches „Zwei-Klassen-System" zerstört wird. Wenn Paulus in dem Brief an die ihm fremde Gemeinde in Rom (Kap. 12) die hier entwickelten Thesen weiterführt, wird deutlich, daß auch aus seiner Sicht dem „Modellfall" Korinth grundsätzliche Bedeutung für die Struktur der christlichen Kirche zukommt.

Alle Christen sind „Pneumatiker" (1 Kor 12,1-3)

Paulus beginnt mit einer für uns befremdlichen Erinnerung an vergangene Erfahrungen der Korinther: Als Heiden erlebten sie sich – von dämonischer Macht – zu den Götzen „hingerissen". Analog dazu – so folgert Paulus – läßt sich auch ihr Bekenntnis zu Jesus nur auf die Kraft des heiligen Gottesgeistes zurückführen (V. 2f). Dieser merkwürdige Vergleich soll den Korinthern verdeutlichen, daß die Wirkung des Geistes nicht auf irgendwelche, auch noch so erhabene, Sonderbegabungen beschränkt ist, sondern die Grundkondition ihrer neuen Existenz betrifft. Damit will Paulus von vornherein der Frage nach den Geistesgaben oder den Geistbegabten, wie auch übersetzt werden kann, den richtigen Standort geben. Nicht einige wenige Erwählte/Berufene sind die Geistbegabten/die Geistlichen, sondern alle, die sich zu Jesus bekennen, wie eben auch alle Christen als die von Gott Berufenen gelten. Damit wird ein „elitäres" Geistverständnis „demokratisiert". Erst auf dieser Basis läßt sich dann von individuellen Geistbegabungen Einzelner sprechen.

Gottes Geist schenkt jedem seine Gabe – zum Nutzen aller (1 Kor 12,4-11)

Wenn Paulus im folgenden den umstrittenen Begriff der *Geistes* gaben durch den der *Gnaden*gaben (*charismata*) ersetzt, werden diese auch terminologisch an den Grundbegriff der paulinischen Rechtfertigungslehre, an die *charis* (Gnade), gebunden: in ihnen gewinnt also Gottes heilschaffende Liebe, mit der er sich allen Menschen vorbehaltlos zuwendet, im Einzelnen ihre je verschiedene individuelle Auswirkung. Dementsprechend formuliert Paulus in Röm 12,6: „Wir haben aber die *charismata* entsprechend der uns geschenkten *charis* in je verschiedener Weise", verpflichtet er jeden einzelnen auf das ihm von Gott zugemessene „Maß des Glaubens" (ebd. V. 3). Gottes Heilshandeln zielt nicht auf „Uniformität". Nichts widerspräche ihm mehr als eine kollektivistisch gleichgeschaltete Kirche, ein totalitäres System, eine schablonisierte Christlichkeit. Er läßt der Individualität Raum, er öffnet jedem seine Möglichkeit und bejaht ihn, so wie er ist. So spricht Paulus in V. 4-11 von den *unterschiedlichen* „Zuteilungen" der „Gnadengaben", „Diensten" und „Kraftwirkungen". Hinter ihnen steht derselbe Geist, derselbe Kyrios, derselbe Gott. Gerade weil Gott der „alles in allem wirkende" Schöpfer ist, muß auch in der Gemeinde die Vielfalt praktiziert und respektiert werden. Keiner darf sich anmaßen, Gottes freies und souveränes Wirken einzuschränken. Betont heißt es in V. 11: „...der jedem in der ihm eigenen Weise zuteilt, so wie er will"! Nur eine Begrenzung läßt Paulus gelten: Die Manifestationen des Geistes sind nicht Selbstzweck, sie dienen nicht der persönlichen Erbauung, sie sind vielmehr „Dienste" (V. 5), die „zum Nutzen" aller der Gemeinde geschenkt werden (V. 7).

Die Gemeinde bestimmen Pluralität und Solidarität (1 Kor 12,12-27)

Damit sind die zwei Aspekte genannt, die Paulus mit Hilfe des Bildes vom Leib entfaltet: Pluralität (V.14-19) und Solidarität (V. 20-26). Beide Aspekte werden in V. 11 als These zusammengefaßt und auf „den Christus" bezogen. Wie V.13 erkennen läßt, in dem Paulus auf Gal 3,27f zurückgreift, dient ihm die Leib-Metapher dazu, das dort beschriebene In-Christus-Sein vor individualistischer Mißdeutung zu schützen und dessen soziale Dimension abzusichern. Daher fügt er – über Gal 3,27 hinausgehend – betont ein: *in einen Leib* (seid ihr alle getauft), bezieht das Bild in V. 11 ausdrücklich auf „den Christus", spricht er in V. 27 vom „Leib Christi". Nach Röm 12,5 sind „die Vielen in Christus ein Leib" (vgl. auch 1 Kor 10,17). Paulus setzt also mit dieser Wendung nicht, wie er häufig vom Eph. her mißdeutet wird, Kirche und Christus gleich, vielmehr beschreibt er so die christliche Existenz als *gemeindliche* Existenz[5].

Diese Metapher war in der Antike weit verbreitet[6]. Einerseits konnte mit ihr in mythologischer Rede die Einheit des Kosmos mit einem Allgott, in philosophischer Rezeption die Verbundenheit der einzelnen Teile mit dem Weltprinzip bzw. der Weltseele beschrieben werden; andererseits diente sie dazu, im Sinn des Organismusgedankens die Rolle des Einzelnen im Staat und dessen Unterordnung unter das Gemeinwohl anschaulich zu machen. Die Stoa hat beide Aspekte verbunden und auf die universale Gemeinschaft aller Menschen bezogen, die in „Sympathie“ (das Leitwort wird auch 1 Kor 12,26 auftauchen) füreinander da sein sollen. Die Gefahr ihrer repressiven Verwendung zur Stabilisierung bestehender Herrschaftsverhältnisse ist vor allem in der zweiten Variante gegeben. So wird in der berühmten Fabel des Menenius Agrippa (Livius, Ab urbe condita, 2,32) mit ihrer Hilfe den gegen die römische Aristokratie rebellierenden Plebejern deren Angewiesensein auf jene deutlich gemacht: Die Glieder geraten selbst in Verfall, wenn sie dem sie ernährenden Magen nicht zu dienen bereit sind.

Paulus argumentiert gerade in umgekehrter Richtung – zugunsten der Zurückgesetzten und Schwächeren, und stellt in Anerkennung der Verschiedenheit der Glieder die Gleichwertigkeit und Gleichberechtigung aller heraus. Er versteht – modern gesprochen – die Gemeinde als ein Kommunikationssystem, in dem einerseits jeder sich in seiner Individualität voll akzeptieren darf und akzeptiert erfährt, andererseits aber verhindert wird, daß der Einzelne sich absolut setzt – auf Kosten der anderen. Dies setzt einen herrschafts- und damit auch angstfreien Umgang miteinander voraus[7]. So ermutigt er in V. 14-19 zunächst gerade die, die sich von den „Überbegabungen“ anderer erdrückt erfahren, ihre Bedeutung für das Ganze zu erkennen – in Wissen und Anerkennung der gottgewollten Vielfalt. Umgekehrt werden ab V. 20 die, die besonders qualifiziert sind oder sich zumindest dafür halten, in die Pflicht genommen. Sie müssen anerkennen, daß sie auf die (ihnen) wegen ihrer Schwäche „weniger wertvoll zu sein scheinenden Glieder“ angewiesen sind und die ihnen „unansehnlicher erscheinenden Glieder“ um so größere Ehre verdienen. Paulus macht mit diesen komplizierten Formulierungen die herrschenden Vorurteile deutlich[8]. Es ist Gottes Wille, daß gerade den Zurückstehenden besondere Ehre zuteil wird, damit es – Paulus wechselt vom Bild in die Realität – keine Spaltung im Leib gebe, sondern alle in derselben Sorge füreinander verbunden sind. V. 26 zeichnet das Ideal: die Gemeinde als ein vom „Klima der Sympathie“ bestimmter Bereich, solidarisch im Mit-Leiden, aber auch – ohne Konkurrenzängste – in der Mit-Freude über die Ehre, die einem von ihnen widerfährt (vgl. auch Röm 12,10.15f). Paulus überspielt also die bestehenden Unterschiede nicht, er will der Gemeinde helfen, sie positiv zu gestalten.

Dem korinthischen Modell kommt grundsätzliche Bedeutung für die Struktur der Kirche zu (1 Kor 12, 27-31)

Im Vergleich mit der ersten Charismenreihe in V. 8-10 fällt auf, daß Paulus nun in dieser abschließenden Zusammenfassung (V. 28) die Reihe erweitert. Offensichtlich ist er bemüht, das zu verallgemeinern, was er zunächst auf die spezifischen Probleme in Korinth hin formulierte.

An erster Stelle nennt er – betont hervorgehoben – die „Urcharismen" der Apostel, Propheten und Lehrer. Als den Trägern der urchristlichen Missionsbewegung war ihnen eine spezifische pneumatische Autorität allgemein zuerkannt, die sie auch gegenüber ihren Gemeinden, wie Paulus selbst es gelegentlich zeigt, sehr anspruchsvoll ausübten. Indem Paulus sie nun in eine Reihe mit den übrigen Charismen stellt, weitet er nicht nur das für die entstehende Ortsgemeinde Gesagte *gesamtkirchlich* aus, er gibt ihnen zugleich auch einen neuen Standort. Da auch sie Manifestation des einen, in *allen* wirkenden Geistes sind, ist ihr Platz nun – wenn auch an hervorragender Stelle – in der Reihe der übrigen Charismen. Damit wird das selbständige Charismatikertum der Frühzeit dem am Modell der Ortsgemeinde entwickelten „Kirchenkonzept" integriert.

Andererseits erweitert Paulus am Ende die Charismenreihe durch die Gabe der „Hilfeleistungen" und der „Steuermannskünste". Diese Ausweitung bis hin zu solchen in den Augen „echter Pneumatiker" eher unwesentlicher Dienste entspricht seinem Trend, das Charisma „zu veralltäglichen" und auf dem Boden der gemeindlichen Realität anzusiedeln, was in Röm 12 noch stärker zur Geltung kommt (vgl. schon die Devis Röm 12,3). Gabe des Geistes ist es eben auch, wenn einer den anderen zu trösten vermag, ihm ohne Hintergedanken hilft, ihm in ungeheuchelter Liebe, in Freundschaft oder Hochachtung begegnet usw. (ebd. V. 7ff). Dem Wirken des Geistes sind keine Grenzen gesetzt. Dem entspricht, daß in 1 Kor 13 einfach die Liebe als der „überragende Weg" pneumatischer Existenz aufgewiesen wird.

Mit der Gabe der „Steuermannskünste" werden auch die organisatorischen und administrativen Begabungen dem charismatischen Konzept eingeordnet. Der Gemeindeorganisator Paulus ist Realist genug, die Bedeutung von „Ordnungskräften" und „Organisatoren" für den Aufbau der Gemeinde nicht zu unterschätzen. Im Gegenteil, er stärkt deren Autorität (vgl. 1 Kor 16,15f; 1 Thess 5,12f), wohl nicht zuletzt um einem „pneumatischen Chaos" zu begegnen (vgl. 1 Kor 14,33; 1 Thess 5,13b). Indem er auch ihre Tätigkeit auf den in *allen* wirkenden Geist zurückführt, wertet er sie theologisch auf. Im Hinblick auf die spätere Entwicklung ist jedoch auf die Position zu achten, die Paulus ihnen gibt: Sie stehen nicht aufgrund eines pneumatischen Sonderstatus der Gemeinde gegenüber oder gar über ihr, vielmehr bleiben sie der Gemeinde *ein-*

geordnet. Nirgendwo wird erkennbar, daß gerade oder gar nur an sie die apostolische Autorität delegiert würde, so daß sie als die „Nachfolger der Apostel" zu gelten hätten. Eine solche Vorstellung stünde im Widerspruch zum Kirchenkonzept des Paulus.

Das paulinische Konzept – Modell für eine zukünftige Kirche?

Eine solche Frage ist leicht dem Vorwurf ausgesetzt, daß sie unreflektiert ein in der noch vorinstitutionellen Phase entwickeltes Kirchenkonzept auf die spätere amtskirchliche Institution übertrage. So kann sie von Verteidigern des status quo leicht als anachronistisch diskreditiert und als romantische Schwärmerei belächelt werden. Ist das Problem jedoch so leicht zu erledigen? Zwar ist richtig, daß Paulus bei seinem Konzept noch nicht die spätere, voll ausgebildete Großinstitution Kirche vor Augen haben konnte, doch ist nicht zu verkennen, daß er an den Anfängen des (allerdings noch offenen) Institutionalisierungsprozesses steht und gerade für diese neue kirchliche Situation sein Konzept entwickelt. Zudem stellt dieses eben nicht nur eine situationsbedingte Regelung für den Augenblick dar. Es wird aus für ihn theologisch unaufgebbaren Prämissen abgeleitet: Gottes *allen* geltendes Heilshandeln, die Einheit *aller* in Christus, die *allen* geschenkte Gabe des Geistes. Handelt es sich auch bei diesen nur noch um für die Kirche längst überholte Anachronismen, die man besser vergessen sollte? Die frühe Kirchenentwicklung zeigt, daß man im paulinischen Traditionsbereich durchaus bemüht war, die sich entwickelnden Amtsstrukturen diesem charismatischen Konzept zu integrieren (Eph 4,4-16; 1 Petr 4,10f). Auch Matthäus wird, wie wir bereits sahen, am Ende des Jahrhunderts gerade gegen die Gefahr einer patriarchalischen Deformierung der Kirche die geschwisterliche Gemeinschaft als das maßgebende Zukunftsmodell der Kirche aus allen Völkern bestimmen.

Zweifellos können wir heute nicht die paulinischen Gemeindeverhältnisse naiv imitieren. Es kann nur darum gehen, jenen die „Würde eines Christenmenschen" garantierenden und daher für die Gestalt der Kirche konstitutiven Elementen des paulinischen Konzepts, die in dem langen Institutionalisierungsprozeß der Kirche zugunsten autoritärer Ordnungsmuster verdrängt wurden, in der bestehenden Kirche eine *institutionelle* Gestalt zu geben. Nur so kann den Herausforderungen der neuzeitlichen Freiheitsgeschichte eine gültige christliche Antwort und dem modernen Menschen eine Heimat in der Kirche gegeben werden. Die große Chance des Anfangs, die die Christenheit im 2. Jahrhundert verpaßte, wäre dann eine Chance für die Kirche der Zukunft.

Anmerkungen

1) Vgl. dazu den Exkurs z. St. von U. Luz, Das Evangelium nach Matthäus II, Zürich-Neukirchen 1991. Er verweist dazu auf die wichtige Untersuchung von K. Fröhlich, Formen der Auslegung von Mt 16,13-18 im lateinischen Mittelalter, Tübingen 1963, S. 117: „Der Primatsbeweis ist ... der einzige Ort an dem (diese Auslegung) ... sich gegen den siegreichen Strom der augustinischen und östlichen Konkurrenzdeutungen behaupten konnte" (ebd. Anmerkung 176).
Vgl. zur exegetischen Problematik auch P. Hoffmann, Der Petrus-Primat im Matthäusevangelium, in: Neues Testament und Kirche, FS R. Schnackenburg, Freiburg 1974, 94-114 = J. Lange (Hg.) Das Matthäus-Evangelium, Darmstadt 1980, 415-440.
2) Vgl. die zukunftsweisende Ekklesiologie von Christian Duquoc, Kirchen unterwegs, Freiburg/Schweiz 1985.
Zu den folgenden Ausführungen verweise ich auf meine Beiträge in dem von mir herausgegebenen Sammelband: Priesterkirche, Düsseldorf 2. Aufl. 1989: Priestertum und Amt im Neuen Testament (ebd., 12-61) und Von der „Priesterkirche" zu einer Kirche des Volkes Gottes (346-368). Dort finden sich auch weitere bibliographische Hinweise. Ergänzend nenne ich hier nur H.J. Klaucks Erklärung von 1 Kor 12 in seinem Kommentar zum 1. Korintherbrief, Würzburg 1984, 85-93.
3) Vgl. W. Schluchter, Max Webers Analyse des antiken Christentums, in: ders. (Hg.), Max Webers Sicht des antiken Christentums, Frankfurt 1985, 11-71.
4) Vgl. M. Weber, Wirtschaft und Gesellschaft, Tübingen 5, 1972, 662: „Sobald die charismatische Herrschaft den sie vor der Traditionsgebundenheit des Alltags auszeichnenden akut-emotionalen Glaubenscharakter und die rein persönliche Unterlage einbüßt, ist das Bündnis mit der Tradition zwar nicht das einzig Mögliche, wohl aber, zumal in Perioden mit unentwickelter Rationalisierung der Lebenstechnik, das unbedingt Nächstliegende, meist unvermeidlich. Damit scheint nun das Wesen des Charismas endgültig preisgegeben und verloren, und das ist, soweit sein eminent revolutionärer Charakter in Betracht kommt, auch in der Tat der Fall. Denn es bemächtigen sich seiner nunmehr – und dies ist der Grundzug dieser typisch sich wiederholenden Entwicklung – die Interessen aller in ökonomischen oder sozialen Machtstellungen Befindlichen an der Legitimierung ihres Besitzes durch Ableitung von einer charismatischen, also heiligen, Autorität und Quelle. Statt also, seinem genuinen Sinn gemäß, allem Traditionellen oder auf 'legitimem' Rechtserwerb ruhenden Gegenüber revolutionär zu wirken, wie in statu nascendi, wirkt es nun seinerseits gerade umgekehrt als Rechtsgrund erworbener 'Rechte'. Und, in eben dieser ihm innerlich wesensfremden Funktion wird es nun Bestandteil des Alltags."
5) Vgl. H. Merklein, Entstehung und Gestalt des paulinischen Leib-Christi-Gedankens, in: M. Böhnke/H. Heinz (Hg.), Im Gespräch mit dem dreieinen Gott. FS W. Breuning, Düsseldorf 1985, 115-140, ebd. 136. Mit Recht warnt Merklein: „Eine Kirche, die sich unreflektiert oder selbstbewußt als fortlebender Christus (Leib Christi) versteht, schwebt immer in Gefahr, sich selbst soteriologische Kompetenz anzumaßen und, anstatt sich ihres ständigen Angewiesenseins auf Gottes rechtfertigendes Wort bewußt zu bleiben, sich als Heilsmittlerin zu gebärden. So kann es zur grotesken Perversion ihres Standortes kommen, der nach *paulinischer* Auffassung nirgends anders als am Kreuz sein kann ..." (ebd., 139).
6) Vgl. den Exkurs bei Merklein, a.a.O., 124-127, sowie die Artikel von H. Schlier, Corpus Christi, in: RAC 3, 439-444, und E. Schweizer, in: ThWNT 7, 1025-1042.
7) Daß auch Paulus vor Mißdeutung nicht geschützt war, zeigt die kirchliche Rezeptionsgeschichte des Bildes. Schon 1 Clem (vgl. 46,7; 37,5) dient es dazu, die Korinther zur Wiederanerkennung der abgesetzten Presbyter zu motivieren. Ignatius (Eph 4,1-3) verwendet es, um die Einheit der Gemeinde mit dem Bischof zu begründen. Der spätmittelalterlichen Theologie wird die Leibmetapher zur Darstellung der rechtlich-hierarchischen Struktur der Kirche, des corpus ecclesiae, dienen (vgl. die Kritik J. Ratzingers, in: LThK 6,910f). Die hierarchische Mißdeutung des Bildes ist auch in neueren kirchlichen Dokumenten belegbar. In der Enzyklika Mystici Corporis Pius' XII gelten die mit „heiliger Vollmacht" Betrauten als „erste und vorzügliche Glieder" (Nr. 767, 786) und der Papst schließlich als das „sichtbare Haupt" des gesellschaftlichen Leibes der Kirche (785), wobei „Christus und sein Stellvertreter auf Erden nur ein einziges Haupt ausmachen" (ebd. im Rückgriff auf Bonifaz VIII). Auch das Vaticanum II spricht vom Papst als „Stellvertreter

Christi und sichtbarem Haupt der ganzen Kirche" (Lumen Gentium Kap. 3, Art. 18) und reduziert das Bild auf die „hierarchische Gemeinschaft mit Haupt und Gliedern des Bischofskollegiums (ebd., Art. 21). Die Nota Explicativa Praevia wehren schließlich auch noch „eine Gleichheit zwischen Haupt und Gliedern des Kollegiums" (Nr. 1,2) ab, um den Vorrang des Papstes als „Haupt des Kollegiums" (Nr. 3,4) abzusichern.
8) Vgl. dazu schon J. Weiß, Der Erste Korintherbrief, Göttingen 1910, 305 f

Gert Schneider: Gegenmacht entwickeln oder neue Fähigkeiten entdecken? – Auf der Suche nach Potentialen für Veränderung

Viele Christinnen und Christen, die vor Jahren noch von der Reformierbarkeit der bundesdeutschen katholischen Kirche überzeugt waren, haben inzwischen dieser Kirche enttäuscht den Rücken gekehrt und suchen, nicht selten erfolglos, außerhalb der bestehenden kirchlichen Strukturen nach Möglichkeiten für Veränderungen. Die innerkirchlichen Reformgruppen, die im Gefolge des Zweiten Vatikanischen Konzils entstanden waren, bestehen zwar zum großen Teil noch und haben sich in einigen Fällen sogar vergrößern können, aber ihnen fehlt die politische Kraft, innerhalb der katholischen Kirche entscheidende Veränderungen bewirken zu können. Die vielerorts neu gegründeten „Netzwerke" unterschiedlicher Reform- und Oppositionsgruppen haben bisher noch keinen Einfluß auf die Kirche nehmen können. Schließlich muß an jene Frauen und Männer in den volkskirchlich strukturierten Ortsgemeinden erinnert werden, die zunehmend isoliert werden, wenn sie sich um kritische Haltung bemühen.

Diese Momentaufnahme katholisch-kirchlicher Situation in der Bundesrepublik Deutschland muß auf dem Hintergrund immer restriktiverer Verhaltensweisen der sogenannten „Oberkirche" gesehen werden, so daß es keineswegs übertrieben scheint, von desolaten Zuständen zu sprechen, wenn man darunter unter anderem auch den scheinbar nicht mehr aufzuhaltenden Marsch der katholischen Kirche ins Ghetto versteht unter gleichzeitiger Stärkung einer fundamentalistischen Grundhaltung, die auch von der Sehnsucht nach der längst verlorengegangenen katholischen „Subkultur" geprägt ist. Es ist also angesichts dieser Tatsachen zu fragen, ob es überhaupt noch einen anderen Weg für diese Kirche als den ins Ghetto gibt und die Kirche in der Erwartung des magischen „Jahr 2000" sowohl eine geschlossene Gesellschaft als auch ein riesengroßer Dienstleistungsbetrieb in Sachen individueller Tröstung und Legitimation für eine gnadenlosen Industriegesellschaft sein wird.

Ich habe diese Skizze an den Anfang der folgenden Überlegungen gestellt, weil sie zu einer Grundfrage führt, die ich so formulieren möchte: Gibt es innerhalb dieser real existierenden katholischen Kirche Potentiale für Veränderung, die eine neue Qualität von christlicher und kirchlicher Praxis ermöglichen können? Ich will nicht in erster Linie nach neuen Strategien fragen, sondern nach dem, was in den vorhandenen Strukturen latent vorhanden ist, aber übersehen wird.

Um derartige Potentiale zu entdecken, bedarf es m.E. einer differenzierten Analyse, für die es noch kein überzeugendes Instrumentarium gibt. So kann ich hier nur versuchen, einige Grundannahmen zu benennen und dafür ein paar Beispiele anzuführen, die vielleicht einmal Grundlage für weiterführende Überlegungen sein könnten.

Ich gehe aus von einer wichtigen Voraussetzung für Veränderungsbemühungen, die auch jahrelang Maxime für das Handeln in Reform- und Oppositionsgruppen gewesen ist: strukturelle Veränderungen sind nur durch die Entwicklung von Gegenmacht zu erreichen. Das klingt für den ersten Moment sehr plausibel und scheint in bestimmten Konstellationen auch wichtig zu sein. Bei näherem Hinsehen aber erweist sich diese Voraussetzung als zumindest in einem Punkte fragwürdig, denn auch Gegenmacht bleibt an der Macht orientiert, sie befindet sich in einem negativen Abhängigkeitsverhältnis zur Macht. Um das näher zu erläutern, muß zunächst noch etwas weitergefragt werden, welche Verhältnisse nämlich zur Entwicklung von Gegenmacht führen. Im Falle der desolaten Situation der katholischen Kirche in der Bundesrepublik Deutschland kann gesagt werden, daß es sich hierbei um ein besonders gravierendes Beispiel von Aneignung allgemeinen Besitzes durch eine kleine Gruppe handelt. Unter allgemeinem Besitz verstehe ich den christlichen Glauben und die Kompetenz aller Gläubigen, über diesen „Bestand“ an Überlieferung miteinander gleichberechtigt im Gespräch und in der Auseinandersetzung zu bleiben. Durch die Hierarchisierung der Glaubensvermittlung und die damit verbundene „heilige Herrschaft“ ist das allgemeine Gut privatisiert und „verknappt“ worden. Glauben wurde ja dann erst zum „knappen Gut“, das man nur an bestimmten Stellen und bei dazu autorisierten Amtsträgern legitim „erwerben“ konnte, seit er „verwaltet“ wurde. Alle Tätigkeiten im Zusammenhang mit der Glaubenspraxis waren dann nur noch Wiederholungen vordefinierter Handlungsmuster. Dazu eigneten sich zentralistische Organisationsformen ebenso wie Legitimationszusammenhänge, die gerade diese exklusive Verfügungsgewalt für Glauben als die eigentliche christliche aufzuweisen versuchten. Die Bildung von Gegenmacht erscheint hier als die einzig aussichtsreiche Form des Widerstandes. Will sie aber nicht unterlegen sein, muß sie der Macht etwas wirklich Gleichgewichtiges entgegenstellen, d.h. sie gewinnt Macht auf Kosten der etablierten Macht, und sie entzieht der Macht Machtanteile für sich. Es bleibt in jedem Falle dabei, daß die Spielregeln dieser Auseinandersetzung die Spielregeln der Macht sind. Gegenmacht entwickelt nichts grundsätzlich Anderes, sondern ist immer nur das Andere der Macht. Durch Gegenmacht wird die Existenzberechtigung von Macht grundsätzlich nicht in Frage gestellt, sondern es handelt sich eher um eine Umverteilung. Dazu kommt noch, daß Ausübung von Macht, besonders unter dem Vorzeichen desolater Zustände, mit erheblichen Kosten verbunden ist. Im Falle der zentralistischen katholischen Kirche läßt sich das leicht nachweisen, wenn man bedenkt, daß die vorhandene Macht im Grunde genommen auf eine relativ einfache Umwelt ihres Systems ausgerichtet ist, nicht aber auf differenzierte Anforderungen und personenbezogenes Handeln. Die Entwicklung von Gegenmacht würde nach dem bisher Gesagten ebenso erhebliche Kosten verursachen, die kaum zu verkraften sind, denn die vorhandene Macht hat in dieser Hinsicht allemal den längeren Atem. Ich glaube, daß diese Erkenntnis letztlich auch der wirklich auslösende Faktor für die besonders innerhalb von Reform- und Oppositionsgruppen zu beobachtende Resignation ist. Resignation aber ist tödlich, und sie macht blind für alternative Handlungschancen jenseits der Machtperspektive. In drei Gedankenschritten will ich einen Aufweis der Behauptung von den vorhandenen Veränderungspotentialen innerhalb der bestehenden Strukturen, aber außerhalb der Machtperspektive versuchen:

In einem ersten Schritt soll nach einer positiven Bewertung der radikalsten Verneinung der Macht, nämlich der Ohnmacht gefragt werden; sodann ginge es um die Potentiale selber, um schließlich die Entdeckung von neuen Fähigkeiten als Ignorierung der Macht zu charakterisieren.

Ohnmacht als radikalste Ignorierung von Macht

Resignation und Ohnmacht werden bei einer Beschreibung desolater Zustände häufig miteinander in Verbindung gebracht. Unter Ohnmacht versteht man aber normalerweise eine totale Unfähigkeit zum Handeln, den Tod jeglichen Handelns überhaupt. Deshalb ist es sehr gefährlich, Ohnmacht als eine Art

Widerstandskraft gegen die Macht zu charakterisieren, denn es erscheint undenkbar, aus totaler Handlungsunfähigkeit heraus ein Potential des Widerstandes herauslesen zu wollen. Ohnmacht bedeutet Machtlosigkeit, die im medizinischen Bereich als Störung beschrieben wird. Sie kann aber auch als lebensrettende Kraft gesehen werden, wenn man sie in Beziehung zu ihrer Funktion für den Organismus sieht, denn sie blendet bedrohliche Wirklichkeiten für eine bestimmte Zeit aus und schafft so Distanz zwischen der Erfahrung der Bedrohung und der Reaktion auf sie. Ohnmacht markiert ein deutliches Nein zu Unzumutbarem, weshalb es nicht zutreffend scheint, bei Ohnmacht von Machtlosigkeit zu sprechen. Sie stellt vielmehr nicht wie die Gegenmacht der vorhandenen und bedrohlichen Macht etwas Gleichgewichtiges, sondern etwas Anderes entgegen. Sie entzieht der Macht die Möglichkeit zum Kampf, und sie handelt auf diese Weise sehr entschieden, denn die Macht ist auf ein gleichwertiges Gegenüber angewiesen, sie lebt von der Anerkennung durch die Gegenmacht. Die Ohnmacht nimmt der Macht die Möglichkeit zum Agieren, indem sie von ihr überhaupt nichts begehrt, sie ignoriert sie und beteiligt sich damit nicht mehr an dem Wechselspiel zwischen effizientem Handeln und der Belohnung dieses Handelns durch Erfolg.

Ich möchte in diesem Zusammenhang fragen, ob hier nicht schon deutlich ein Potential für Veränderung sichtbar wird, was gerade deshalb so wenig in den Blick gelangen konnte, weil alle Möglichkeiten für Veränderungen auf der Ebene der Macht angesiedelt worden sind. Ob man daraus allerdings eine Handlungsstrategie entwickeln kann oder überhaupt sollte, wage ich zu bezweifeln, denn die Ohnmacht kann allenfalls Signalwirkung haben und im Sinne prophetischer Zeichen die Macht verunsichern. Das allerdings ist ein Potential, das im binnenkirchlichen Raum bisher wenig beachtet wurde, dafür aber im gesellschaftlichen Bereich umso mehr. Ich denke hier an die beeindruckenden Formen zivilen Ungehorsams bei Sitzblockaden oder Schweigemärschen, die allesamt von der Macht nichts auf der Ebene der Macht begehrten, sondern die Betroffenheit handlungsunfähig gemachter Menschen signalisierten. Radikaler und deutlicher noch können diese Potentiale des Widerstandes innerhalb der christlichen Traditionen ausgemacht werden, wenn man sich an Gruppen erinnert, die von der bestehenden kirchlichen Macht nichts mehr verlangten und sich dennoch Kirche nannten. Ich denke, daß hier eine sehr entscheidende Spur wieder aufgenommen werden muß, die christliche Traditionen jenseits der realen kirchlichen Macht für sich behaupteten und somit nichts mehr von dieser Macht erwarteten und verlangten. Dies führt zum zweiten Gedankenschritt dieser Überlegungen.

2. Potentiale für Veränderungen

Wenn in der positiven Bewertung von Ohnmacht als radikalster Verneinung der Macht eine Grundvoraussetzung für verändertes und veränderndes Handeln gesehen werden kann, wird dies auch den Blick für jene latent vorhandenen Handlungschancen eröffnen, die jenseits der Macht liegen. Ich nenne dafür folgende Stichwörter, die schon in einen bestimmten Handlungszusammenhang gesetzt werden können:

- Kompetenz
- Selbstorganisation
- diakonisches Handeln und
- Partizipation.

Alle diese Stichwörter sind miteinander verzahnt und bezeichnen mögliche Handlungsebenen in bestehenden kirchlichen Organisationsformen.

In vielen volkskirchlichen Ortsgemeinden oder in Gruppierungen, die sich der christlichen Tradition verbunden fühlen, gibt es erstaunliche Formen von Selbstorganisation, die jenseits der Macht angesiedelt sind und von der herrschenden Macht nichts verlangen. Die Voraussetzungen dafür haben paradoxerweise die zentralistischen Strukturen selber geschaffen, denn eine lückenlose Kontrolle ist bei einem hohen Grad an Zentralisation überhaupt nicht möglich. Indem Menschen sich ihrer eigenen Kompetenz in Glaubensfragen bewußt wurden und diese auch in einem überschaubaren Bereich einzusetzen vermochten, veränderten sich in diesem Handlungsfeld auch die Verhältnisse. Dazu vermochten auch die Gemeindeleiter in volkskirchlich strukturierten Ortsgemeinden beizutragen, wenn sie ihre Selbstrolle anders zu definieren verstanden. Statt einer Allzuständigkeit im Sinne hierarchischer Vollzugsgewalt konnte vielerorts durch die Gemeindeleiter die Rolle des Befähigers für neue soziale Prozesse wahrgenommen werden. Dadurch veränderte sich aber das Gemeindebild insgesamt: Kompetenzen wurden nicht mehr an eine bestimmte Amtsfunktion gebunden, sondern freigesetzt. Der Prozeß der Definition von Gemeinde wurde zum Prozeß aller Beteiligten und Organisation war nicht mehr eine vorgegebene Größe, die nicht hinterfragt werden konnte, sondern entwickelte sich aus den Aushandlungsprozessen der Gemeindemitglieder. Äußerer Anlaß dazu war öfter eine nicht im binnenkirchlichen Raum entstandene Situation, sondern ein gesellschaftliches Problem, dem sich die Gemeinde stellte. Etwas differenzierter gesagt, kann man sich diese Prozesse so verdeutlichen: Indem eine volkskirchliche Ortsgemeinde, also eine klassische „Pfarrei", plurale Strukturen und unterschiedliche Prozesse in ihrem eigenen Bereich nicht nur zuließ, sondern förderte, wurden die Voraussetzungen dafür geschaffen, die differenzierte gesellschaftliche Umwelt als Gesprächspartner zu entdecken. Dies ist eine Verweigerung der normierten Verhaltensweisen für eine katholische Pfarrei!

Nach meiner Einschätzung gibt es in vielen kirchlichen Ortsgemeinden derartige oder zumindest ähnliche Vorgänge, so daß man sagen kann: es gibt faktisch bereits mehr Veränderungspotentiale in der bestehenden katholischen Kirche als allgemein angenommen wird.

Wenn allerdings sehr pauschal von desolaten Verhältnissen gesprochen wird, lassen sich diese Potentiale allerdings auch nicht ausmachen. Noch deutlicher wird das für mich an dem Stichwort „diakonisches Handeln". Es ist sicher kein Zufall, daß diese Maxime, die ja zuerst auf der bundesdeutschen Synode (1971-75) in Würzburg im Kontext von kirchlicher Jugendarbeit formuliert worden ist, einerseits zu großen Konflikten geführt hat, andererseits aber gerade auch sehr viele Freiräume für eine veränderte und verändernde Praxis eröffnete. Dies will ich näher erläutern. Diakonisches Handeln zielt nicht auf Integration in bestehende Organisationsformen, sondern gerade auf die Entwicklung von Identität und Subjektwerdung. Im Zusammenhang mit kirchlicher Jugendarbeit ist mit diesem Stichwort vor allem gemeint, daß eine christliche Gemeinde nicht intendieren sollte, über die Wege von Jugendarbeit ihre Mitgliederschaft zu erhöhen. Die Auseinandersetzungen um den diakonischen Ansatz von Jugendarbeit entzündeten sich gerade in diesem Punkt: Kirche habe wie jede andere gesellschaftliche Gruppe ein legitimes Interesse an der Integration von jungen Menschen in ihr gemeindliches Leben, also in ihre Organisation. Ein radikal verstandener diakonischer Ansatz verbiete sich daher für Kirche. Es ist nun interessant zu sehen, daß in den Gemeinden, wo es gelungen ist, trotz vieler, auch innergemeindlicher Widerstände, den diakonischen Ansatz konsequent durchzuhalten, sich ebenfalls das Bild von Kirchengemeinde insgesamt verändert hat: es geht nicht um Erhaltung und Stärkung der Macht, sondern um Hilfen zur Identitätsbildung, und eine so verstandene kirchliche Jugendarbeit schafft auch ein identitätsbildendes Klima im gesellschaftlichen Umfeld, wo es teilweise um ganz andere Interessen geht, wenn junge Menschen zusammengerufen werden. Der diakonische Ansatz von kirchlicher Jugendarbeit ist ein sehr wichtiges und deutliches Potential für Veränderungen, weil er weit über den binnenkirchlichen Raum hinausweist und vermutlich am deutlichsten in der gegenwärtigen gesellschaftlichen und kirchlichen Situation ein neues Verständnis von Kirche zu entwickeln hilft. Die Gegenbewegungen aus dem kirchlichen Raum sind bekannt und in der letzten Zeit auch erheblich verstärkt worden. Es nützt vermutlich nichts, wenn man auf derart massive Angriffe mit Gegenmacht reagiert, sondern man wird differenzierter reagieren müssen. Eine Möglichkeit sehe ich in der konsequenten Fortsetzung dieser Arbeit in den Bereichen, wo das möglich ist. Und solche Handlungsfelder gibt es mehr, als man auf den ersten Blick meinen könnte.

Viel deutlicher wird der diakonische Ansatz als Veränderungspotential dort, wo kirchliche Gemeinden begonnen haben, gesellschaftliche Diakonie zu praktizieren, worunter hauptsächlich jene Praxis verstanden werden soll, die gesellschaftliche Mißstände zu entlarven versteht und dabei mit anderen Gruppen zusammenarbeitet. Auch das ist in vielen kirchlichen Ortsgemeinden zu beobachten.

Schließlich erweist sich das Stichwort „Partizipation" als Veränderungspotential, obwohl es zunächst einmal ein ambivalenter Begriff ist, denn Partizipation kann sowohl als Teilnahme an der Macht verstanden werden als auch an jenen Prozessen, die eine Selbstorganisation von Betroffenen ermöglichen. Bemühungen für Partizipation im ersteren Sinne, also Teilnahme an der Macht, entspringen Strategien der Gegenmacht und sind für bestimmte Bereiche sicherlich notwendig, aber als eigentliches Veränderungspotential kann Partizipation nur im Kontext der soeben beschriebenen Stichworte angesehen werden. Das bedeutete dann vor allem Teilnahme an der Definition von Gemeinde jenseits der vordefinierten Organisationsformen und damit auch die Entwicklung einer Kompetenz, die eine durch die Ämterhierarchie verwaltete Definitionsmacht ignorieren lernt. Dadurch wird es auch möglich, in jenen gesellschaftlichen Gruppen ernstgenommen zu werden, die sich im gesamtgesellschaftlichen Rahmen um Partizipationschancen bemühen. Partizipation bedeutet im kirchlichen Zusammenhang aber auch Verweigerung der Versorgung. Wenn es zutrifft, daß zu den wesentlichen Kennzeichen kirchlicher Präsenz die Versorgung gehört, im parochialen Bereich ist damit die flächendekkende sakramentale Versorgung und caritative Betreuung gemeint, schafft diese ja überhaupt erst die beklagten Abhängigkeitsverhältnisse. Eine Verweigerung von Versorgungsmechanismen ist daher ein Veränderungspotential, das die bestehende „Versorgungsmacht" radikal in Frage zu stellen vermag.

Es mag der Eindruck entstehen, als würden hier mehr oder weniger idealisierte Verhältnisse oder Wunschvorstellungen projiziert. Ich bin aber der Überzeugung, daß es solche und ähnliche Potentiale für Veränderungen nicht nur in dem Praxisfeld gibt, in dem ich arbeite, sondern in vielen vorhandenen kirchlichen Strukturen. Sie sind einerseits das Ergebnis einer anderen Praxis, andererseits sind sie aber tatsächlich das Ergebnis der Verhältnisse selber. Solche Veränderungspotentiale zu beschreiben und sie in eine neue Praxistheorie der Veränderung einzuarbeiten, halte ich für ein wichtiges Unterfangen, das vor allem unter dem Gesichtspunkt geleistet werden sollte, Kirche innerhalb eines differenzierten Praxisfeldes beschreiben zu können.

3. Die Entdeckung von Fähigkeiten oder die Praxis der Ignorierung von Macht

Die Suche nach Potentialen für Veränderungen schließt die Entdeckung von Fähigkeiten mit ein, denn Fähigkeiten und Praxis sind eng miteinander verbunden. Es gehört m.E. zu den Kennzeichen desolater Zustände, daß es für bestimmte Fähigkeiten keinen Raum mehr gibt, weil sie nicht mehr gebraucht werden. Damit beginnt sich aber Resignation am deutlichsten abzuzeichnen, denn wenn entfaltete Fähigkeiten nicht mehr eingesetzt werden können, laufen sie ins Leere, um schließlich vergessen zu werden. Auf den Zusammenhang mit der derzeitigen kirchlichen Situation angewandt, kann das vor allem bedeuten, daß Menschen verlernt haben, die Fähigkeiten einzusetzen, die ihnen einen selbständigen Umgang mit der Tradition des christlichen Glaubens ermöglichen. Indem sich die zentralistischen kirchlichen Strukturen vor diese Fähigkeiten gesetzt haben, machten sie diese auch überflüssig und ließen gleichzeitig nur jene gelten, die der Zustimmung in bestehende Verhältnisse dienlich waren. Im Gespräch mit Menschen aus volkskirchlichen Ortsgemeinden kann man das sehr deutlich spüren: es ist die Unfähigkeit, mit Religion produktiv umzugehen. Das Ergebnis ist – zumindest für diesen Bereich kirchlicher Wirklichkeit – daß überhaupt keine religiösen Motivationen mehr vorhanden sind, weil Religion immer nur von der sie verwaltenden Instanz „empfangen" werden konnte. Wer belieferungsbedürftiges Gemeindemitglied war, konnte keine Fähigkeiten entwickeln.

Es erscheint mir wichtig, nach der Frage nach den tatsächlich vorhandenen Potentialen für Veränderungen weiter zu fragen: nach der Entdeckung jener Fähigkeiten, die diese Potentiale aktivieren können im Sinne einer Ignorierung der bestehenden Machtverhältnisse. Vielfach versteht man unter Wiederentdeckung verlorengegangener Fähigkeiten eine Art von Selbsthilfe im Sinne der Selbstertüchtigung. Durch derartige Aktivierung von Fähigkeiten wird aber die Macht nicht ignoriert, sondern es werden eher Möglichkeiten gesucht, in den bedrängenden Machtverhältnissen bestehen zu können. Das wäre aber eine Form von Gegenmacht, die wiederum nur denen gelingt, die ein entsprechendes Durchsetzungsvermögen trainieren. Entdeckung von Fähigkeiten hieße dann aber: Entwicklung von möglichst effektiven Überlebensstrategien. Ich will nicht in Abrede stellen, daß dies auch in bestimmten Zusammenhängen notwendig sein wird und als Übergangsstrategie erforderlich ist, aber die Entdeckung von Fähigkeiten im Zusammenhang mit Veränderungspotentialen entspricht dieser Strategie nicht.

Zur Verdeutlichung dieser Behauptung möchte ich zwei Stichwörter benennen, die einen möglichen Weg bezeichnen könnten:
- Selbstvertrauen und
- gefährliche Erinnerung an das, was in den Dingen steckt.

Der Verlust von Subjektivität ist gleichzusetzen mit dem Verlust der Fähigkeit von Selbstvertrauen. In diesen Begriff ist eingeschlossen eine Form von Aufmerksamkeit für den anderen, die jenseits aller Interessen der Vereinnahmung und Integration liegt. Unmittelbar damit zusammenhängt auch das andere Interesse, nämlich die Zuwendung nach außen und die Offenheit für Zusammenhänge. Schließlich ist Selbstvertrauen die Voraussetzung für die Ignorierung der Macht. Wenn weiter oben gesagt wurde, daß Ohnmacht die stärkste Form der Ignorierung der Macht sei, kann sie auch in den Zusammenhang mit der Fähigkeit des Selbstvertrauens gebracht werden. Die Entdeckung dieser Fähigkeit ist gleichbedeutend mit der Wiederbelebung einer Tradition, die innerhalb der katholischen Kirche so gut wie ausgeblendet worden ist: Ermutigung zum selbstverantworteten Leben. Aus dem Potential der Kompetenz für die eigenständige Definition von Glauben erwächst die Fähigkeit des Selbstvertrauens. Sicherlich kann diese Fähigkeit auch wiederentdeckt werden bei Strategien der Gegenmacht, aber im Zusammenhang mit der Ignorierung der Macht scheint sie mir wesentlich wirkungsvoller zu sein. Es ist ohne Auseinandersetzung mit der herrschenden Macht möglich, mit Menschen, die aus Enttäuschung aus den kirchlichen Gemeinden ausgewandert sind, solche Formen des gemeinsamen Handelns zu entwickeln, die der Macht nicht mehr bedürfen. Selbstvertrauen bedeutet schließlich auch die Fähigkeit, die desolaten Zustände auszuhalten, nicht im Sinne einer Duldung, sondern im Bewußtsein, daß sie ignoriert werden können. Sicher wird mir jeder, der von den kirchlichen Strukturen abhängig ist, entgegenhalten, daß dies nur Unabhängigen möglich sein könne. Ich möchte dem widersprechen unter der Voraussetzung, daß es sicher gestufter und damit also auch strategischer Überlegungen bedarf, um auch in diesen Situationen die Fähigkeit des Selbstvertrauens zu entdecken. Für kirchliche Reform-und Oppositionsgruppen jedoch scheint mir die Entdeckung dieser Fähigkeit von großer Wichtigkeit zu sein, denn sie verschafft den nötigen Freiraum, um „gelassen“ und ohne ständige Gegenabhängigkeit von der Macht agieren zu können. Damit kommt noch ein letzter Aspekt der Fähigkeit des Selbstvertrauens in den Blick: die Möglichkeit, längerfristige Perspektiven zu sehen ohne ständiges Rangieren-Müssen. Das würde dann gegenüber der Macht in den Vorteil der Eigeninitiative versetzen.

Die gefährliche Erinnerung an das, was in den Dingen steckt, kann als eine doppelte Fähigkeit bezeichnet werden; denn einmal bedeutet sie die Erinnerung an die Inhalte, die auch in desolaten Verhältnissen der kirchlichen Wirklichkeit mittransportiert werden – die Erinnerung an die kommunikativen Grundstrukturen des Evangeliums, an die Traditionen der Freiheit und Gleichheit, sowie an die unbedingte Würde eines jeden einzelnen Menschen vor Gott. Zum anderen deckt sie jene Beraubungen von Fähigkeiten auf, die diese desolaten Zustände herbeigeführt haben. In beiden Fällen kann die Macht ignoriert werden, Gegenmacht muß also nicht entwickelt werden.

Gegenmacht entwickeln oder Fähigkeiten entdecken – das war die Ausgangsfrage für diese Überlegungen. Es sollte nichts weiter versucht werden, als weitere Überlegungen anzuregen, nicht zuletzt um derer willen, die unter den desolaten Zuständen leiden und zum eigenen Handeln nicht mehr fähig sind. Wenn mit ihnen gemeinsam verschüttete und verlorengegangene Fähigkeiten zum Handeln jenseits der Machtebene entdeckt werden könnten, wäre ein Beitrag zum Ausweg aus den desolaten Zuständen wenigstens im Ansatz geleistet.

Marita Estor: Die an Grenzen leben – Christinnen in der internationalen Gralbewegung suchen neue Wege der Glaubenspraxis

Grenzen sind von Menschen gemachte Orte der Trennung, genauer von Männern erkämpfte und definierte Ränder von Herrschaftsbereichen. Sie gilt es zu sichern oder gar zu erweitern auf Kosten anderer. Die an Grenzen leben, sind ausgeschlossen von Entscheidungen, von der Teilhabe an Macht und Möglichkeiten, sind häufig Opfer. Und doch haben gerade sie die Chance, Menschen jenseits der Grenze zu begegnen, kennenzulernen, mit Fremden und Freunden bekannt und vertraut zu werden, das Gemeinsame zu entdecken.

Frauen leben weltweit an den Grenzen, die ihnen das Patriarchat gesetzt hat. Sie sind sich dessen in den vergangenen Jahrzehnten mehr und mehr bewußt geworden. „Frauen sind in allen Gesellschaften der Welt unterdrückt, wenn sich auch die jeweiligen Umstände dieser Unterdrückung in den verschiedenen Kulturen unterscheiden und Frauen sich ihrer eigenen Unterdrückung in erheblich unterschiedlichem Maß bewußt sind. Der Gral, aufgrund der christlichen Tradition und dem Anruf des Evangeliums antwortend, fordert uns heraus, uns selbst als Personen, als Frauen bewußt zu werden und für die Befreiung einzusetzen." So hat es die Vollversammlung der Internationalen Gralbewegung 1979 klar ausgedrückt. „Als eine Bewegung von und mit Frauen will der Gral versuchen:
1. das Bewußtsein der Frauen zu erweitern, und zwar sowohl ihres Wertes als schöpferische menschliche Personen als auch ihrer Unterdrückung;
2. Frauen in Solidarität zusammenzubringen jenseits aller Trennungen von Rasse, Klasse, Religion, Alter und Kultur;
damit wir verantwortliche Trägerinnen sozialer Veränderungen werden."

Ursprünge

Christinnen in über 20 Ländern in allen Kontinenten, die heute der Internationalen Gralbewegung angehören, sind einen langen Weg miteinander gegangen, sind sich immer klarer bewußt geworden, daß sie Grenzen in Gesellschaft und Kirche und auch innerhalb ihrer eigenen Gemeinschaft überwinden müssen und können, wenn sie ihrem ursprünglichen Auftrag, ihrer persönlichen Berufung treu bleiben wollen.

1921 gründete der niederländische Jesuit Jacques van Ginneken, Professor an der Universität von Nijmegen, „eine Gemeinschaft unverheirateter, römisch-katholischer Laienfrauen ... zur Verfügung der Kirche, um bei der Verbreitung des Reiches Gottes über die ganze Welt zu helfen"; sie sollten mit katholischen Frauen und Mädchen, mit Nicht-Katholiken und mit Frauen in den Missionsländern arbeiten. Auf Wunsch des Bischofs von Haarlem begannen sie 1929 mit dem Aufbau einer Bewegung junger Frauen unter dem Namen „Gral" als Symbol für Suche und Offenheit, die dann zum Zentrum führt, der Schale, die Jesus beim letzten Abendmahl benutzte, in der das Blut des Gekreuzigten aufgefangen wurde. Diese Jugendbewegung war in den Niederlanden so erfolgreich, daß Gralfrauen schon in den dreißiger Jahren von deutschen, englischen, schottischen, australischen und nordamerikanischen Bischöfen eingeladen wurden, in ihren Ländern ähnliches zu initiieren. Der Ausbruch des Weltkrieges beendete 1939 diese Entwicklung abrupt, ohne jedoch die innere Dynamik der Gemeinschaft zu brechen.

Schon 1932 machte P. van Ginneken die Gralfrauen mit den Frauen bekannt, die Jesus nachfolgten und wies darauf hin, daß das „was wir am Tag der Auferstehung sich ereignen sehen, insbesondere dem Handeln dieser Frauengruppe zu verdanken ist. Diese Frauengruppe hat bis jetzt nur halb so viel Aufmerksamkeit gefunden wie das Kollegium der zwölf Apostel." Am Anfang des Gral stand ein grenzenloser Glaube an das Potential von Frauen als Gestalterinnen der Kultur, fähig die Welt zu verändern. Erwartet wurde dafür ein ebenso grenzenloses Engagement und Opferbereitschaft in der Form von Ehelosigkeit, Armut und Gehorsam, aber als Laienfrauen mitten in der Welt. Die Verpflichtung (nur) durch einen Eid auf diese Lebensform und der kirchenrechtliche Status einer pia unio der Gralbewegung ermöglichten es den Frauen, frei von einengenden kirchlichen Strukturen ihre Autonomie zu entfalten und offen zu bleiben für Herausforderungen und strukturelle Veränderungen, die sich aus dem wachsenden Bewußtsein der Frauen von ihrer Eigenständigkeit und eigenen Identität ergaben.

Überwindung von Grenzen zwischen Frauen verschiedener Berufungen

Heute gehören der Internationalen Gralbewegung alleinstehende und verheiratete Frauen ebenso an wie solche, die Ehelosigkeit aus spiritueller Motivation gewählt haben. Die Anerkennung der Gleichwertigkeit aller Berufungen im Gral war ein langer und auch schmerzlicher Prozeß und hat verdeutlicht, wie tief die Grenzen selbst zwischen christlichen Frauen waren, die eine patriarchale Kirche erzogen hat. Die totale Verfügbarkeit der Frauen, die sich zu Ehelosigkeit verpflichtet hatten, die „geistliche Bildung", die sie zu einer Gemeinschaft formte, und die Gütergemeinschaft, die sie von ökonomischen Sorgen frei, aber auch abhängig machte, trennte sie von den übrigen Mitgliedern. Wie sich in der Bezeichnung dieser Gruppe „Nucleus" („Kern") ausdrückt, stellten sie nicht nur die Leitungskräfte, sie sollten auch den Geist, die Spiritualität, lebendig erhalten und die Einheit gewährleisten. Entsprechend erwarteten die übrigen Mitglieder von ihnen ein besonderes Engagement, Verantwortung und Inspiration. Ob die Kernmitglieder es wollten oder nicht, sie waren quasi der „Klerus" der gesamten Bewegung. Es war nicht nur die allgemeine Krise dieser Berufung, die eine Änderung bewirkte. Vielmehr ist in den vergangenen Jahren durch eine zunehmende internationale Kommunikation, gemeinsame Bildungsprogramme, vor allem aber durch das gemeinsame Engagement und die Übernahme von Verantwortung bis zur internationalen Leitungsebene durch Frauen verschiedener Berufungen diese Grenze überwunden worden. Das bedeutet jedoch keineswegs eine Gleichgültigkeit gegenüber der jeweiligen Berufung, die doch die konkrete Lebenswirklichkeit jeder einzelnen bestimmt. Gerade die Vielfalt der Lebensprojekte der Frauen – und dazu gehören auch die, die in dem einen oder anderen nicht die dauerhafte Form gefunden haben – ist eine Quelle der Bereicherung, der gegenseitigen Unterstützung und auch Herausforderung.

Kulturelle Verwurzelung – internationale Kommunikation

So verschwindend klein die Zahl der Gralfrauen weltweit auch ist, derzeit beträgt sie etwa 700 verantwortliche Zugehörige, die Gralbewegung hat sich von Anfang an als eine internationale Gruppierung verstanden, die Frauen aus allen Nationen und Kulturen verbinden wollte. Sie hat es immer abgelehnt, eine Föderation nationaler Gruppen zu sein. Insofern bedeutete Internationalität zunächst nur die säkulare Version der katholischen Universalität, die sich ihrer westlich-kulturellen Verfaßtheit nicht bewußt war.

Je mehr sich aber die Gruppierungen auf die konkrete Situation und Kultur einließen, umso stärker stellte sich die Frage, was Internationalität in einer Welt bedeutet, die gleichsam zu einem Dorf wird, „global village" wie es Marshall McLuhan nennt. Die letzte Vollversammlung (1988) erklärte deshalb: „Wir sind als Gralgemeinschaft in lokale Kulturen eingebunden. Gemeinsam als Frauen wollen wir unsere kollektiven Talente und Energien einsetzen, um dieses 'Weltdorf' in einen Ort zu verwandeln, in dem jede Person und jede Kultur gedeihen und andere bereichern kann." Gerade die Christinnen in asiatischen, afrikanischen und lateinamerikanischen Kulturen drängen mehr und mehr darauf, eine Glaubenspraxis zu entwickeln, die der eigenen Kultur entspricht. Und auch in den europäischen und nordamerikanischen Ländern erfordert eine postmoderne Kultur neue Formen der Glaubenspraxis, wenn sie glaubwürdig sein soll. Dies kann zu Spannungen und Konflikten führen, wenn durch Sprache, Wissenschaft und Technik sowie finanzielle Ressourcen die westlichen Länder und zum Teil auch durch die Gralgruppierungen dieser Länder Macht ausgeübt wird. Wenn z.B. Englisch die dominierende Sprache im Gral ist, dann werden damit auch Inhalte und Themen dieses Sprachraums dominant. Wenn sich z.B. die Gralbewegung in den USA weitgehend als eine feministische Bewegung versteht, kann das die Frauen in den ostafrikanischen Ländern durchaus frustrieren, obwohl sie alles einsetzen, um die Lebenschancen der Mädchen und Frauen in ihrer Kultur zu erweitern. Wichtiger als finanzielle Solidarität ist darum der persönliche Austausch, die Kommunikation über Erfahrungen und Werte, und zwar nicht nur durch Worte, sondern auch durch Begegnungen und Feiern sowie die Entwicklung von Einstellungen der Offenheit und Achtung vor den Werten anderer Personen und Kulturen. Die enge Zusammenarbeit der Gralteams in den Slums von Bronx (New York) und in Mexico City ist ein Beispiel, wie US-Frauen und Mexikanerinnen voneinander lernen können und zugleich erkennen, welche Aufgaben sich aus dem multikulturellen Zusammenleben ergeben. So hat auch der langjährige Einsatz deutscher Gralfrauen in afrikanischen Entwicklungsländern dazu geführt, daß in Mülheim ein Projekt mit ausländischen, zunächst überwiegend italienischen, jetzt türkischen Kindern, Jugendlichen und Frauen entwikkelt wurde, und viele Gralfrauen sich beruflich oder ehrenamtlich für eine Integration der ausländischen Mitmenschen engagieren.

Die Verwurzelung in der eigenen Kultur und die Offenheit für die Werte anderer Kulturen schenken dann manchmal die Erfahrung, daß Gralfrauen jenseits aller Grenzen Teil der einen Menschheit sind, tief verbunden mit allen auf ihrem Weg zu einer volleren Verwirklichung menschlichen Lebens.

Einheit in der Vielfalt der Glaubenserfahrungen

Schon lange haben Gralfrauen auch konfessionelle Grenzen überwunden, und Christinnen aus anderen Kirchen haben sich dieser Bewegung angeschlossen. Aber auch Frauen, denen die patriarchalen christlichen Kirchen fremd geworden oder „die auf andere Weise von diesem Geheimnis tief erfaßt sind“, sind Teil oder suchen Anteil an der Gemeinschaft. So haben Gralfrauen in der Vorbereitung auf die letzte Vollversammlung sich mit ihrem Glaubensverständnis, ihrer Glaubenspraxis auseinandergesetzt. Die Vollversammlung hat aufgrund der Glaubenszeugnisse der einzelnen Gruppierungen eine gemeinsame Glaubensbotschaft formuliert, die den Versuch unternimmt, die Einheit in der Vielfalt auszudrücken.

„Der Gral ist eine im christlichen Glauben begründete internationale Bewegung von Frauen. In Leben, Tod und Auferstehung Jesu Christi haben Gralfrauen das erbarmende Herz und die nie endende Liebe Gottes erkannt. Diese Offenbarung beinhaltet zugleich den Anruf, dieselbe Barmherzigkeit und Liebe in unserem Leben zu verwirklichen“, heißt es einleitend. Die Einheit als Glaubensgemeinschaft wird aber nicht durch Normen und Lehren bestimmt, sondern durch die Vielfalt lebendiger Beziehungen und so ausgedrückt:

„Wir sind eine Glaubensgemeinschaft von Frauen. So wie ein Kristall das Licht als viele farbige Strahlen widerspiegelt, so spiegelt unsere Spiritualität die verschiedenen Erfahrungen und Ausdrucksformen unseres Glaubens wider.

Wir erkennen den Reichtum unserer Verschiedenheit, während wir gleichzeitig darum ringen, ihn besser zu verstehen. Wer aber kann die funkelnden Strahlen zurückhalten, sobald das Sonnenlicht auf den Kristall fällt?

Wir sind dabei zu lernen, daß wir durch unterschiedliche Quellen genährt und herausgefordert werden:

■ durch die Großartigkeit des Kosmos: Gott lebt in jedem Stern, in jeder Person, in jedem Grashalm;
■ durch eine tiefe und persönliche Beziehung zu Jesus Christus;
■ durch die Bibel, wie wir sie mit den Augen von Frauen lesen;
■ durch die Kirche, wie sie zu einer Gemeinschaft von Glaubenden wird;
■ durch die Stärke und Hoffnung all derer, die für Gerechtigkeit kämpfen;
■ durch neue Symbole und Rituale, die uns helfen, Erfahrungen unseres täglichen Lebens zu feiern.

Tatsächlich zeigt sich uns Gott auf vielerlei Weise in unserer Welt. Oft verharren wir einfach still vor dem Geheimnis, wissend, daß ‘nichts Gott so sehr gleicht wie Stille’.

Wir teilen die Hoffnung, daß der Geist uns Schritt für Schritt leiten wird, einander besser zu verstehen. Wir tragen die Suche und Entdeckung jeder mit und freuen uns an den strahlenden Farben, die ein und derselbe Lichtstrahl auf dem Kristall hervorruft."

Ich habe diesen Beitrag für Heinz Missalla geschrieben, der auf seine Weise beiträgt, daß die grenzenüberwindende, friedenstiftende Kraft des Glaubens an Jesus Christus sich in neuer Form entfalten kann. Die Aufarbeitung schuldhafter Verstrickung der Kirche ist für ihn Voraussetzung für die Friedensfähigkeit der Christen. Dies ist nicht nur im Hinblick auf die Bedrohung des Friedens zwischen den Völkern notwendig, sondern auch im zwischenmenschlichen Bereich zwischen Frauen und Männern. Die Kirche hat viel zur Unterordnung der Frauen und damit zur Begründung eines Gewaltverhältnisses zwischen Männern und Frauen beigetragen. Heinz Missalla hat für die Aufarbeitung dieser Schuldgeschichte viel Verständnis und Offenheit für die Frauen gezeigt, die ihre eigenen Wege suchen und gehen.

Dafür danke ich ihm herzlich.

Elsa Fredmüller: Tradition heißt nicht, Asche aufheben, sondern die Flamme am Brennen erhalten! Alte jüdische Weisheit

Meine Erfahrungen mit der Kirche, ein Selbstgespräch

Es fällt dir nicht leicht, deine Gedanken und Erinnerungen in deinem Leben mit der kath. Kirche schriftlich zu äußern. Du bist ungeübt im Verfassen von Aufsätzen. Daß du es trotzdem versuchst, hat etwas mit Heinz Missalla zu tun. Nicht nur, weil er fast dein Jahrgang ist, sondern weil er durch das Erleben des Zweiten Weltkriegs danach Konsequenzen zog. Heinz Missalla hat durch Wort und Schrift in der Öffentlichkeit, wo deutsche Bischöfe schwiegen, an die Mitschuld der Kirche zur Judenverfolgung erinnert, wie auch zur Entstehung des 2. Weltkriegs, – zu Umkehr und Buße ermahnt und gleichzeitig zum Widerstand aufgerufen.

1980! Zum erstenmal in der Geschichte des deutschen Katholizismus gibt es einen Katholikentag von unten in Berlin, organisiert u.a. vom Bensberger

Kreis, von der Leserinitiative Publik e.V. und dem Freckenhorster Kreis. Du sitzt mit Tausenden von Christen in der Eissporthalle, wo Heinz Missalla mit weiteren Vertretern christlicher Friedensinitiativen auf dem Podium sitzt. Er zeigt auf, daß Kirche auch eine gesellschaftskritische Institution sein muß, Künderin der Liebe Gottes zu allen Menschen und der Erlösung aller Menschen durch Jesus Christus verpflichtet. Darum muß die Kirche zur Spirale der Aufrüstung jetzt Stellung beziehen. Und weiter Heinz Missalla: „Warum tun wir uns so schwer mit der Friedensarbeit? Wir haben unsere jüngste Geschichte verdrängt. Eine Hoffnung auf Zukunft ist nur möglich, wenn die Vergangenheit in „Trauerarbeit“ angenommen wird.“ Diese Großveranstaltung war mitreißend, nicht nur zum Zuhören – es gab Zeit für Kommunikation untereinander – wir haben gesungen. Das war für dich ein Fest der Befreiung und das Erlebnis: ...„brannte nicht unser Herz“? ...

Kurz entschlossen hattest du dich nach Berlin aufgemacht, denn nur wenige Tage vor Beginn des Katholikentages stand das Programm eines Katholikentages von unten (Kvu) fest. – Fred, dein Mann, machte keine Schwierigkeiten. Im Gegenteil, er brachte es fertig, noch rasch ein Flugticket München-Berlin zu bekommen. Da saßest du nun in der Menge mit Tränen vor Freude und Wut in den Augen. Freude, so viele Gleichgesinnte zu finden im kirchlichen Lager, satt zu werden. Wut und Schmerz über die Gleichgültigkeit und Selbstzufriedenheit gut bürgerlicher Pfarrgemeinden zu Hause in München. Die Frage: „Wie politisch muß die Kirche sein“? wird überhaupt nicht gestellt. Politik überläßt man den Politikern, möglichst der CSU. Über den NATO-Doppelbeschluß von Nov. 1979 regt sich niemand auf. Die geplante Stationierung von 572 Mittelstreckenraketen macht klar, daß ein Krieg mit atomaren Waffen seitens der USA denkbar und führbar ist. Soviel scheint dir sicher, wo es um die Sache des Friedens geht, gibt es keine Inkompetenz. Wer sich um den Frieden sorgt, hat das Recht mitzureden. Wer gelitten hat, ist zuständig. Von jetzt ab wirst du dich einmischen!

Du warst 14 Jahre, als der Zweite Weltkrieg begann. Als du damals deine Ängste und Sorgen über diesen Krieg bei deinen Eltern äußertest, beruhigten sie dich: „Der Krieg ist weit weg“! Dein Vater, treues Kolping-Mitglied, war schon 1935 auf Vorschlag des Kolpingpräses gemeinsam mit der Gruppe der SA beigetreten. Im nachhinein sieht man daraus die Anpassung und widerstandslose Unterwerfung der katholischen Kirche unter das Hitlerregime, was heute seitens der Amtskirche immer noch beschönigt wird.

Du mußtest erleben, daß der Krieg nicht weit weg war. Du hast ihn in Münster 1943/44 in Luftangriffen erlebt, als du im Franziskushospital Schwesternschülerin warst und als schließlich an einem schönen Oktobertag Münster in Schutt und Asche lag, darunter unzählige Tote. Du hast überlebt, in Todesängsten mit den Kranken in Kellern und später im Krankenhaus-Bunker Sturm gebetet: den Rosenkranz, „hilf Maria, es ist Zeit...“ Jahre später hast du erst verstanden, daß Beten allein nicht genügt. „Nie wieder Krieg“, das war unser Schwur und Vorsatz. Nach unserer Heirat stand fest, unsere Kinder werden kein Kriegsspielzeug erhalten. Das war etwas, aber zu wenig!

Im Laufe der Jahre füllten wir mit unseren vier Kindern eine halbe Kirchenbank in einer neugegründeten Pfarrei in München. Bei deiner Standpunktsuche und Lebensorientierung in Kirche und Gesellschaft half dir in den 60er Jahren die neu erschienene Wochenzeitung Publik. Der Aufbruch des Konzils lag drei Jahre zurück, in dem die Umrisse einer neuen Kirche, weniger hierarchisch, als vielmehr brüderlich und schwesterlich verfaßt sichtbar werden sollten. Publik wurde für dich der Ort, an dem freimütig über Gott und die Welt diskutiert wurde, den Forderungen Christi nach Umkehr hier und heute, verantwortlichem Handeln in der Gegenwart Inhalt geboten wurde. Als nach drei Jahren aus angeblich finanziellen Gründen die Bischöfe sich aus dem Projekt zurückzogen, war Publik tot. Ihre Einstellung war der sinnfälligste Beweis dafür, daß sich die Kirche ins Ghetto zurückzog. Kein Zweifel, die Kirche wich den neu entstandenen Fragen aus, wie etwa: nimmt die Kirche ihren tatsächlichen Einfluß im Sinne des Evangeliums wahr? Ist sie bereit, zu korrigieren bis hin zum bewußten und entschiedenen Widerstand?

Die Entscheidung brachte auch dich in Harnisch. Eine große öffentliche Protestveranstaltung, u.a. mit Karl Rahner im Münchener Schwabinger Bräu suchte zu retten, was zu retten war. Vergebens!

So war es für dich selbstverständlich, der 1971 entstandenen Leserinitiative Publik e.V. beizutreten, um ein Nachfolgeblatt zu entwickeln. Publik-Forum war geboren, von „unten“ aufgebaut. Nach und nach traf sich in München ein Leserkreis von Publik-Forum, der dir half, Spannungen und Widersprüche im Innern der Kirche und in der Pfarrgemeinde besser zu ertragen. Hier löste sich der Druck, du fandest endlich Gleichgesinnte, wurdest bei amnesty international aktiv tätig, lerntest politisch handelnde Leute aus der Gruppe München (früher Kath. Junge Mannschaft) kennen, sowie die Gemeinde St. Ignatius. Das machte lebendig, Einsatz für das Leben, gegen die Götzen des Todes.

Die Militärausgaben wuchsen indessen in jedem Jahr höher. Dafür mußte der Sündenbock „Kommunismus“ herhalten, dessen Feindbild nach 1945 wieder da war. Daß der Geist des Kalten Krieges entstehen konnte, daran trägt die Kirche Mitschuld.

Aber – da gab es auch einen Lichtblick; wir hörten von den Brüdern Daniel und Philip Berrigan aus USA, beide Priester. Sie gehörten zu den „Neun von Catonsville“. Von ihrem Widerstand warst du schon während des Vietnamkrieges fasziniert, als sie Wehrpässe aus dem Wehrersatzamt von Catonsville entwendeten und öffentlich verbrannten. Ihre Erklärung zu diesem Handeln endete mit den programmatischen Worten: „Wenn wir heute die Schwerter zu Pflugscharen umschmieden, so versuchen wir, den biblischen Aufruf konkret zu machen“.

Und dann kam der 24. März 1980. Oscar Arnulfo Romero, Erzbischof von San Salvador, war während eines Gottesdienstes von einem Scharfschützen ermordet worden. Er, der für sein Volk Partei ergriffen hatte, Forderungen nach einem Leben frei von Hunger und Elend stellte, frei von Ausbeutung und Unterdrückung, frei von Folter, Verschwindenlassen und Mord!

„Dritte-Welt“-Gruppen, Studenten, BDKJ und amnesty international hatten innerhalb von 24 Stunden einen Schweigemarsch als Zeichen unserer Trauer und Solidarität organisiert. Was dich dann sehr niederdrückte, war das Totschweigen seines Märtyrertodes in der darauffolgenden Karwoche, sowie in der Liturgie des Osterfestes in Münchener Kirchen (bis heute). Bei Menschenrechtsverletzungen wird zweifellos im real existierenden Katholizismus unterschieden nach östlich und westlich orientierten Ländern! Darum ist es heute sicher gut, daß die Menschenrechtsorganisation amnesty international unabhängig auch von den Kirchen blieb. (Hätte sie nicht von den Kirchen gegründet werden müssen?)

Zurück zum Katholikentag von unten 1980 in Berlin.

Das Erlebnis Berlin mit vielen weiteren Veranstaltungen auf dem Kvu hat dir einen mächtigen Impuls gegeben. Gertrud und Mechthild geht es genau so. Das war ein Stückchen Regenbogen am Himmel. Zusammen mit FreundInnen aus der Gruppe München, Evangelischen Christen und der Ökumenischen Initiative „Ohne Rüstung leben“ bildeten wir den christlichen Flügel der

Friedensbewegung München. (Die damalige Pax Christi-Leitung in München hielt sich noch zurück.) Wir trafen uns alle 14 Tage im Haus der Evang. Kirche im Zentrum der Stadt. Dem Münchener Ordinariat waren die Infostände von „Ohne Rüstung leben", wie auch die Teilnahme der Christen am Ostermarsch ein Dorn im Auge, ebenso dem Katholikenrat und den katholischen Laienverbänden. So erschien z.B. in der Süddeutschen Zeitung am 25./26.9.1982 eine Stellungnahme: „Katholikenrat lehnt Mitarbeit an Friedenswoche ab" ,(geplant nach Holländischem Vorbild für November) ...„kommunistische Gruppen können sich unter propagandistischem Vorwand von Friedensarbeit Bündnisse mit Christen erschleichen". Geantwortet wurde darauf mit vielen engagierten Leserbriefen, z.B.: „...ich bin immer wieder empört darüber, mit welcher Überheblichkeit sogenannte Christen urteilen und verurteilen und Ausflüchte finden, sich nicht engagieren zu müssen ...".

In dieser Zeit wurdest du regelrecht herausgefordert, zu kämpfen (auch mit dir selbst) und diese Christen, gerade auch in der Pfarrei auszuhalten. Dorothee Sölle's Überlegungen in ihrem Buch „Im Hause des Menschenfressers, Texte zum Frieden 2" halfen dir dabei: Was bedeutet es, ein Christ zu sein, in einer sich zunehmend militarisierenden Gesellschaft? Im Markus-Evangelium 9,14-29 zeigt D. Sölle die Angst vor der Angst auf. Sie stellt eine ähnliche Frage wie die Jünger Jesu nach der Heilung des epileptischen Jungen: „Warum konnten wir den militärischen Dämon nicht austreiben? Warum wir nicht?" "Alle Dinge sind möglich dem, der da glaubt", sagt Jesus.

„Glaube und Kampf sind eins. Glaube bedeutet: an Gottes schöpferischer und heilender Macht Anteil zu haben. Es bedeutet, eins zu sein mit der Macht des Lebens, Widerstand gegen den Tod zu organisieren", so D. Sölle. Du hast sie verstanden, deutlicher zu werden, entschiedener deinen Standpunkt zu vertreten. Widerstandskraft wächst, wenn Erinnerung wächst!

Der 22. Juni 1981 war ein solcher Gedenktag: 40 Jahre seit dem Überfall der Deutschen auf die Sowjetunion. Selbst in den Schulbüchern vermißt man diese Fakten. Hans Bischlager, ein junger Jesuit, plante mit unserer Gruppe einen Sühnegang nach Dachau und Hebertshausen, wo Tausende von Russen gegen Ende des Krieges erschossen wurden. Zu Beginn dieser Wallfahrt feierte Hans im Jutegewand mit einer kleinen Gruppe am Sonntagmorgen einen Gottesdienst am Marienplatz. Das war für den damaligen Münchener Kardinal Ratzinger zu viel. Hans wehrte sich zunächst gegen die Darstellung der Vorgänge in der Ordinariatskorrespondenz, wo der von ihm als Bußgewand interpretierte Rupfensack als „Maskierung“ bezeichnet worden war. Briefe gingen hin und her, es kam nicht zu einer Aussprache. Auch in seiner Ordensgemeinschaft fand Hans wenig Rückhalt, so daß er diesem brüchigen Religionsfrieden bald den Rücken kehrte.

Will die Kirche nicht dazulernen?

Auch im breiten Kirchenvolk hörst du viele Stimmen von sogenannten „kalten Kriegern“. Je „rechtgläubiger“ und „frömmer“ ein(e) ChristIn sich selbst versteht, desto weniger Verständnis hat er/sie für Randgruppen; Ausländer, Asylsuchende, psychisch Kranke, Homosexuelle. Vor allem ist er/sie strenger antikommunistisch.

Kurt Marti, der Schweizer Pfarrer und Schriftsteller, macht sich Gedanken über den derzeitigen Zustand christlicher Gemeinden:

„Trefflich sorgt hierorts die Kirche
für einige Lebensbedürfnisse des Mittelstandes.
Gefragt sind: ein Hauch heiler Welt,
mit Dias und Filmen bei Kuchen und Tee.
Ist dafür einer einst aufgehängt worden“?

Mitteilungsblätter von Pfarreien lesen sich häufig wie Angebote von Reisebüros. – Es soll auch nicht unterschlagen werden, daß innerhalb einer Pfarrgemeinde viel caritative Arbeit (meist von Frauen) geleistet wird. Häufig sind sie es aber auch, die kein Verständnis aufbringen, wenn ChristenInnen sich am Ostermarsch beteiligen oder 1983 bei der Menschenkette in Ulm. Christen und Nichtchristen mischen sich mit solchen Großdemonstrationen in die Politik ein. Sie sagen Nein zur Abschreckung.

Inzwischen hat sich auch Pax Christi in München neu konstituiert, ist politischer geworden. Viele Mitglieder zeigen Zivilcourage durch politisches Handeln. Bei der Seniorenblockade saßen wir gemeinsam vor den Toren der Massenvernichtungswaffen in Mutlangen, um Militärfahrzeuge aufzuhalten. Für die Zukunft unserer Kinder und Enkel waren und sind wir bereit, dafür „Strafen“ in Kauf zu nehmen.

Unsere Friedensfähigkeit wird uns Tag für Tag bestritten. Ein Münchener Pfarrer beteiligt sich daran mit folgendem Text in einem Pfarrgemeinde-Mitteilungsblatt: „Ein katholischer Verband (gemeint ist Pax Christi, E.F.) soll nach glaubhaften Informationen die Unruhen zum Programm erheben wollen, sich aber gleichzeitig für das Einmotten der Raketen stark machen"! – Und weiter: „Da gibt es im katholischen Blätterwald ein Blättchen, das sich in stolzer Bescheidenheit Zeitung kritischer Christen nennt (gemeint ist Publik Forum, E.F.) und derart massiv vom Leder, oder besser vom Papier zieht über Erscheinungen und Vorfälle in der Kirche, über die man durchaus auch anderer Meinung sein kann, daß man sich nur so wundert. Das Groteske an der Sache aber ist, daß dieses Druckerzeugnis von durchaus sympathischen Leuten unters Volk gebracht wird, die sich für „Friedensschlangen aus Menschen" und für Kasernentorbelagerungen, natürlich bei den Amis, begeistern können". Das tut weh! Langsam fühlst du dich deiner Gemeinde entfremdet. Gott sei Dank, es gibt ja noch St. Ignatius!

Und es gibt die vielen FreundInnen bundesweit, die über den derzeitigen Zustand der Kirche nachdenken. Bei den Vorbereitungen für den 'Katholikentag von unten' 1984 in München lerntest du sie kennen. Und alle diejenigen aus München und Oberbayern, denen die Existenz eines 'Katholikentages von unten' wichtig war, gründeten die IKvu, Regionalgruppe München. „Kirche lebt von unten", so steht es auf unserem Emblem.

Der Abschluß des Kvu war die „Nacht der Solidarität" in der Münchener Olympiahalle. Kardinal Lorscheider besuchte uns an jenem Abend und sagte u.a.: „Ihr in Deutschland setzt große Hoffnungen in uns. Stellt Euch die Frage: Unterdrückt Euer Land, Eure Wirtschaft andere Nationen"? Ja, und vor unserer „Haustür"! 1984 wies Münchens Oberbürgermeister darauf hin, daß schätzungsweise 100.000 MünchenerInnen am Rande des Existenzminimums leben müssen. Inmitten protzenhaften Reichtums muß das unerträglich sein! – Nirgends in der Bundesrepublik Deutschland sind so viele Unternehmen mit hohem Anteil für wehrtechnische Produkte (sprich Rüstung) so konzentriert, wie in der Region München. Es ist ein Skandal, wenn diese Waffen von der BRD in Krisengebiete exportiert werden, die die Menschen unterdrücken und die Armen, z.B. in Lateinamerika immer ärmer machen.

Nach dem Kvu beschließt ein Teil des Vorbereitungskreises, als Basisgruppe zukünftig weiterzuarbeiten;

- falsche Selbstzufriedenheit erkennen und uns selbst in Frage stellen,
- Ängste abbauen und aus Hoffnung leben,
- Herrschaftsstrukturen offenlegen und für Unterdrückte eintreten,
- Mißtrauen und Haß überwinden und den Feind lieben,
- Ungerechtigkeit beim Namen nennen und Gerechtigkeit schaffen.

Herrschaftsstrukturen offenlegen und für Unterdrückte eintreten, das war und ist notwendig in den 80er Jahren, als die repressive Asylpolitik eine Herausforderung für mündige Christen wurde. Haben wir Deutsche schon vergessen, wohin uns arroganter Rassismus geführt hat? Daß wir nicht gelernt haben, über uns selbst zu erschrecken, erlebst du immer wieder im Alltag. 1987 brachte es z.B. ein Ottobrunner Pfarrer fertig, das Theaterstück „Der Stellvertreter von Rolf Hochhuth nicht zur Aufführung kommen zu lassen, weil es „eine Beleidigung der katholischen Kirche und eines jeden Katholiken“ sei. – Nein, es geht nicht um Kollektivschuld, aber ebenso wenig um Kollektivunschuld. Entscheidend ist doch, was aus der Erinnerung heute gemacht wird.

Das Thema ‘Asylrecht und die Praxis’ ist weiterhin aktuell, ist häufig Thema unseres monatlichen IKvu-Gottesdienstes, der auch Konsequenzen hat: Rat und Hilfe, menschliche Zuwendung den Asylsuchenden zukommen zu lassen. Flamme am Brennen erhalten!

Es gibt auch Theologinnen innerhalb der katholischen Kirche, die Asyl suchen. Der Berufsweg von Frau Dr. Elisabeth Gössmann führte ins Asyl, wie sie selbst sagt nach Japan, weil ihr Geburtsfehler „weiblich“ ist. Die patriarchalen Strukturen, wie wir sie in allen Bereichen der Macht finden, lassen Theologinnen fremd und heimatlos in ihrer Kirche sein. Die Unbeweglichkeit und auch Härte der Kirche, Frauen das Priesteramt zu verweigern, zugunsten von Autorität, diese Kirche ist in Unordnung geraten! – Es ist noch viel Bewußtseinsumbildung zu leisten in den Pfarreien, wie auch in katholischen Frauenverbänden!

Heute lernen wir viel von Frauen in anderen Teilen der Welt, die das Evangelium und politisches Engagement zusammenbringen und in Aktionen umsetzen. Die Ökumenische Dekade „Kirchen in Solidarität mit den Frauen“ (1988-98) regt sie an, weiterhin über eine erneuerte Gemeinschaft von Frauen und Männern nachzudenken. Viele verstehen den „Konziliaren Prozeß für Frieden, Gerechtigkeit und Bewahrung der Schöpfung“ als eine Chance, zusammen mit Männern eine „substantiell neue Art des Denkens“ zu entwickeln und praxisfähig zu machen.

Was dich nur betroffen macht, sind die Tatsachen, daß kaum innerhalb der Kirchen diese bedeutende Aufbruchbewegung im konziliaren Prozeß zur Rettung unserer Welt zur Kenntnis genommen wird. –

Der Klagen gibt es noch viele. Du willst dieses Selbstgespräch jedoch nicht beenden, ohne auf das Engagement und das Leiden der Befreiungstheologen heute von Lateinamerika, Asien und Afrika hinzuweisen. Erzbischof Dom Helder Camara, tätig im ärmsten Teil Brasiliens, steht hier für die vielen, die die Armut und das Elend nicht als gottgewollt hinnehmen. Sie glauben, daß jeder Mensch bekehrt werden kann und die jetzige Weltwirtschaftsordnung umzukehren ist, weil sie von Menschen gemacht wurde. Dom Helder Camara muß nun mit 75 Jahren zusehen, wie seine Arbeit und die seiner MitarbeiterInnen durch eine rückwärtsgewandte römische und brasilianische Kirchenpolitik Stück für Stück zerschlagen wird.

Du machst die Erfahrung, daß im Sprachschatz und im Handlungsprogramm der hiesigen Kirche Begriffe wie *Befreiung, Emanzipation* oder *neue Ordnung* nicht vorkommen. Ehrlicherweise müßten nach 30-jähriger Arbeit kirchlicher Entwicklungshilfswerke Begriffe wie „Dritte Welt und Entwicklung" aus dem Vokabular verschwinden.

Niemand soll sagen, er oder sie habe keinen Einfluß. – In gemeinsamen Schritten aus Zentimetern mit Bernd, Gertrud, Peter, Werner, Norbert, Mechthild, Ludger, Alfred, Ursula, Reinhold, Thomas, Inge, Sieglinde und Ralph sind wir Suchende und KundschafterInnen auf dem Weg zu Seinem Reich.

Thomas Ruhl:
Herausforderung und Metanoia:
10 Jahre Initiative Kirche von unten

„Freude und Hoffnung, Trauer und Angst der Menschen von heute, besonders der Armen und Bedrängten aller Art sind auch Freude und Hoffnung, Trauer und Angst der Jünger Christi." So wird in der am 7. Dezember 1965 vom II. Vatikanischen Konzil verabschiedeten Pastoralkonstitution über die Kirche in der Welt von heute die „Verbundenheit der Kirche mit der ganzen Menschheitsfamilie" beschrieben.

Für viele Menschen in der Kirche der Bundesrepublik erwuchsen aus einem Leben aus dem Evangelium neue Impulse und Dimensionen durch das „Angebot aufrichtiger Mitarbeit der Kirche zur Errichtung einer brüderlichen Gemeinschaft". „Es geht um die Rettung der menschlichen Person, es geht um den rechten Aufbau der menschlichen Gesellschaft". Deshalb wurde „der Mensch mit Leib und Seele, Herz und Gewissen, Vernunft und Willen" in den Mittelpunkt der Ausführungen des Konzils gestellt.

Die Väter des Konzils gaben selbst den Weg an, der Situation des Menschen in der heutigen Welt gerecht zu werden, indem sie es der Kirche zur „Pflicht" machten, „nach den Zeichen der Zeit zu forschen und sie im Lichte des Evangeliums zu deuten".

Sie verdeutlichen dies, indem sie die Notwendigkeit betonen, „die Welt, in der wir leben, ihre Erwartungen und Bestrebungen und ihren oft dramatischen Charakter zu erfassen und zu verstehen".

Das war 1965 und fand ein vielfältiges Echo auch in der Kirche hierzulande, bis hin zur Dramatik eines Katholikentages in Essen 1968, durch den das Anliegen einer bundesdeutschen Synode aufgegriffen und ins Werk gesetzt wurde als ein Weg, das vom II. Vatikanum Gesagte mit der Situation der Kirche in der Bundesrepublik zu verbinden.

Der Beschlußtext „Unsere Hoffnung" der Würzburger Synodalen beschreibt die Situation, „in der wir in der Gemeinschaft der Kirche unsere Hoffnung bezeugen und aus ihr uns erneuern wollen", als Situation einer nicht mehr religiös geprägten Gesellschaft. In dieser Situation wird die damals wohl schon offenkundige „Krise kirchlichen Lebens nicht in Anpassungsschwierigkeiten gegenüber dem modernen Leben und Lebensgefühl" gesehen, sondern in den „Anpassungsschwierigkeiten gegenüber dem, in dem unsere Hoffnung wurzelt: Jesus Christus mit seiner Botschaft vom Reich Gottes".

Die von der Synode beschworene Gefahr kleingläubiger oder auch elitärer Selbstabschließung in eine religiöse Sonderwelt hat ihre tiefsten Ursachen in den Defiziten anschaulich gelebter Hoffnung. Die Frage von Würzburg, ob wir das sind, was wir im Zeugnis unserer Hoffnung bekennen, wird zur Frage nach unserer christlichen Identität und damit auch zur Frage nach der Identität von uns als Kirche.

Bei der Suche nach christlicher Identität und nach Orten, an denen sie zu finden wäre, will ich mich auf den Bereich der Kirchengemeinden und das, was am Beispiel der Initiative Kirche von unten, an Basisaktivitäten bekannt ist, beschränken.

Denn: Könnte nicht die Vielzahl der Kirchengemeinden der Ort sein, wo Menschen sich gemeinsam durch das Evangelium bewegen lassen und seinem Anspruch zu folgen suchen? Könnten sie attraktive Orte sein, an denen Menschen zusammenkommen, denen die eigenen Sorgen und Ängste wie die ihrer Zeitgenossen, nicht gleichgültig sind, weil sie die Zeichen der Zeit im Licht des

Evangeliums deuten? Dennoch müssen wir zur Kenntnis nehmen: die Zahl der Kirchenbesucher an Sonntagen nimmt weiter ab; die Zahl der Kirchenaustritte übertrifft mancherorts die Zahl der Taufen. Immer mehr Menschen verlassen die Kirche stillschweigend. Warum? Wenn doch gleichzeitig ein kirchlicher Apparat auf Hochtouren läuft, vielerorts ein breit gefächertes Programm angeboten wird! Programme und Terminkalender von Pfarreien sprechen hier Bände: Kreatives Töpfern für alle Altersgruppen wechselt mit internationalen Volkstänzen. Bastelanleitungen begleiten die jeweiligen kirchlichen Freizeiten, konkurrieren mit Gymnastikkursen und Ähnlichem. „Grundwissen" an 5 Abenden (Pädagogik, Recht, Biologie, Psychologie, Kunstgeschichte) rundet das Angebot vielseitig ab. Dazwischen verirrt sich dann noch ein Vortragsabend über den „Weg einer christlichen Politik", bezeichnenderweise als „Zwischen Dom und Rathaus" angekündigt und ebenso bezeichnenderweise vor anstehenden Kommunalwahlen im Programm plaziert (alle Beispiele dem Mitteilungsblatt „Kontakte" für das Dekanat München Laim Herbst 1989 entnommen).

In der Regel treffen sich zu solchen Veranstaltungen die Menschen, die sich bereits aus einer Gemeinde kennen. Eingestreute „religiöse Themen" verringern den Kreis der daran Interessierten noch einmal. „Außenstehende" stoßen nicht hinzu, werden nicht erreicht. Denn menschliche Resignationen, aber auch Zerstörungen dieser Zeit, wie sie sich im gesellschaftlichen, sozialen und politischen Umfeld jeder Kirchengemeinde ereignen, werden nicht wahrgenommen, bleiben auf der Strecke. Muß das Verdrängen, das Nichtregistrieren der Ängste und Sorgen, die viele sensible Zeitgenossen, auch Christen, bewegen, nicht als Eingeständnis eigener Hoffnungslosigkeit und nicht zutiefst als Mißtrauen gegenüber dem tatsächlichen Leben gewertet werden? Entsteht nicht in diesen Programmen eine Ideologie des „kirchlichen schöner Wohnens" in einer garstigen, feindlichen Umwelt, die in ihrem tiefsten Kern als Unglaube angesprochen werden muß, in dem dem Leben nicht getraut wird, auch nicht mehr gemacht werden kann?

Dabei sollen die sozialen Dienste, das caritative Engagement der Gemeinden nicht bagatellisiert werden. Hier wird, nicht zuletzt von sogenannten Ehrenamtlichen, viel geleistet. Aber wo wird Caritas das Anliegen der ganzen Gemeinde? Wird nicht allzu oft ein soziales Problem mit der Bemerkung, das sei Sache der Caritas, aus dem Blickfeld aller genommen, an Experten verwiesen? Worin unterscheidet sich das Engagement einer von der Gemeindecaritas geleiteten Sozialstation in dem von einer z.B. von der Arbeiterwohlfahrt betreuten

Einrichtung? Können sich angesichts der Verwaltungsapparate bei Staat und Kirchen Eigeninitiativen engagierter Mitarbeiter, die Ideen und Phantasie entwickeln, die improvisieren können, entfalten? Von den Problemen mit einer Kirche als Arbeitgeberin sei hier ganz abgesehen.

Wenn sich schon nach außen keine überzeugende Anziehungskraft der Kirchengemeinden für fernstehende Menschen feststellen läßt, wie steht es dann mit dem Gottesdienst am Sonntag, dem wohl zentralen Punkt jeden Gemeindelebens?

Auch hier erleben wir allzuoft und vielerorts eine religiöse Scheinwelt in einem hohen, wirklichkeitsfremden Ritual, das den in der Tat grauen Alltag zu vergessen sucht. Alles bewegt sich in vorgegebenen Bahnen, in einem fest abgesteckten Rahmen. Störungen im Sinne einbrechender Spontaneität einzelner sind unbekannt. Es wird eine Sprache gesprochen, die nicht die Sprache der Menschen ist, die anwesend sind, sie nicht in ihrer Alltagswelt und ihren Problemen und Fragen erreicht.

Das zu feiernde Geheimnis christlichen Glaubens bleibt unverständlich und fremd. Wird von daher nicht klar, warum in vielen Gemeinden, besonders an sogenannten Hochfesten, an denen wir uns der Heilstaten unseres Gottes erinnern, Stimmen und Instrumente gekauft werden, weil wir im Grunde nicht erfahren und selbst ausdrücken können, was z.B. „Erlösung" in unserem Leben heißt, die auch uns zugesagt ist, die uns beflügeln müßte zur eigenen Formulierung von Lob und Dank? Wird unsere Sprachlosigkeit nicht durch Stimmungen ersetzt, in denen in Rührseligkeit an vergangene Kindertage gerade noch drei Strophen von „Stille Nacht" möglich sind?

Welchen Stellenwert hat die Verkündigung des Wortes, das das Wort unseres Mit-Menschen Jesu ist? Wie authentisch ist es, wo ist zu spüren, daß es den Prediger umgetrieben hat als ein wirkmächtiges Wort, scharf wie ein Schwert? Verkommt es oft nicht nur in einer verharmlosenden Nacherzählung mit moralisierendem Zeigefinger einer dahinplätschernden Predigt, die nicht konfrontiert, nicht in Frage stellt, die vorbeigeht an den Zuhörern?

Wie glaubwürdig und richtungsweisend kann die Auslegung einer Perikope sein, in der zwar das Gebot der Feindesliebe betont wird, gleichzeitig aber der Stab über all denen gebrochen wird, die sich etwa im konziliaren Prozeß für Frieden, Gerechtigkeit und Bewahrung der Schöpfung eindeutig engagieren und Partei ergreifen? Die Angst vor der Einmischung und zum Bekenntnis flieht in die vermeintliche Ausgewogenheit, die Mitte des es allen Recht machenden faulen Kompromisses. Wie peinlich berührend ist es dann in diesen Monaten gerade von denen zu hören, die sonst einen großen Bogen um das Zeitgeschehen in ihrer Predigt machten, wie sie den Lauf der Geschichte mit deren Umbrüchen in den Ländern Mittel- und Osteuropas und auch im eigenen Land religiös verbrämen und in ihrem Sinn interpretieren!

Auch um die Theologie der Predigt steht es schlecht. Wo wird das Wort vertieft, wird um seines besseren Verstehens der historische Zusammenhang und Hintergrund, vor dem es entstanden ist, entfaltet und ausgelotet? Erleben wir nicht allzuoft, daß eine Schmalspurtheologie, die die Erkenntnisse der exegetischen Wissenschaft nicht zur Kenntnis genommen hat, bei der Predigt am Werk ist?

Wo wird die Frage gestellt, welchen Sitz eine Schriftstelle im Leben einer Gemeinde haben könnte? Welche Gemeinden leben mit einem Wort der Schrift, das sie angesprochen hat, das sie begleitet, entwickeln daraus ihre eigene Spiritualität, die ihnen Identität geben kann?

Die Verwaltung der Sakramente in zu einem für viele zum Kult erstarrten, leeren Ritual läßt die Menschen nicht Zeichen anschaulich gelebter Hoffnung erkennen. Im Gegenteil, sie werden, da sie sich nicht angesprochen fühlen, in Anonymität und Teilnahmslosigkeit gehalten, den Vorstufen des Abschieds aus dem Leben der Kirchengemeinden und nicht selten auch des Rückzugs aus der Kirche.

Inspiriert vor allem durch Berichte aus Basisgemeinden Mittel- und Südamerikas haben in der Bundesrepublik Menschen neue Wege zu einer christlichen und auch kirchlichen Identität abseits offizieller Kirchenwege gesucht. So entstanden auch hier vor allem in großen Städten, nicht selten im Umfeld gemeinsamen studentischen Engagements, im Bereich von Hochschulgemeinden, Gruppierungen, die sich den Namen Basisgemeinde gaben. Wieder andere, und es sind nicht wenige, die im Zusammenhang mit leidvollen Erfahrungen in ihrer eigenen Pfarrgemeinde, oder durch bestimmte Vorgänge und Ereignisse in der Weltkirche aufgeschreckt wurden, versuchten sich auf lokaler und regionaler Ebene zu organisieren, um ihrer Kirche ein anderes, ein menschenfreundliches Gesicht zu geben, wie es ihnen in den Aussagen des Zweiten Vatikanischen Konzils deutlich geworden war. Das einstige Haus voll Glorie erlebte nun den Auszug all der Frauen und Männer, die sich selbst als Subjekte in der Kirche und so als Kirche erfahren hatten. Die sich auf den Weg machten, erkannten gerade in dem als Volk Gottes Auf-dem-Weg-Sein ihre Identität als Christen und als Kirche. Die Ergebnisse der Synode von Würzburg brachten eine Bestätigung des alten und wiederum neuen, vom Konzil wieder entdeckten Bildes der Kirchen.

Doch in der Folge war eine andere Entwicklung zu beobachten. Die Papiere von Würzburg blieben Papier, wurden zu den Akten gelegt. Nach dem Tod von Kardinal Döpfner 1976 änderte sich der Stil im deutschen Episkopat. Der Katholikentag von Freiburg 1978 machte schlagartig klar, daß die Offenheit zur Welt, auch in den eigenen Reihen, einer neuen Ghettomentalität gewichen war.

Angesichts sich verschärfender Situationen in der Welt, mit einem zunehmenden Bewußtsein für die Spannungen im Nord-Süd-Konflikt, für die sich zuspitzende Situation in der Ost-West-Konfrontation mit einer sich weiter in schwindelerregende Höhe schraubenden Rüstungsspirale, angesichts eines sich innenpolitisch nach den Aktionen des Terrorismus im Jahr 1977 mehr und mehr erhebenden Rufes nach law and order, aber auch angesichts eines kirchlich nur noch nach rückwärts gerichteten Blickes, erkannten viele, insbesondere Synodale von Würzburg, das fehlende Profil ihrer Kirche, vermißten die eindeutigen Aussagen und klagten nicht geleistete Parteilichkeit ein. Dies umso mehr, als kirchliches Establishment und deutscher Verbandskatholizismus durch die Massen Halleluja singender Jugendlicher während des Freiburger Katholikentages keine Gefährdung eigener Positionslosigkeit zu befürchten hatten.

Der Beginn des Pontifikates von Johannes Paul II. 1978 und der ein gutes Jahr später erfolgte Entzug der kirchlichen Lehrerlaubnis für Hans Küng bestärkten die Befürchtungen und Beobachtung vieler.

So kam es, daß sich hauptsächlich aus Kreisen ehemaliger Synodaler von Würzburg, dem Bensberger Kreis, aus dem Bereich der kirchlichen Studentenseelsorge, aus den Priester- und Solidaritätsgruppen ein Zusammenschluß bildete, der einen in eigener Regie geplanten und durchgeführten Katholikentag 1980 in Berlin ins Auge faßte, um an die Entwicklungen von Konzil und Synode anzuschließen.

Die Erfolge dieses ersten Katholikentages von unten in Berlin und die weiteren in Düsseldorf, München, Aachen und Berlin 1990 erklärten sich aus verschiedenen Gründen:

Zum einen waren die Verantwortlichen in Planung, Vorbereitung und Durchführung häufig aufgrund persönlicher Biographie und beruflichen Engagements in kirchlicher Jugend- und Verbandsarbeit subtile Kenner der katholischen Kirche in der Bundesrepublik, die in eingehender Analyse die Defizite der Stunde und die Zeichen der Zeit aufzeigen konnten. So und nur so bekamen die Katholikentage von unten ihr unverwechselbares Gesicht, auch in der Eindeutigkeit der eingebrachten Position, so daß in Ansätzen sich etwas von einem neuen Gesicht einer menschenfreundlichen Kirche in der Bundesrepublik erkennen ließ.

1980 in Berlin forderten die gerade ein halbes Jahr zurückliegenden Vorgänge um Hans Küng zur Position heraus. Gleichzeitig machte die von Johann Baptist Metz vorgetragene Vision den Übergang von der Volkskirche zur Kirche des Volkes sichtbar, „wenn die Betreuten sich ändern". Diese geforderte Änderung setzte sich in den Schwerpunkten der nächsten Katholikentage in Düsseldorf und München fort. Ersterer gab mit dem Motto „Kehrt um, entrüstet Euch!" den Anstoß zu breitester Diskussion und Kontroverse im deutschen Katholizismus vor dem Hintergrund der Zeichen der Zeit, der Situation des NATO-Doppelbeschlusses und der Stationierung der Mittelstreckenraketen. Was in den Monaten vor und nach Düsseldorf auf breiter Ebene diskutiert wurde zu Fragen der Ethik des Widerstandes gegenüber todbringender Rüstung, zur Frage der prinzipiellen Gewaltlosigkeit für Christen, zur Frage des eindeutigeren Zeugnisses im Zivildienst, hat für das Zeugnis gelebten Glaubens vieler Christen hierzulande Wegmarken und im gesellschaftspolitischen Diskussionsprozeß Akzente gesetzt. Ja, es wurde unverwechselbar deutlich, was christliches Bekenntnis heute heißen kann.

München 1984 mit dem Motto „Kirche lebt von unten" zeigte in Anlehnung an die Praxis der lateinamerikanischen Basisgemeinden, wie durch deren Tun die Kirche wieder unten bei den Menschen sein kann, Kirche wieder erlebbar wird im Prozeß eigenen Lebens. Im Signet für München holen Männer und Frauen, Laien und Klerus die über Wolken schwebende Kirche nach unten zu den Menschen. Inhaltlich wurde das deutlich durch das Positionspapier zu „Arbeitslosigkeit und Wirtschaftssystem", das Forderungen für eine zukünftige humane Arbeitswelt erhob, in der der Mensch in den Mittelpunkt des Wirtschaftssystems gestellt wird. Nicht zuletzt formulierte Kardinal Lorscheider in seiner Rede in der Nacht der Solidarität die Richtung für die weiteren Jahre, wenn er sagte, das, was hierzulande für die Theologie der Befreiung und die Basisgemeinden Lateinamerikas zu tun sei, sei, die Frage nach den Unterdrückten hier in Deutschland zu stellen. Das wurde und ist für viele, die sich solidarisieren mit den Unterdrückten und Benachteiligten hier in der Bundesrepublik wie in den Ländern der Zweidrittelwelt, Grundlage ihres Planen und Handelns und nicht zuletzt auch Ausdruck ihres gelebten Glaubens.

Wenn sich so durch die ersten Jahre der Initiative Kirche von unten ein Faden mit deutlichen Akzenten verfolgen läßt, so konnte in der zweiten Hälfte der achtziger Jahre diese Spur nicht mehr so eindeutig verfolgt werden. Schon das Engagement, die Themen des konziliaren Prozesses zur eigenen Sache zu machen, fand nicht überall in den Gruppen Konsens. Immer mehr schälten sich gruppenspezifische Interessen heraus, die Fragen nach gemeinsamen Standpunkten und Positionen in den Hintergrund drängten. Ein klares Bild der Initiative Kirche von unten und ihrer Standpunkte war nur noch schwer zu erkennen. Gänzlich ins Abseits gelangten dabei Fragen, die mit dem früheren Anspruch, Kirche zu sein, im Zusammenhang standen. Vielfach wurde die Auseinandersetzung mit der „real existierenden Kirche" als nicht mehr wichtig angesehen. Diese Phase galt als überwunden. Die Ideologie der eigenen Gruppe und die daraus erwachsende Identität mit derselben genügt allen Ansprüchen nach christlicher und kirchlicher Identität. Eine Reflexion über eigenes Tun und Handeln im Sinne einer Rechenschaft über den eigenen und den gemeinsamen Glauben fehlte. So wurden und werden auch keine Visionen erkennbar, Erwartungen nicht formuliert, Hoffnungen nicht eingeklagt. Was läßt mich, was läßt uns die christliche Hoffnung behaupten in dieser Zeit?

Nicht von ungefähr war ab Mitte der achtziger Jahre ein Wegbleiben all derer zu beobachten, die in der kirchlichen Arbeit stehen und standen, die dem Umfeld der Kirchengemeinden entstammten. Kontakte zu kritischen Menschen aus anderen kirchlichen Bereichen, etwa aus den Orden, in der Theologie, wurden nicht gesucht. So kam es auch hier in der Initiative Kirche von unten zu einer Ghettomentalität, die vielleicht in spektakulären Aktionen mit dem Aufsteigen schwarzer Luftballons vor dem Kölner Dom auf sich aufmerksam machte anläßlich der Amtseinführung von Kardinal Meisner, die aber in keiner Weise den langen Atem erkennen ließ, der notwendig ist, den Winter in der Kirche zu überwinden.

Ein Bekenntnis war nicht erkennbar, das Abdriften manchmal in eine sehr eigene Sonderwelt hatte seine tiefste Ursache im Defizit anschaulich gelebter und theologisch verantworteter Hoffnung. Ein Volk ohne Visionen geht zugrunde, so auch eine Kirche. Seien es nun ihre Gemeinden vor Ort, seien es Basisbewegungen wie die Initiative Kirche von unten. Sie werden zugrunde gehen, wenn sie keine Visionen haben, nicht zu Orten anschaulich gelebter Hoffnung und damit christlicher wie kirchlicher Identität werden.

Visionen, Hoffnungen entstehen nicht in luftleerem Raum. Am Ende des Lukasevangeliums erscheint der Auferstandene im Kreis seiner Freunde und ißt vor ihren Augen ein Stück Fisch. „Darauf öffnete er ihnen die Augen für das Verständnis der Schrift. Er sagte zu ihnen: So steht es in der Schrift: Der Messias wird leiden und am dritten Tag von den Toten auferstehen und in seinem Namen wird man allen Völkern, angefangen in Jerusalem, verkünden, sie sollen umkehren, damit ihre Sünden vergeben werden. Ihr seid Zeugen dafür." (Lk 24,45-48).

Die Hörer dieser Sätze haben seit jenem Augenblick ihre Lebensaufgabe darin gesehen, das Gehörte und Erlebte weiterzuerzählen. Zum Staunenswertesten gehört, daß eine so anfechtbare Erzählung, ein so fragwürdiger Zeugenbericht, solch' einen Verlauf genommen haben.

In der zuvor beschriebenen Situation der Kirche in der Bundesrepublik kann der Ruf zur Umkehr nur darin bestehen, dem Auftrag, Zeugen zu sein, nachzukommen. Alle, die sich der Sache Jesu und seinem Evangelium verpflichtet fühlen, werden Zeugen, wenn sie diese Geschichte von ihm neu entdekken und weitererzählen. Sie nehmen sein Wort „in die Hand", treffen sich in ihren Wohnungen zum Hören und Lesen des Wortes. Sie sprechen gemeinsam darüber, was das Wort ihnen sagt, wie sie seine Wirklichkeit erfahren, wo es sie trägt, getragen hat, welche Hoffnungen es in ihnen wachruft.

Jeder, der erneut in eine Schule der Schrift und in eine Schule durch die Schrift geht, wird erleben, was es heißt, „wo der Geist des Herrn wirkt, da ist Freiheit" (2 Kor 3,17).

„Sollte das nicht die Signatur jedes Christenlebens, jeder christlichen Gemeinde und der Christenheit im ganzen sein? Dem, der Freiheit hat und bringt, öffnen sich noch immer alle Türen, wie es von dem auferstandenen Jesus berichtet wird. Unsere Welt wartet auf die Offenbarung der herrlichen Freiheit der Gotteskinder. Daß sie von uns so enttäuscht sich abwendet, beweist nichts gegen unseren Herrn. Es beweist aber, daß wir der Erde noch immer die rechte Botschaft und Praxis schuldig geblieben sind, wieviel wir von der Auferstehung der Toten sprechen. Zumeist sind wir eben doch trotz aller äußeren und inneren Mission, der nichts abgebrochen werden soll, eine geschlossene religiöse Gesellschaft. Sicher haben wir zu beten, und kein Gebet ist notwendiger als: „Komm Schöpfer Geist!" Dann müssen wir jedoch auch nehmen, was diesem Gebet verheißen ist, nämlich den offenen Raum unter dem Himmel und den offenen Raum auf der Erde, den selbst Kerker nicht verhindern. Die Stimme der Freien kann nicht unterdrückt werden. Sie schreit noch aus ihren Gräbern. Weder Gott noch Menschen erwarten von uns Vollkommenheit. Gott und Menschen verlangt jedoch danach, daß unter Jesu Kreuz und in der Kraft des ersten Gebotes jene Wehen stattfinden, welche zur Geburt der vollendeten Freiheit und zum himmlischen Jerusalem, nach Gal 4,26 der Mutter der Freien führen". (E. Käsemann, Der Ruf der Freiheit, Tübingen 1968)

Matthias Fomm-Jürgens: Kann römisch-katholische Theologie „Wissenschaft" sein? Anmerkungen zur „Kölner Erklärung"

Zum Selbstverständnis römisch-katholischer Theologie in der „Kölner Erklärung"

Im Januar 1989 veröffentlichten über 160 katholische Theologieprofessoren die sog. Kölner Erklärung[1], in der sie sich gegen die römische Besetzungspraxis von Bischofssitzen, gegen Eingriffe in die Lehrfreiheit von Theologen durch den Vatikan und gegen die Überziehung lehramtlicher Kompetenz in „unzulässiger Weise" wenden. Die Unterzeichner dieser Erklärung sehen es als Pflicht der Theologen an, „die im Dienst der Kirche stehen", „...öffentlich Kritik zu üben, wenn das kirchliche Amt seine Macht falsch gebraucht ...". Ist eine derartige Kritik am Lehramt für römisch-katholische Theologie legitim? Diese Frage berührt nicht nur das Verhältnis von römisch-katholischer Theologie und kirchlichem Lehramt, sondern zielt darüber hinaus auf das Verständnis von Theologie als Wissenschaft in der römisch-katholischen Kirche.
Ausgangspunkt für diese Fragerichtung ist der zweite Kritikpunkt der Kölner Erklärung:
„Auf der ganzen Welt wird qualifizierten Theologen und Theologinnen die kirchliche Lehrerlaubnis in vielen Fällen verweigert. Dies ist ein bedeutender und gefährlicher Eingriff in die Freiheit von Forschung und Lehre ...". „Einwände gegen die Erteilung einer Lehrbefugnis oder gar Entscheidungen in diesen Angelegenheiten sind mit Argumenten zu begründen und nach anerkannten Normen zu

belegen. Willkür in diesem Bereich stellt die Existenz der Katholisch-Theologischen Fakultäten an den staatlichen Universitäten in Frage." „Das Selbstergänzungsrecht der Fakultäten bzw. der Hochschulen in der Auswahl der Lehrenden darf nicht durch eine willkürliche Praxis der Erteilung und Verweigerung der kirchlichen Lehrerlaubnis völlig ausgehöhlt werden. Kommt unter dem Druck solcher Probleme in den Universitäten eine Auswahl der Theologieprofessoren und Theologieprofessorinnen auf der Grundlage wissenschaftsfremder Kriterien zustande, so bedeutet dies den Verlust des Ansehens der Theologie an den Universitäten." „Selbst das päpstliche Lehramt hat der Theologie die Würde zuerkannt, die Argumente für theologische Aussagen und Normen zu prüfen. Diese Würde darf nicht durch Denk- und Redeverbote verletzt werden. Wissenschaftliche Prüfung bedarf der Argumentation und der Kommunikation".

Die Theologen der Kölner Erklärung reklamieren also für römisch-katholische Theologie als Wissenschaft

■ die Freiheit von Forschung und Lehre,
■ die Begründung mit Argumenten und den Beleg nach anerkannten akademischen Normen,
■ das Selbstergänzungsrecht der Fakultäten in der Auswahl der Lehrenden,
■ die Auswahl der Lehrenden auf der Grundlage wissenschaftskonformer Kriterien,
■ die Aufgabe der Theologie, die Argumente für theologische Aussagen und Normen zu prüfen, wobei wissenschaftliche Prüfung der Argumentation und Kommunikation bedarf.

Die Unterzeichner betonen somit den eigenständigen wissenschaftlichen Charakter römisch-katholischer Theologie, wie dieser kennzeichnend ist für universitäre Wissenschaften. Eine derartig gekennzeichnete Theologie beanspruchen die Theologen für sich als solche, „die im Dienst der Kirche stehen". Römisch-katholische Theologie ist (hier) also beides: wissenschaftlich und kirchlich.

Meine These dagegen lautet: Römisch-katholische Theologie kann, insofern sie „kirchlich" im Sinne des römisch-katholischen Kirchenverständnisses ist, nicht „wissenschaftlich" im Sinne des in der Kölner Erklärung zum Ausdruck kommenden Wissenschaftsverständnisses sein.

Die Kölner Erklärung bezieht sich auf ein Wissenschaftsverständnis, das mit den genannten Merkmalen wie Freiheit von Forschung und Lehre, Belegführung nach anerkannten akademischen Normen, wissenschaftliche Prüfung, die der Argumentation und Kommunikation bedarf etc., eher typisch ist für neuzeitliches Wissenschaftsverständnis und ein von ihm geprägtes heutiges Denken als für das römisch-katholisch kirchliche. Wie immer auch heutiges (wissenschaftliches) Denken in den universitären Wissenschaften beschrieben werden mag: Es gibt keine unfehlbare Gewißheit, wie es den Dogmen der römisch-katholischen Kirche in ihrer Sicht eigen ist. „Die beste Sicherheit, die modernes Denken noch zu bieten vermag, ist die Permanenz der Kritik und die Unabschließbarkeit des Zweifels.“[2]

2. Römisch-katholische Theologie – eine Wissenschaft?

Das „Proprium“ römisch-katholischer Theologie ist, Rede über den sich offenbarenden Gott zu sein (2.1), ihr „Spezifikum“ die Unterordnung unter das kirchliche Lehramt (2.2).

2.1 Voraussetzung der christlichen (nicht nur der römisch-katholischen) Theologie ist der sich in Jesus dem Christus unüberbietbar offenbarende Gott. Die Annahme dieses Offenbarungsgeschehens ist nur im Glauben möglich, der – nach Aussage des I. Vaticanums – als eine „übernatürliche Tugend“[3] anzusehen ist. Theologie ist nachträgliches Reflexionsbemühen über die im Glauben angenommene Offenbarung. Sie ist „Glaubenswissenschaft“[4]. Theologie impliziert die durch (wissenschaftliche) Kritik unwiderlegbare Möglichkeit der Rede über Gott, weil die Offenbarung Gottes Wirklichkeitist. In diesem Sinne ist Theologie wesentlich dogmatisch, das ist es, was Theologie von allen an der Universität vertretenen Wissenschaften prinzipiell unterscheidet. Diese haben zwar ebenfalls ihre Voraussetzungen, aber keine dogmatischen, apriori nicht hinterfragbaren[5].

Sehr deutlich kommt dieser Sachverhalt bei G. Söhngen zum Ausdruck: *„. . . von entscheidender Bedeutung ist, daß in der Wissenschaft, in der reinen und strengen, Voraussetzungen verstanden werden als solche von undogmatischer Art, während in der theologischen Wissenschaft das Schwergewicht auf dem durchaus dogmatischen Charakter ihre Voraussetzungen und Aussagen liegt und zwar ausnahmslos in allen theologischen Fächern, mögen sie in ihren wissenschaftlichen Methoden sich noch so sehr unterscheiden wie etwa historische und systematische, exegetische und dogmatische, theoretische und praktische Theologie … Wissenschaft als solche kennt kein Dogma in dem Sinn, in welchem Theologie von Dogma spricht und sprechen muß.“*[6]

Es kann nicht bestritten werden, daß in der Theologie mit wissenschaftlichen Methoden gearbeitet wird. Dennoch ist die Theologie selbst keine Wissenschaft.

Das wird u.a. deutlich in der biblischen Theologie: Kein Historiker bedient sich akribischerer historisch-kritischer Methoden als der Exeget bei der Erforschung der biblischen Schriften. Die Aussage z.B., daß mit Jesus von Nazareth die endgültige Herrschaft Gottes angebrochen ist, ist aber eine dogmatische. Ein Historiker könnte lediglich wahrscheinlich machen, daß Jesus behauptete, mit ihm sei die endgültige Herrschaft Gottes angebrochen. Daß die Herrschaft Gottes mit Jesus angebrochen ist, ist eine nur im Glauben erfaßbare, durch „Offenbarung" vermittelte und somit dogmatische Aussage.

2.2. Typisch für das Selbstverständnis der universitären Wissenschaften ist – trotz aller wissenschaftstheoretischen Divergenzen –, daß es kein für sie verbindliches „Lehramt" gibt bzw. geben soll, das über die Gültigkeit wissenschaftlicher Erkenntnis entscheidet bzw. entscheiden könnte. Die Existenz eines derartigen (nichtwissenschaftlichen) Lehramtes für die römisch-katholische Theologie ist aber geradezu als ihr Spezifikum anzusehen: Die Legitimität theologischer Erkenntnisse wird letztlich nicht in der wissenschaftlich-theologischen Diskussion der theologischen Fakultäten entschieden, sondern durch das kirchliche Lehramt.

Zwar mißt das II. Vaticanum den theologischen Fakultäten eine große Bedeutung zu[7]: v.a. für die Vorbereitung der Studenten auf eigenständige Weiterarbeit in der Wissenschaft und für die theologische Forschung,
„sodaß das Verständnis der göttlichen Offenbarung sich mehr und mehr vertieft ... und die durch den Fortschritt der Wissenschaft aufgeworfenen Fragen eine Antwort finden." „Deshalb sollen die kirchlichen Fakultäten unter entsprechender Neugestaltung ihrer eigenen Gesetze die Theologie und die mit ihr zusammenhängenden Wissenschaften tatkräftig weiterentwickeln."[8]

Diese Aussagen lassen aber nicht auf eine wirkliche Eigenständigkeit römisch-katholischer Theologie im Sinne einer Unabhängigkeit vom Lehramt schließen. Das II. Vatikanische Konzil, auf das sich auch die Kölner Erklärung beruft, erklärt:
„Die Bischöfe, die in Gemeinschaft mit dem römischen Bischof lehren, sind von allen als Zeugen der göttlichen und katholischen Wahrheit zu verehren. Die Gläubigen aber müssen mit einem im Namen Christi vorgetragenen Spruch ih-

res Bischofs in Glaubens- und Sittensachen übereinkommen und ihm mit religiös gegründetem Gehorsam anhangen. Dieser religiöse Gehorsam des Willens und Verstandes ist in besonderer Weise dem authentischen Lehramt des Bischofs von Rom, auch wenn er nicht kraft höchster Lehrautorität spricht, zu leisten,"[9]

Dieser religiöse Gehorsam, der selbstverständlich auch für die Theologen gilt, ist insofern ein „gestufter", als sein Verbindlichkeitscharakter der jeweiligen „kundgetanen Auffassung und Absicht"[10] des obersten Lehramtes entsprechen muß, nicht aber etwa dem Gewißheitsgrad der Erkenntnis der Theologie[11].

Ohne Einschränkung wird schließlich die Lehre des I. Vaticanums von der „Unfehlbarkeit" bestätigt, ein für universitäre Wissenschaften inakzeptabler Begriff im Hinblick auf ihr Selbstverständnis als Wissenschaft:
„Dieser Unfehlbarkeit erfreut sich der Bischof von Rom, das Haupt des Bischofskollegiums, kraft seines Amtes, wenn er als oberster Hirt und Lehrer aller Christgläubigen, der seine Brüder im Glauben stärkt (vgl. Lk 22,32), eine Glaubens- oder Sittenlehre in einem endgültigen Akt verkündet. Daher heißen seine Definitionen mit Recht aus sich und nicht erst aufgrund der Zustimmung der Kirche unanfechtbar, da sie ja unter dem Beistand des Heiligen Geistes vorgebracht sind, der ihm im heiligen Petrus verheißen wurde."[12]

Ergänzt wird das I. Vaticanum in Bezug auf das unfehlbare Lehramt der Bischöfe:
„Die der Kirche verheißene Unfehlbarkeit ist auch in der Körperschaft der Bischöfe gegeben, wenn sie das oberste Lehramt zusammen mit dem Nachfolger Petri ausübt."[13]

Das II. Vaticanum betont zwar, daß auch die Lehre Sache der *ganzen Kirche* sei (und damit natürlich auch der römisch-katholischen Theologie), es läßt aber keinen Zweifel darüber, was in diesem Zusammenhang spezifische Aufgabe des Lehramtes ist:
„Die Aufgabe aber, das geschriebene oder überlieferte Wort Gottes verbindlich zu erklären, ist nur dem lebendigen Lehramt der Kirche anvertraut, dessen Vollmacht im Namen Jesu Christi ausgeübt wird."[14]

Schließlich wird sogar der „Gesamtheit der Gläubigen" Irrtumslosigkeit zugesprochen[15], aber erst in der Gefolgschaft des Lehramtes empfängt „es nicht mehr das Wort von Menschen, sondern wirklich Wort Gottes ...".[16]

In ihrer Kritik am „Versuch, die lehramtliche Kompetenz des Papstes in unzulässiger Weise geltend zu machen", beruft sich die Kölner Erklärung auf das Dekret des II. Vaticanums über den Ökumenismus:
„Beim Vergleich der Lehren miteinander soll man nicht vergessen, daß es eine Rangordnung oder 'Hierarchie' der Wahrheiten innerhalb der katholischen Lehre gibt, je nach der verschiedenen Art ihres Zusammenhanges mit dem Fundament des christlichen Glaubens."[17]

Falsch wäre es, aus dieser Aussage auf unterschiedliche Gewißheitsgrade von Glaubenswahrheiten zu schließen, die der römisch-katholischen Theologie einen kleineren oder größeren Spielraum theologischen Zweifels ermöglichen würden. Bei der Lehre von der „Hierarchie der Wahrheiten" geht es vielmehr um die Bedeutung und Gewichtung religiöser Wahrheiten in Hinblick auf die Grundlagen des christlichen Glaubens. Deshalb nimmt z.B. die Lehre von der Unfehlbarkeit des Papstes zwar einen „unteren" Platz innerhalb der Rangordnung der Wahrheiten ein als die Lehre von der menschlichen und göttlichen Natur der Person Christi, beide aber gelten gleichermaßen als unfehlbare Aussagen des Lehramtes.

Die aufgeführten Aussagen des II. Vaticanums lassen mindestens folgende Schlußfolgerung zu: Römisch-katholische Theologie kann sich letztlich nicht mit Berufung auf Wissenschaftsmerkmale wie Freiheit von Forschung und Lehre und Begründung mit Argumenten nach „anerkannten akademischen Normen" – wie sie in der Kölner Erklärung genannt sind – auf ihre wissenschaftliche Eigenständigkeit *gegen* lehramtliche Aussagen berufen. Die „Vertreter der theologischen Wissenschaft" stehen vielmehr „unter Aufsicht des kirchlichen Lehramts"[18]

Die für römisch-katholisches Kirchenverständnis wesentliche Funktion des Lehramtes hat erhebliche (kirchenrechtliche) Konsequenzen für römisch-katholische Theologen:
„Wer an einer Hochschule eine theologische Disziplin vertritt, muß einen Auftrag der zuständigen kirchlichen Autorität haben (c. 812). Diese hat dafür zu sorgen, daß Dozenten berufen werden, die sich v. a. durch Rechtgläubigkeit auszeichnen, und daß sie aus ihrem Amt abberufen werden, wenn die Voraussetzung nicht mehr gegeben ist (c. 818 i.V.m.c. 810 1). Lehrer der Theologie haben 'diese Aufgabe in voller Gemeinschaft mit dem authentischen Lehramt der Kirche und vor allem des Papstes durchzuführen' (Sap. Chr. Art. 26 2). Sie bedürfen der kirchlichen Beauftragung (missio canonica), da sie nicht in eigener Autorität lehren (Sap. Chr.

Art. 27 1). Dies gilt auf Grund von Konkordaten oder sonstigen Vereinbarungen zwischen Staat und Kirche auch für Lehrer der Theologie an staatlichen Hochschulen, für die der zuständige Diözesanbischof das 'nihil obstat' erteilt oder gegebenenfalls zurücknimmt,"[19]

3. Resümee

Die Konsequenzen der Ausführungen von 2.1. und 2.2. lassen sich so zusammenfassen,: Römisch-katholische Theologie ist keine Wissenschaft im Sinne des der Kölner Erklärung zugrundeliegenden Wissenschaftsverständnisses, sondern „Dogmatismus", weil ihr Proprium in dem geglaubten und apriori nicht widerlegbaren Offenbarungsgeschehens des sich offenbarenden Gottes liegt, das die christliche Rede über Gott erst möglich macht. Römisch-katholische Theologie ist keine Wissenschaft sondern „Dogmatismus", weil ihr Spezifikum in der unabdingbaren Bindung an ein letztlich unfehlbares Lehramt besteht. Heutige universitäre Wissenschaften kennen kein apriori unwiderlegbares Glaubensfundament, sie kennen auch keine Bindung an ein letztlich (außerwissenschaftliches) „unfehlbares Lehramt", wie immer sie sich auch sonst verstehen mögen. Im Hinblick auf das Wissenschaftsverständnis der anderen universitären Wissenschaften läßt sich höchstens – in Anlehnung an eine Aussage des IV. Lateranums (1215) – von einer „Analogie" sprechen: Von beiden „kann keine Ähnlichkeit ausgesagt werden, ohne daß sie eine größere Unähnlichkeit zwischen beiden einschlösse."[20] Der Glaube an infallible Aussagen liegt auf einer anderen Ebene als das Wissen um grundsätzlich fallible Aussagen menschlicher Erkenntnis.

Meine Anmerkungen zur Kölner Erklärung sollen an dieser Stelle keine vergleichende Bewertung von römisch-katholischer Theologie und anderen universitären Wissenschaften bedeuten. Sie wollen lediglich zeigen, daß römisch-katholische Theologie ihre Kritik am Lehramt nicht im Namen der „Freiheit der Theologie als Wissenschaft"[21] und mit den in der Kölner Erklärung genannten Wissenschaftsmerkmalen begründen kann, genausowenig wie nichttheologische Wissenschaften ihre Aussagen durch Berufung auf eine geglaubte Offenbarung und ein letztlich unfehlbares Lehramt begründen können.

Anmerkungen

1) Der Wortlaut der Kölner Erklärung wurde u.a. dokumentiert in der Süddeutschen Zeitung vom 27.1.1989. Alle folgenden Zitate aus der Kölner Erklärung beziehen sich auf diese Ausgabe.
2) „Die kopernikanische Wende hatte im 17. Jahrhundert den Menschen aus dem Zentrum der Weltord-

nung an dessen unwirtlichen und unsicheren Rand vertrieben und mit der Einrichtung experimenteller Naturwissenschaft Ernst gemacht, die keine andere Beglaubigung mehr duldet als den Beweis des Faktums. Seither galt die Physik als Vorbild moderner Wissenschaft, da sie nur jene Hypothesen als Wahrheiten beglaubigt, die durch das unwiderlegbare Experiment erwiesen sind. Nicht nur die nacheinander aus der alten Metaphysik herausfallenden Naturwissenschaften, auch die zu Beginn des 19. Jahrhunderts entstehenden modernen Sozialwissenschaften streben nach der Gewißheit beweiskräftiger Erfahrungsgrundlagen.
Erst in den letzten beiden Jahrzehnten hat es der Wettstreit der bevorzugten Gewißheitsquellen in den Wissenschaften vollends ans Licht gebracht: Es gibt keine bessere Sicherheit für Erkenntnisansprüche mehr, seien sie nun auf die Natur, die Gesellschaft oder das praktische Handeln gerichtet, als den prinzipiell unabschließbaren kritischen Diskurs. Es gibt auch keine Fakten, die als letztinstanzliche Richter über Theorien entscheiden könnten. Denn Fakten sind, was sie sind, stets nur im Rahmen von Theorien. Und die Sätze, mit denen wir beschreiben, was wir hören und sehen, kommen unvermeidlich in einer Sprache zum Ausdruck, die bis in ihre letzten Winkel von Theorien, Überlieferungen und Deutungen durchdrungen ist. Die beste Sicherheit, die modernes Denken noch zu bieten vermag, ist die Permanenz der Kritik und die Unabschließbarkeit des Zweifels." T.Meyer, Fundamentalismus. Aufstand gegen die Moderne, Reinbek bei Hamburg, 1989, S. 31 f.

3) J. Neuner, H. Roos, Der Glaube der Kirche in den Urkunden der Lehrverkündigung, Regensburg, 5, 1958, Nr. 35, S. 44.

4) So die einschlägigen theologischen Lexika vgl. J.B. Metz, Art. „Theologie", in: Lexikon für Theologie und Kirche, Bd. 10, Freiburg, 2, 1965, Sp. 62-71, bes. 67; K. Rahner, Art. „Theologie", in: Sacramentum Mundi, Bd. 4, Freiburg, 1969, Sp. 860-874, bes. 862; J. Ratzinger, Art. „Katholische Theologie", in: Religion in Geschichte und Gegenwart Bd. 6, Tübingen, 3, 1962, Sp. 775-779, bes. 775; H.H. Schrey, Art. „Evangelische Theologie", in: ebd., Sp. 769-775, bes. 770; H. Vorster, Art. „Theologie", in: Evangelisches Kirchenlexikon, Göttingen, 1959, Sp. 1364-1369.

5) Dies ist ein entscheidender und gemeinsamer Punkt der Theologiekritik ansonsten sehr unterschiedlicher philosophischer Richtungen. Vgl. dazu. Th.W. Adorno. Vernunft und Offenbarung, in: ders., Stichworte. Kritische Modelle 2, Frankfurt, 1969, S. 20-28; H. Albert, Traktat über kritische Vernunft, Tübingen, 2, 1969; M. Gatzemeier, Theologie als Wissenschaft? Bd. 1 u. 2, Stuttgart-Bad Cannstadt, 1974 f; H. Gollwitzer, W. Weischedel, Denken und Glauben. Ein Streitgespräch, Stuttgart, o.J.; H. Spinner, Fallibilismus und Pluralismus, in: ders., Pluralismus als Erkenntnismodell, Frankfurt, 1974, S. 9-107.

6) G. Söhngen, Die Weisheit der Theologie durch den Weg der Wissenschaft, in: J. Feiner, M. Löhrer (Hg.), Mysterium Salutis, Bd. 1, Einsiedeln, Zürich, Köln, 1965, S. 942.

7) Vgl. die Erklärung über die christliche Erziehung „Gravissimum educationis", in: Lexikon für Theologie und Kirche, Das Zweite Vatikanische Konzil, Teil II, Freiburg, 1967, Art. 11, S. 399.

8) ebd.

9) Dogmatische Konstitution über die Kirche „Lumen gentium", in: a.a.O., Teil I, Freiburg, 1966. Art. 25, S. 237.

10) ebd.

11) „Zu fragen ist nach dem Unterschied von Glaubenszustimmung und religiösem Verstandes- und Willensgehorsam. Darf der im Namen der Kirche, also nicht in eigener Autorität lehrende Theologe nach gewissenhaftem Studium von einer authentischen Lehräußerung abweichen, ihr widersprechen, sie kritisieren? Nach c. 752 hat ein Lehrer der katholischen Theologie die authentische Lehre, wie sie gemeint ist, anzunehmen und zu vermitteln. Je nach deren Gewicht wird er seine persönlichen Bedenken zurückstellen und silentium religiosum üben oder kritische Argumente zu weiterem Studium anführen. Jede Art von unterwandernder Interpretation, die von dem gemeinten Sinn einer Lehre abweicht, um sie leichter akzeptabel zu machen, ist zu unterlassen. Nicht von ungefähr ist in c. 752 auch Willensgehorsam gefordert." W. Bockenförde, Lehrbeanstandungen in der römisch-katholischen Kirche und das Verfahren der Kongregation für die Glaubenslehre, in: Zeitschrift für evangelisches Kirchenrecht, 32 (1987), S. 267.

13) ebd.

14) Dogmatische Konstitution über die göttliche Offenbarung „Dei verbum", in: a.a.O., Teil II, Freiburg, 1967, Art. 10, S. 529.

15) Lumen gentium, Art. 12, a.a.O., S. 189.

16) ebd., S. 191.

17) Dekret über den Ökumenismus „Unitatis redintegratio", in: a.a.O., Teil II, Art. 11, S. 87ff.

18) Dei verbum, Art. 24, a.a.O., S. 577.

19) Böckenförde, a.a.O., S. 266. Daß das Kirchenrecht, bzw. das kanonistische Rechtsverständnis aus dem

theologisch-dogmatischen Selbstverständnis der römisch-katholischen Kirche resultiert und nicht umgekehrt, hat W. Böckenförde in aller Deutlichkeit aufgewiesen: W. Böckenförde, Das Rechtsverständnis der neueren Kanonistik und die Kritik Rudolf Sohms. Eine antekanonistische Studie zum Verhältnis von Kirche und Kirchenrecht, Münster in Westfalen, 1969 (Univ. Diss.), u.a. S. 91 f.
20) Neuner, H. Roos, a.a.O., Nr. 156, S. 109.
21) Nach N. Greinacher – dem Initiator der Kölner Erklärung – geht es in der Kölner Erklärung v.a. „um die Freiheit der Theologie als Wissenschaft“: N. Greinacher, Strohfeuer oder Initialzündung? „Die Kölner Erklärung“ und ihre Folgen, in: Publik-Forum v. 26. Januar 1990, S. 34 f.

KAPITEL 2: LEBENSZEICHEN UND MARKIERUNGEN AUF DEM WEG ZUM FRIEDEN

Norbert Mette: Konziliarer Prozeß – eine unerledigte religionspädagogische Herausforderung

1. Der Konziliare Prozeß – ohne Belang für die „Weitergabe des Glaubens"?

Auf zwei Thematiken scheint sich seit einiger Zeit die innerkirchliche Diskussion zu konzentrieren; sie firmieren häufig unter den Kurzbezeichnungen „Konziliarer Prozeß" und „Tradierungskrise". Geht es bei dem letzteren Stichwort um die Problematik, wie angesichts epochaler Veränderungen, die zu einer tiefgreifenden Krise der überkommenen Weise der Glaubensvermittlung geführt haben, ein zukunftsweisender Neuansatz gefunden werden kann, so steht im konziliaren Prozeß die immer drängender werdende Frage der Verantwortung der Christen und Kirchen angesichts der Überlebenskrisen der Menschheit im Vordergrund. Außer dem Stichwort „Krise" scheint es allerdings keine Gemeinsamkeiten zwischen diesen beiden Thematiken zu geben. Jedenfalls ist festzustellen, daß sie in der Regel unverbunden nebeneinander erörtert werden. Es scheint sich um zwei völlig verschiedene Anliegen zu handeln, die auch von weitgehend unterschiedlichen Personenkreisen innerhalb der Kirchen verfolgt werden.

Als signifikanter Beleg dafür kann folgendes Beispiel dienen: Nachdem sich die Evangelische Kirche von Westfalen auf den vorhergehenden Synoden ausführlich mit der Friedensfrage und dann mit der Schöpfungsthematik beschäftigt hatte und daraus eine Bewußtwerdung erwachsen war, die schließlich in der aktiven Teilnahme dieser Landeskirche am konziliaren Prozeß für Gerechtigkeit, Frieden und Bewahrung der Schöpfung mündete, wurde für 1989 die Problematik der „Weitergabe des Glaubens an Kinder und Jugendliche" als Hauptverhandlungsgegenstand der Landessynode sowie der sie vorbereitenden Beratungen in den Gemeinden und Kirchenkreisen vereinbart. In der dafür erarbeiteten und durchaus anregenden Vorlage wird nirgendwo auf den konziliaren Prozeß Bezug genommen.[1] Ist dieser also, so wichtig er auch ansonsten sein mag, dann, wenn es um die Frage der sogenannten „Weitergabe des Glaubens“ geht, ohne Belang?

Es würde nicht schwer fallen, aus der katholischen Kirche ähnliche Beispiele anzuführen. Besonders aufschlußreich ist ein Hinweis von V. Benda; er spricht vom „Weltkatechismus“ und dem „konziliaren Prozeß“ als den beiden momentan im katholischen Raum weltweit zur Auseinandersetzung anstehenden Projekten, die paradigmatisch für zwei grundverschiedene Bestrebungen stehen: „Auf der einen Seite Konzentration auf die eine Lehre, sogar die eine Katechese, als ob heute eine reale polyzentrische Inkulturation nicht mehr existierte; auf der anderen Seite eine authentische christliche Dezentralisation des Dienstes (der Dienste) an der heutigen Menschheit, obwohl wir mit dem Bibelwort (ein Glaube, eine Taufe, ein Herr) ökumenisch noch lange nicht fertig sein werden.“[2] So gesehen haben die beiden Thematiken „Konziliarer Prozeß“ und „Tradierungskrise“ in der Tat mehr miteinander zu tun, als es auf den ersten Blick den Anschein hat. Sie stehen nicht nur für unterschiedliche inhaltliche Optionen; sondern sie bezeichnen auch zwei diametral entgegengesetzte Vermittlungsweisen.

Umso auffälliger ist, daß der konziliare Prozeß bislang innerhalb der Religionspädagogik kaum Beachtung gefunden hat; insbesondere auf katholischer Seite ist weitgehend Fehlanzeige zu vermelden. Damit ist nicht gesagt, daß die Stichworte „Gerechtigkeit, Frieden und Bewahrung der Schöpfung“ im religionspädagogischen Kontext nicht vorkommen. Im Gegenteil, in dieser Hinsicht haben in den letzten Jahren durchaus beachtenswerte Entwicklungen stattgefunden, angefangen von didaktischen Materialien bis hin zu theoretischen Grundlegungen.[3] Daß etwa Beiträge zu „Politische Bildung“, „Friedenserziehung“ und „Gerechtigkeit und Frieden“ – verfaßt von H. Missalla – im „Handbuch religionspädagogischer Grundbegriffe“ vertreten sind, ist dafür ein deutliches Indiz.[4]

Zugleich demonstriert aber auch die Tatsache, wie wenig in den übrigen Beiträgen des Handbuches auf diese Stichwörter verwiesen wird, ihren marginalen Stellenwert im religionspädagogischen Bewußtsein. Im Vergleich dazu wird die Problematik der „Weitergabe des Glaubens“ viel häufiger direkt angesprochen. Sie bildet eben zur Zeit die zentrale religionspädagogische und katechistische Fragestellung; steht hier doch vermeintlich das Eigentliche, das sog. „Proprium“ auf dem Spiel.

Dieser Einschätzung liegt eine Unterscheidung zwischen dem theologisch zu bestimmenden Proprium des Glaubens und seinen möglichen ethischen Bewährungsfeldern, denen dann etwa auch das Engagement für Gerechtigkeit, Frieden und Bewahrung der Schöpfung zugeordnet werden kann, zugrunde, die ihrerseits nicht zuletzt durch den konziliaren Prozeß problematisiert worden ist. Verdankt dieser sich doch wesentlich der Einsicht, „daß Frieden und Gerechtigkeit als theologische Themen und als praktische Aufgaben von der Mitte des Glaubens her begründet und motiviert sind und folglich auch in das Zentrum jeder sachgemäßen Verkündigung des Evangeliums gehören“.[5]

H. Missalla hat diese Einsicht prägnant wie folgt formuliert: „Wer an die allen Menschen ohne Vorbehalt geltende Liebe des Gottes Jesu Christi, des Vaters aller Menschen, und an die Botschaft Jesu vom Reich Gottes als des Reiches der Gerechtigkeit, der Liebe und des Friedens glaubt ..., der wird aufgrund eben dieses Glaubens – soll dieser nicht Lippenbekenntnis bleiben und damit Jenseitsvertröstung und Opium – jeder Entwürdigung, Entrechtung, Ausbeutung und Unterdrückung des Menschen nach Kräften wehren und sich um Regelungen, Ordnungen und Strukturen mühen, in denen allen Menschen ein Leben in Gerechtigkeit, Freiheit und Frieden ermöglicht wird.“[6] Und insofern wohnt für ihn der religiösen Erziehung konstitutiv eine politische Dimension inne, ohne sie allerdings darauf reduzieren zu wollen: „Politische Bildung ist also keine Sache der Beliebigkeit, sondern die angemessene Antwort auf die Gegenwartssituation und zugleich eine Lebensäußerung der Kirche, die sich im Nachvollzug des „Für-euch-und-für-alle an Engagement, Phantasie und Zähigkeit bei der Entwicklung einer ‘Zivilisation der Liebe’ (Johannes Paul II.) von keiner anderen Gruppe übertreffen lassen dürfte.“[7]

Hängt es möglicherweise mit dem mangelnden Mut zu einer situationalen Konkretheit des christlichen Glaubens, seiner Reduktion auf einen bloß geglaubten Glauben zusammen, daß inzwischen allenthalben seine „Tradierungskrise“ zu beklagen ist? Und liegt es dann nicht nahe, die Problematik der „Weitergabe des Glaubens“ in einen viel engeren Zusammenhang mit dem konziliaren Prozeß zu bringen, als es im religionspädagogischen Kontext gemeinhin geschieht?

2. Der religionspädagogische Ertrag des konziliaren Prozesses – eine erste Annäherung und vorläufige Bestandsaufnahme

Wer nun an den konziliaren Prozeß herangeht in der Erwartung, von ihm her ließen sich praktikable Antworten auf die religionspädagogische Problematik der „Weitergabe des Glaubens" gewinnen, wird schnell enttäuscht sein. Denn diese Thematik spielt im Rahmen dieses Prozesses eher eine beiläufige Rolle. Überhaupt bleiben die unmittelbaren Hinweise, die etwa in den vorliegenden Dokumenten an die Pädagogik und Religionspädagogik gerichtet werden, spärlich.[8] Gleichwohl sind sie es wert, zur Kenntnis genommen zu werden, und sollen darum in Art einer vorläufigen Bestandsaufnahme zusammengefaßt werden.

In der „Erklärung von Stuttgart" ist nur in dem Abschnitt über Frieden von direkten erzieherischen Konsequenzen die Rede; im Abschnitt über den Ost-West-Dialog heißt es dazu:
„Die Kirchen können und müssen in dieser Situation in Europa und weltweit friedensfördernd wirken, indem Gemeinden, Gruppen, Initiativen und Verbände, Kirchenleitungen und internationale Zusammenschlüsse durch verbesserte Information, durch gezielte Erklärungen, durch vermehrte Begegnungen und durch intensivere Friedenserziehung dazu beitragen,
– einander besser kennenzulernen und im Anderssein anzunehmen;
– Ängste und Bedrohungsvorstellungen immer wieder daraufhin zu überprüfen, ob sie begründet sind;
– Vorurteile und Feindbilder abzubauen;
– wechselseitiges Vertrauen zu fördern, indem man nach den Gründen des Mißtrauens beim anderen sucht und es durch Taten entkräftet.
Das erfordert die Bereitschaft und Lernfähigkeit, sich mit den Augen der anderen zu sehen, aufeinander zu hören, eine neue Sprache zu sprechen. Interessengegensätze und Konflikte werden dadurch nicht aus der Welt geschafft, aber ihre gemeinsame, friedliche Lösung wird erleichtert." (3.222)

In dem abschließenden Abschnitt zu Handlungsschritten (3.5) finden sich noch einige Aufforderungen an die Adresse der Kirchen, wie z.B.:
„In der Erziehungs- und Bildungsarbeit, die die Kirchen im schulischen und außerschulischen Bereich leisten, muß dem Zusammenhang zwischen Frieden und Gerechtigkeit besondere Aufmerksamkeit zukommen. Hier bestehen unwiederbringliche Chancen, Einstellungen und Verhaltensweisen zu fördern, die einen gewaltfreien Umgang mit täglichen Konflikten fördern."

Auch im „Schlußdokument der Europäischen Ökumenischen Versammlung Frieden in Gerechtigkeit in Basel" bleibt die Ausbeute an direkten Äußerungen zur Erziehung gering. Der prägnanteste Hinweis findet sich unter den Empfehlungen zum Frieden:

„Auf allen Ebenen in Kirche und Gesellschaft muß die Erziehung zum Frieden entwickelt und gefördert werden mit dem Ziel der friedlichen Konfliktlösung. Dabei müssen in jedem Fall gewaltfreie Alternativen Priorität erhalten. Gewaltlosigkeit muß als aktive, dynamische und konstruktive Kraft verstanden werden, die von tiefer Achtung vor der menschlichen Person ausgeht." (86.i.)

Im übrigen wird darauf verwiesen, daß das Dokument insgesamt für ökumenische Gruppen auf Ortsebene hilfreich sein könnte, „um eigene Prioritäten für Lernen und Handeln zu bestimmen" (96). Daß einige Delegierte in Basel darüber hinaus eine pädagogische Intention verfolgten, läßt sich dem von ihnen verfaßten „Brief an die Kinder" entnehmen.[9]

Damit griffen sie eine Idee der „Ökumenischen Versammlung für Gerechtigkeit, Frieden und Bewahrung der Schöpfung" in der DDR auf, die ihre Anliegen eigens auch den Kindern zu vermitteln versucht hat.[10] Überhaupt hat die Erziehungs- und Bildungsthematik auf dieser Versammlung eine wesentlich größere Rolle gespielt als in den beiden anderen gen. Versammlungen. Gewissermaßen wie ein roter Faden durchzieht sie die verschiedenen verabschiedeten Texte. Darüber hinaus wurden „Aspekte der Friedenserziehung" als eigenes Schwerpunktthema behandelt und zu einem Beschlußtext zusammengestellt.[11] Dieser nimmt seinen Ausgangspunkt bei den Realitäten, die wie folgt geschildert werden:
„Wir leben in einer friedlosen Welt. Wir leben in einer geteilten Welt. Feindschaften und Konfrontation gehören zur Realität. Die Anhäufung von Massenvernichtungsmitteln bedroht das Überleben der Menschheit.
Nur wenige fühlen sich persönlich getroffen, Kriege und blutige Gewalt in der Welt erscheinen uns fern und lassen uns weithin passiv. Aber: Abwesenheit von Krieg in Europa ist noch kein Frieden. Trotz hoffnungsvoller Verhandlungsergebnisse herrschen Friedlosigkeit und Feindseligkeit. Ungerechte Strukturen und die Unfähigkeit, mit gegensätzlichen Interessen umzugehen, können zu Feindschaft führen. Vorurteile und Feindbilder nähren und verfestigen Feindseligkeit und verhindern so die notwendige Austragung von Konflikten und Überwindung von Feindschaften. Auch wir sind in diesen Prozeß verstrickt, indem wir Vorurteile und Feindbilder übernehmen, verstärken und produzieren, z.B. gegenüber Nachbarvölkern, anderen Rassen, sozialen Gruppen und Andersdenkenden. Hier muß Friedenserziehung ansetzen."

In der theologischen Grundlegung heißt es u.a.:
„Christus ist Gottes Schalom für eine zerrissene Menschheit. In der Nachfolge Christi ist uns aufgetragen, Feindschaften zu überwinden und Feinde zu versöh-

nen. Wir müssen uns gegenseitig helfen, friedensfähig zu werden. Dazu ist Friedenserziehung in allen Bereichen unseres Zusammenlebens nötig."

Im einzelnen werden dann Erwartungen an die Familie und Erziehungsträger, an die Kirchen sowie an staatliche und gesellschaftliche Institutionen gerichtet, Friedenserziehung wird dabei als individual- und sozialpädagogische, ökumenische und gesamtgesellschaftliche Aufgabe entfaltet. Sie beginnt mit der Umkehr der Erwachsenen und bedarf des Willens, der Kreativität und des Dialogs. „Friedenserziehung", so wird abschließend formuliert, „muß uns befähigen, den bisherigen Gegner in seiner ökumenischen, kulturellen und sozialen Andersartigkeit zu sehen und anzunehmen. Sie umfaßt auch das Vermitteln der Reichtümer und Sehweisen des anderen und die Bereitschaft, sich in Frage stellen zu lassen."

3. Konziliarer Prozeß als ökumenisches und solidarisches Lernen

So wichtig es ist, daß auf diese Weise in den Dokumenten festgeschrieben worden ist, daß eine umfassend verstandene, also auch die Verantwortung für Gerechtigkeit und Umwelt fördernde und einübende Friedenserziehung eine indispensable Aufgabe für alle Christen und die Kirchen ist, so geht jedoch die religionspädagogische Bedeutung des konziliaren Prozesses über solche Einzelaussagen zum erzieherischen Handeln hinaus. Sie liegt darin, daß es sich insgesamt um einen tiefgreifenden Lernprozeß handelt, und zwar sowohl im individuellen als auch im kollektiven Sinne.

Ein beeindruckendes Zeugnis für einen solchen persönlichen Lern- und Veränderungsprozeß, der mit einschneidenden Erfahrungen verbunden war, findet sich in einem Beitrag des evangelischen Religionspädagogen I. Baldermann:
„Bei mir selbst hat wie bei vielen anderen der sogenannte 'Nachrüstungsbeschluß' im Dezember 1979 plötzlich neue Einsichten hervorgerufen, weiteres Lernen angestoßen und mein Leben nachhaltig verändert. Dieses Lernen stand unter dem Eindruck einer unversehens begriffenen tödlichen Bedrohung der ganzen Menschheit."[12]

Ähnliches berichten viele andere, die sich im Rahmen des konziliaren Prozesses engagieren. Sie bekennen, daß sie – als Erwachsene – begonnen haben, ihren Glauben ganz neu zu entdecken und durchzubuchstabieren. Manche zu Leerformeln abgestorbene Begriffe verbinden sich auf einmal mit konkreten

Erfahrungen und gewinnen so inhaltliche Relevanz. Teilweise stehen noch gar nicht die Kategorien zur Verfügung, um die Lernerfahrungen ausdrücken und begreifen zu können. I. Baldermann gibt dafür ein Beispiel:
„Die Frage ist, ob Begriffe wie Bildung ('Erwachsenenbildung') oder Pädagogik ('Gemeindepädagogik') überhaupt noch geeignet sind, die Dynamik solcher grundlegenden Wandlungen im Bewußtsein zu erfassen. Mir scheint allenfalls der Begriff des Lernens (als Umlernen und Neulernen) in der Lage, hier noch Schritt zu halten. Dabei ist das Lernen am Thema Rüstung und Frieden nur ein Ausschnitt aus diesem umfassenden und neuartigen Lernprozeß, ein Ausschnitt freilich, an dem seine charakteristischen Merkmale gut zu erkennen sind. Aber ähnliche Lernprozesse sind schon vor der Nachrüstungsdiskussion durch die anderen großen Menschheitsfragen ausgelöst worden, durch Hunger und Armut, durch die ökologische Krise, durch die grassierende Arbeitslosigkeit, zumal die Jugendarbeitslosigkeit, durch Menschenrechts- und Asylantenfragen; und alle hängen offenbar vielfältig miteinander zusammen."[13]

Dieser Erfahrung verdankt sich übrigens Baldermanns beeindruckender Entwurf einer biblisch orientierten Didaktik als „Entwurf der Hoffnung".[14]

Es würde das Ende des konziliaren Prozesses bedeuten, würde man seine Inhalte von solchen ihn motivierenden und inspirierenden Erfahrungen loskoppeln und nun etwa damit anfangen, die genannten Dokumente in didaktisch portionierte Lehrstücke umzusetzen. Statt diesen Prozeß in das geläufige religionspädagogische und -didaktische Kategorienraster einzufangen und ihn so in seiner Wucht zu entschärfen, kommt es darauf an, die ihm innewohnenden Konturen eines originären Lern- und Bildungsprozesses zu rekonstruieren und auf ihre allgemeine religionspädagogische Relevanz hin zu befragen.

Vor allem im evangelischen Raum wird das seit einiger Zeit unter dem Stichwort „ökumenisches Lernen" erörtert[15], wobei kennzeichnend ist, daß im Verlauf dieser Debatte dieser Begriff eine wesentliche Bedeutungserweiterung erfahren hat: der ursprüngliche „Horizont der Einen weltweiten Kirche" verschmilzt sich mehr und mehr mit dem „Horizont der Einen Erde".[16] Es ist wohl nicht zufällig, sondern hängt mit seinem Engagement im Rahmen des konziliaren Prozesses zusammen, daß – wenn auch mehr implizit als explizit – das theologische Denken H. Missallas enge Berührungspunkte zu dieser Diskussion aufweist. Von ihm her lassen sich darum – ohne Anspruch auf Vollständigkeit – Konturen und Dimensionen eines Lernens, Bildens und Erziehens im Kontext des konziliaren Prozesses näherhin bestimmen.[17]

Die Herausforderung des Heute sehen

Der konziliare Prozeß ist nicht zuletzt aus dem Bewußtsein entstanden, daß das Evangelium dazu anhält, die Herausforderungen wahrzunehmen, die sich „heute" stellen, nicht länger blind für die Gefahren und Bedrohungen der Gegenwart zu bleiben. Daß sie heute nicht erkennen wollen, was ihnen Frieden bringt, wird nach Jesus den Menschen zum Verderben (vgl. Lk 19,42)[18]. Missalla schreibt dazu:

„So wenig es in das Belieben der Christen und der Kirche gestellt ist, ob sie das Zeugnis des Evangeliums geben, so wenig ist es auch ihrem Gutdünken überlassen, auf welche Weise, in welcher Form das ‚Evangelium des Friedens' (Eph 6,15) bezeugt wird. Denn die Weise des Zeugnisses muß der jeweiligen Situation, der geschichtlichen Stunde entsprechen, in die hinein Gottes Wort als Angebot und Verheißung, als Herausforderung und Weisung gesprochen wird. Wir wählen uns nicht unsere Aufgaben, sie werden uns gestellt mit der geschichtlichen Konstellation, in der wir uns vorfinden. Es kommt darauf an, die ‚Zeichen der Zeit', die Stunde, den ‚Kairos' zu erkennen. Die Beispielerzählung vom Samariter (Lk 10,25-37) zeigt, wie man eine mit einer bestimmten Situation gegebene Herausforderung verfehlen oder auf sie eingehen kann. Die Geschichte Israels und der Kirche ist voller Beispiele dafür, welche unheilvollen Auswirkungen es hat, wenn die ‚Stunde' nicht erkannt wird, sei es aus Unvermögen, Blindheit oder Verstockung. Die Hinweise auf die Zeit der Kirchenspaltung oder auf die Jahre vor 1933 mögen hier genügen. Es gibt ein ‚zu spät!'. Wer sich dem Anruf der Stunde nicht stellt, verwirkt zudem vielleicht sein Heil. ‚Heute, wenn ihr seine Stimme hört, verhärtet euer Herz nicht ...' (Hebr 3,7 f). Darum gewinnt die Erkenntnis der Situation eine theologische Qualität."[19]

Ist nicht die Tatsache, wie wenig sich die Religionspädagogik bislang die Anliegen des konziliaren Prozesses zu eigen gemacht, ein weiteres Symptom für ihre notorische „Unpünktlichkeit"[20]? Und kann es verwundern, daß eine religiöse Erziehung, die zwar abstrakt den Zusammenhang von Glauben und Leben postuliert, in der aber die wirklichen Bedrohungen des Lebens ausgeklammert bleiben, auf immer weniger Resonanz stößt?

Das Evangelium kennenlernen und bekennen

Von den Erfahrungen des konziliaren Prozesses her gehört unabdingbar zusammen, was innerhalb der religionsdidaktischen Diskussion in fataler Weise unterschieden worden ist: ein projektbezogenes und ein bibelorientiertes

Lernen. Die Suche nach Auswegen aus den tödlichen Bedrohungen der Gegenwart hat viele die frohe Botschaft der Bibel neu entdecken lassen. Umgekehrt haben die biblischen Verheißungen eines neuen Lebens in Gerechtigkeit und Frieden sowie einer neuen Schöpfung viele überhaupt erst befähigt, sich des katastrophalen Ausmaßes der zu verzeichnenden Krisen bewußt zu werden und sie nicht länger zu verdrängen. Das Bekenntnis des Glaubens bleibt so nicht bloß eine Wiederholung tradierter Lehrinhalte, sondern wird zu einem sie in die Herausforderung des Heute hineinholenden Zeugnis vor aller Welt in Wort und Tat, „daß jeder Mensch Hoffnung auf Leben haben kann, weil Gott mit seiner zuvorkommenden und umfassenden Güte, die in Jesus sichtbar und erfahrbar geworden ist, den Grund solcher Hoffnung abgibt“[21]. Ohne solche konkrete Zeugnisse tatkräftiger Hoffnung kann der christliche Glauben nicht weitergegeben werden. Treffend hat J. Sayer einen solchen Ansatz in Pastoral und Katechese als „projektorientierte Evangelisierung“ umschrieben und beispielhaft anhand der Praxis lateinamerikanischer Gemeinden erläutert.[22] Beispiele dafür ließen sich im hiesigen Kontext am ehesten in den im konziliaren Prozeß engagierten Basisgruppen ausmachen. Nicht zuletzt von ihnen sind wichtige Impulse für die Formulierung der „Kurzformeln des Glaubens“ ausgegangen, wie sie sich in den gen. Dokumenten des konziliaren Prozesses finden.

Wege der Umkehr

Seinen Beitrag „Gerechtigkeit und Frieden“ leitet H. Missalla mit folgender Charakterisierung der „neuen Situation“ ein:

„Wir sind die erste Generation, die das technische Instrumentarium besitzt und militärische Strategien entwickelt hat, die das plötzliche Ende aller Geschichte durch Menschen herbeiführen können. Einer so radikalen Gefährdung ist mit den Worten des Konzils nur ‚mit einer ganz neuen inneren Einstellung‘ (GS 80) zu begegnen. Wenn die Kirche sich in dieser Situation auf die ermüdende und fruchtlose Wiederholung von Appellen zu Frieden und Gerechtigkeit beschränken würde, partizipierte sie lediglich an der Ausweglosigkeit der ‚Welt‘. Der ureigene Beitrag der Kirche als der Gemeinschaft der Glaubenden und des ‚Volkes Gottes‘ ist gefragt, und d.h.: Sie muß sich auf Jesu ‚Evangelium des Friedens‘ (Epf 6,15) besinnen und sich an dem orientieren, was uns in den biblischen Texten als ‚Gerechtigkeit‘ vorgestellt wird. Damit beginnt ein Prozeß des Umdenkens und der Metanoia nicht nur als einer Bedingung der Teilhabe am Reich Gottes. Ein solches Umdenken ist auch eine Voraussetzung des Überlebens der Menschheit.“[23]

Nicht zufällig ist Umkehr zu einem der theologischen Leitworte im Rahmen des konziliaren Prozesses geworden. In den Dokumenten finden sich dazu eindrucksvolle Passagen, in denen Versagen klar benannt und Verpflichtungen, neue Wege zu suchen, eingegangen werden, angefangen von Veränderungen im persönlichen Lebensstil bis hin zum Einsatz für die erforderlichen strukturellen Transformationen in Politik, Ökonomie u.a.

Spätestens das Stichwort „Umkehr" läßt auch deutlich werden, daß die lernenden Subjekte im Rahmen des konziliaren Prozesses vorrangig die Erwachsenen sind. Denn sie tragen für die Gestaltung der Gegenwart Verantwortung; und von ihnen müssen darum die Veränderungen vorgenommen werden. Das heißt nicht, daß die Kinder und Jugendlichen einmal mehr zu Objekten degradiert würden. Im Gegenteil, wenn es um die Gewährleistung eines gemeinsamen Lebens auf Zukunft hin gehen soll, kann auf ihre Kreativität und Phantasie nicht verzichtet werden. So wird im konziliaren Prozeß praktiziert, was als religionspädagogischer Neuansatz programmatisch „intergeneratives Lernen" genannt wird.

Die Notwendigkeit der Umkehr gilt allerdings nicht für den einzelnen. Sondern Umkehrbereitschaft ist auch für die Kirche insgesamt Voraussetzung, wenn sie sich glaubwürdig für eine gerechtere, friedvollere und schöpfungsgemäßere Zukunft eingagieren will. Dazu gehört das offene und ehrliche Eingeständnis, oft genug nicht nur versagt zu haben, sondern zur Schaffung der krisenhaften Zuspitzung in der Gegenwart beigetragen zu haben. Die Kirche an ihre eigene Verstrickungen in unfriedlichen, ungerechten und zerstörerischen Zuständen zu erinnern und ihr durch die kritische Aufarbeitung solcher Vorkommnisse die Möglichkeit einer bewußten Trauerarbeit zu eröffnen, ist für H. Missalla eine Verpflichtung, der sich gerade die Theologie nicht entziehen kann, auch wenn sie dafür auf Unverständnis und Anfeindungen stößt.

In diesem Sinne steht auch der Religionspädagogik, wie es H. Halbfas zu Recht angemahnt hat, die Aufgabe einer kritischen Aufarbeitung ihrer eigenen Vergangenheit noch bevor.[24] Ohne eine solche schmerzhafte Erinnerungsarbeit der von ihr zugefügten bzw. vermittelten Leiden und Opfer gelangt sie nicht zu einem glaubwürdigen Zeugnis, das auch andere zur Veränderung ihrer vermeintlich bewährten Denk- und Verhaltensweisen bewegt.

Lernen im Rahmen des konziliaren Prozesses ist alles andere als eine Weiterführung und womöglich noch Effektivierung des bisherigen Lebensstils unter religiösem Vorzeichen. Es ist notwendig und als solches mühsam und beschwerlich. Wer sich darauf einläßt, wird mit Konflikten und Ablehnung rechnen müssen, selbst innerhalb der eigenen kirchlichen Reihen. Steht nicht gerade die religiöse Erziehung häufig vor der Gefahr, diesen „Preis der Nachfrage" zu verharmlosen? Der von H. Missalla eingeforderte Mut zum Widerstand und zum Nonkonformismus als Grundhaltung des Christ-Seins in der Gegenwart zählt jedenfalls bislang nicht zu den religionspädagogischen Tugenden.

Neue Formen des Miteinander erproben

Kirchlichkeit ist für H. Missalla eine selbstverständliche Dimension seines Verständnisses von Theologie sowie des Christseins überhaupt. Allerdings meint das für ihn keine kritiklose Verpflichtung auf die vorfindliche Kirche. Stellt sich diese doch vielfach als ein hauptsächlich auf ihre eigene Reproduktion bedachtes Lehrgebäude dar. Sie demgegenüber als eine aus vielen Initiativen und Gemeinden gebildete Lernbewegung in der Nachfolge Jesu wiederentdeckt zu haben, die sich gemeinsam mit anderen Bewegung für die Möglichkeit eines Lebens in universaler Solidarität einsetzt und streitet, ist eine auch religionspädagogisch bedeutsame Erfahrung des konziliaren Prozesses. Sind doch Theorie und Praxis religiöser Erziehung noch weitgehend auf die Kirche als vorgegebene Größe fixiert, statt den religionspädagogisch viel ertragreicheren Gedanken einer immer wieder neu ansetzenden Kirch-werdung zu verfolgen: Kirchen und Gemeinden als neue Lebensräume, wo die Frohe Botschaft geglaubt und Umkehr gewagt wird.

Dies jedenfalls ist das Bild von Kirche, für das H. Missalla nicht müde wird, zu plädieren und sich zu engagieren:

„Wenn wir hier von der Kirche sprechen, dann meinen wir nicht die kirchlichen Institutionen, sondern die Gemeinschaft derer, die an den Gott und Vater Jesu Christi glauben, der sich wehrlos gemacht, den Menschen ausgeliefert und gerade dadurch einen neuen Anfang gesetzt hat. Wir sprechen von einer Kirche, die nach wie vor das ‚Salz der Erde' (Mt 5,13) sein soll. Nach den Worten des Konzils stellt sie ‚Keim und Anfang' des Reiches Christi und Gottes auf Erden dar (LG 5). Dem Herrn und dieser neuen Wirklichkeit durch Glaube und Taufe verpflichtet, sollen wir nicht mehr unsere eigenwilligen Wege gehen, sondern ihm auf seinem Wege folgen (Mt 16,24; Lk 14,27), – und dabei das ‚Kreuz' annehmen …
Es ist nicht in das Belieben der Christen oder Kirchen gegeben, ob sie das Zeugnis des Evangeliums geben. Sie richten sich selbst, wenn sie das ihnen anvertraute Wort veruntreuen. Nur um dieses Zeugnisses willen gibt es die Kirche."[25]

Anmerkungen

1) Vgl. Evangelische Kirche von Westfalen, Hauptvorlage 1989: Wenn Eure Kinder Euch fragen ... Glauben weitergeben in Familie, Schule und Gemeinde, Bielefeld o.J. (1988)
2) V. Benda, Der Weltkatechismus und der konziliare Prozeß für Gerechtigkeit, Frieden und Bewahrung der Schöpfung, in: Concilium 25 (1989) 362-365, hier: 365.
3) Vgl. z.B. die entsprechenden Beiträge in: W. Böcker u.a. (Hg.), Handbuch religiöser Erziehung, 2 Bde, Düsseldorf 1987, sowie in: J. Calließ/R.E. Lob (Hg.), Handbuch Praxis der Umwelt- und Friedenserziehung, 3 Bde, Düsseldorf 1987/88. Vgl. auch F. Rickers, Friedenserziehung in Religionsunterricht. Ein Literaturbericht, in: JRP 3 (1986) 99-110.
4) Vgl. in: G. Bitter/G. Miller (Hg.), Handbuch religionspädagogischer Grundbegriffe. Bd. 1, München 1986, 313-317 (Politische Bildung), 317-322 (Friedenserziehung); ebd., Bd 2, München 1986, 755-759 (Gerechtigkeit und Frieden).
5) H.-G. Stobbe, Frieden, Gerechtigkeit und die Strukturen der Kirche, in: G. Planer-Friedrich (Hg.), Frieden und Gerechtigkeit. Auf dem Weg zu einer ökonomischen Friedensethik, München 1989, 148-170, hier: 148.
6) H. Missalla, Politische Bildung, a.a.O., 313.
7) Ebd. 314.
8) Vgl. Gottes Gabe – Unsere Aufgabe. Die Erklärung von Stuttgart (Arbeitshilfen 62), Bonn o.J. (1988); Schlußdokument der Europäischen Ökumenischen Versammlung Frieden in Gerechtigkeit, in: Frieden in Gerechtigkeit. Dokumente der Europäischen Ökumenischen Versammlung, hg. im Auftrag der Konferenz Europäischer Kirchen und des Rates der Europäischen Bischofskonferenzen, Basel-Zürich 1989, 43-84; Ökumenische Versammlung für Gerechtigkeit, Frieden und Bewahrung der Schöpfung. Texte der 3. Tagung, Dresden 26.-30. April 1989, in: epd-Dokumentation Nr. 21/89.
9) Vgl. Frieden in Gerechtigkeit, a.a.O., 189 f.
10) Vgl. Ökumenische Versammlung, a.a.O., 2 f.
11) Vgl. ebd. 45-50.
12) I. Baldermann, Wie lernfähig sind unsere Kirchen?, in: Theologia Practica 21 (1986) 285-295, hier: 286.
13) Ebd. 288f.
14) Vgl. ders., Der Gott des Friedens und die Götter der Macht, Neukirchen-Vluyn 1983, bes. 11-21; vgl. auch G. Breidenstein, Thesen zur Didaktik von Gerechtigkeit, Frieden und Bewahrung der Schöpfung in der Jugend- und Erwachsenenbildung, in: Arbeitsmappe „Lernen“, hg. von der Evangelischen Landeskirche von Westfalen, o.O. o.J.
15) Vgl. zusammenfassend die kommentierte Literaturdokumentation von G. Orth, Im Horizont der Einen Erde. 1. Teil, Münster 1989.
16) Ebd. 5; vgl. auch K. Raiser, Ökumene im Übergang, München 1989.
17) Als maßgebliche Orientierung dient: H. Missalla, Den Weg Jesu gehen, in: unterwegs Nr. 2/1988, VII.
18) Vgl. dazu den Beitrag von H. Missalla, „Wenn du doch heute erkennen wolltest, was dir Frieden bringt“ Lk 19,42), in: Wege der Befreiung gehen, hg. von der Initiative Kirche von unten, Bonn o.J., 72-80.
19) H. Missalla, Wenn Widerstand zur Pflicht wird, in: Publik-Forum vom 3.12.1982, 3 f, hier: 4.
20) Vgl. R. Englert, Plädoyer für „religionspädagogische Pünktlichkeit“, in: KatBl 113 (1988) 159-169.
21) H. Missalla, Den Weg Jesu gehen, a.a.O.
22) Vgl. J. Sayer/A. Biesinger, Von lateinamerikanischen Gemeinden lernen, München 1988, bes. 11-45.
23) H. Missalla, Gerechtigkeit und Frieden, a.a.O., 755.
24) Vgl. H. Halbfas, Wurzelwerk, Düsseldorf 1989, bes. 138-238.
25) H. Missalla, Den Weg Jesu gehen, a.a.O.

Paulus Engelhardt: Den Konziliaren Prozeß erweitern?

Wer über einen *Prozeß* im Sinne eines Vorgangs von Veränderungen ,objektiv', d. h. distanziert berichten will, muß sich einen Standpunkt außerhalb dieser Bewegung suchen. Vielleicht erkennt er auf dieser Suche eine ,Unschärferelation', d. h. er muß feststellen, daß er mit seiner Beobachtung den Prozeß beeinflußt, wenn auch störend und bremsend. Nur eine ,subjektive', d. h. die eigene Existenz einbringende Begleitung kann dem Prozeßcharakter gerecht werden – auch durch eigene Veränderung, ja Umkehr. Ein solcher in den Prozeß engagierter Beobachter ist Heinz Missalla. Darum darf ich ihm eine subjektive Reflexion widmen.

Besonders Stimmen aus dem Katholizismus der BRD hatten oft den Tenor: ,Wir haben immer schon gewußt, daß es nichts gibt ...'. So nimmt der Chefredakteur der *Herder Korrespondenz* im Mai 1986[1] mit nur leichter Distanzierung die aus theologisch-kirchenrechtlichen und politischen Gründen kritischen Äußerungen des damaligen Präsidenten des Zentralkomitees der deutschen Katholiken, Prof. Hans Maier, zum „Friedenskonzil" auf und läßt ihnen die Bemerkung vorangehen: „Und der Papst hat mit der Einladung der christlichen Kirchen und nichtchristlichen Religion zu einem Weltgebetstag für den Frieden am 27. Oktober in Assisi ... seinerseits der Konzilsidee den Stachel genommen." Da ich David Seeber kein hämisches „Die Luft ist raus!' unterstellen will, darf ich die Bemerkung vielleicht so lesen: Die viel weitergehende Einladung des Papstes ist ein historisch bedeutsameres Geschehen auf dem Weg zum Weltfrieden als die Pläne von Vancouver und Düsseldorf. Lese ich den Satz in diesem Sinne und erinnere dabei an die Friedensinitiativen der „Weltkonferenz der Religionen für den Frieden" seit 1970 (Kyoto), dann erhält er eine kritische Anfrage: Setzen die christlich-ökumenischen Bemühungen um Gerechtigkeit, Frieden und Bewahrung der Schöpfung nicht zu eng an; werden mit dieser christlichen Binnenorientierung nicht die „Menschen guten Willens" (vgl. die Anrede in der Friedensenzyklika Johannes' XXIII. *Pacem in terris* vom 11. April 1963) innerhalb und außerhalb von Religionsgemeinschaften ausgeschlossen?

Der jüdische Religionswissenschaftler R.J. Zwi Werblowsky schockierte manchen Teilnehmer der Konferenz in Kyoto mit der Aussage: „... Die Auffassung, daß jene, die sich für ,religiös' halten, eine Art prophetische Funktion in unserer zeitgenössischen Gesellschaft auszuüben haben, hat keinerlei psychologische, soziale oder geschichtliche Basis. Vieles von dem gegenwärtigen sozialen Bewußtsein der Religion ist tatsächlich aus anderen Quellen gekommen und wurde schließlich vom einzelnen oder von Gruppen in den verschiedenen religiösen Gemeinschaften absorbiert. Vielleicht ist das Härteste für den religiösen Menschen, ehrlich zu werden."[2]

Nachdem Werblowsky gegen die Tendenz der ‚Religiösen' von dem auszugehen, was ihre Religionen sein sollten, statt von dem, was sie sind, polemisiert hat, bietet er eine Brücke an: „Wenn die neuen Werte oder Orientierungen mit gewissen Strömungen oder Prinzipien einer besonderen Religion übereinstimmen, dann können sie passenderweise als vollere Entfaltung und bessere Formulierung von dem, was immer der wahre und der implizite Sinn der Normen der Religion schon gewesen war, dargestellt werden."[3]

Prophetische Bescheidenheit

Der Jude Zwi Werblowsky weiß, wovon er spricht, wenn er vom „Prophetischen" redet. Neun Jahre nach dem zitierten Vortrag vergleicht er 3 Propheten: den Computer, Kassandra und Jeremia: „Wie viele apokalyptische und Weltuntergangs-Prophezeiungen können für sich beanspruchen, die Ergebnisse der allerneuesten Untersuchungsmethoden zu sein und nicht vom Heiligen Geist, sondern von einem Computer zu kommen und damit also die denkbar beste Legitimation vorweisen zu können? ... Der drohende Weltuntergang mag zwar nur vage zu sehen sein, doch bevor das Jahr 2100 beginnt, wird sie (die Nemesis für unsere Sünden) ihre schreckliche Arbeit vollbracht haben ... Wenn ... der Computer tatsächlich die Rolle eines wahren Propheten übernommen hat, die Rolle z. B. eines Jeremia, der über und gegen die falschen Propheten des Komforts und des Optimismus auftrat, dann müssen wir die Möglichkeit ins Auge fassen, daß schon bald alle Formen höheren Lebens auf der Erde bedroht sein werden und daß wir möglicherweise auf eine Epoche unvorstellbaren Leidens und des Zusammenbruchs zusteuern. Aber vielleicht hätte ich besser Kassandra als Jeremia gesagt, denn Jeremia besaß eine echte Vision der Hoffnung, die jenseits der Tragödie stand."[4] Computer können keine Hoffnung bringen; denn „Weltuntergangs-Prophezeiungen, die aus Computern kommen, haben die Neigung, von dem, was ihnen eingefüttert wurde, auszugehen und nicht von dem erfinderischen und kreativen Geist des Menschen, erst recht nicht von seinen spirituellen Fähigkeiten. Innovative Fähigkeiten können, per definitionem, nicht vorausgesagt werden ... Tatsache ist, daß es epochemachende, nicht voraussehbare Innovationen und Erfindungen einschließlich der Geburt großer ideologischer Bewegungen, wie die hebräische Bibel, das Christentum, den Islam, die Amerikanische und Französische Revolution, den Marxismus, um gar nicht zu sprechen von der Entstehung und der Entwicklung der großen östlichen Traditionen, gegeben hat.“[5]

Damit ist die Situation gekennzeichnet: die berechenbare Weltkatastrophe beherrscht das Bewußtsein der Menschen in den Industrieländern (die Vertreter der 2/3-Welt sehen vor allem die Not, die *jetzt* tötet – wie es sich in Seoul zeigte). Die ‚Antworten' der uns umgebenden Menschen: Wegschauen und Verharmlosen (unter Führung der Politiker, Optimismus aus Wissenschaftsgläubigkeit oder New-Age-Vertrauen in das Zeitalter des Wassermanns, Zynismus als Basisgefühl (no future) oder aufgeklärte Überlegenheit („zynische Vernunft“). Was Zwi Werblowsky mit Berufung auf Jeremia andeutet, hat Paulus im Hinblick auf Abraham formuliert: „Gegen alle Hoffnung hat er voll Hoffnung geglaubt ...“ (Röm 4,18).

Jüdisch-christliche Hoffnung verbindet sich eher mit realistischem Pessimismus als mit einem Optimismus des Wunschdenkens. Prophetische Hoffnung setzt nicht nur persönliche und gesellschaftliche Umkehr voraus, sondern hat auch zum Inhalt, daß Umkehr möglich ist, weil Gott zu seinem Bund steht. In Kirchen, die als Gottesvolk von Alten, Jungen, Frauen und Männern, Hohen und Niedrigen zur Prophetie berufen sind (Apg 2,17 f), die aber die prophetische Funktion der nichtkirchlichen Welt überlassen haben (vgl. Pastoralkonstitution GS 44), gibt es einzelne und vor allem Gruppen, die rufen: „Die Zeit drängt!“ „Umkehr ist heute notwendig“ (vgl. GS 81. 82), „Laßt uns neue Wege finden!“ Sie werden von den Mitgliedern bürgerlicher Gemeinden oft als überheblich empfunden, als beanspruchten sie, die besseren Christen zu sein, als selbsternannte Propheten. Sie müssen sich fragen, ob sie zu dieser Einschätzung Anlaß geben. Aber oft werden sie es als Last empfinden, das Unheil herausschreien zu müssen und „Umkehr!“ zu rufen. Wenn sie unter dieser Last leiden, selbst umzukehren versuchen, sich selbstkritisch in Frage stellen (lassen), spricht das dafür, daß sie wahre Propheten sind.

Prophetische Vorläufer

Können sich ‚prophetische' Gruppen auf Vorbilder in dem Geschichtszusammenhang berufen, in dem wir leben? Im Zusammenhang des Konziliaren Prozesses taucht zuerst der Name *Dietrich Bonhoeffer* auf. Delegierte des evangelischen Kirchenbundes der DDR machten 1983 in Vancouver den Vorschlag, der Ökumenische Rat der Kirchen möge prüfen, ob die Zeit reif sei für ein allgemeines christliches Friedenskonzil, wie es Dietrich Bonhoeffer angesichts des drohenden Zweiten Weltkriegs für geboten hielt.

Aber Bonhoeffer hatte weder ein Friedenskonzil vorbereitet noch geplant. Er hatte es am 28. August 1934 in Fanö ausgerufen, als versammelt erklärt. Kirche und Konzil existieren nach der damaligen Christologie-Ekklesiologie Bonhoeffers nur im Vollzug. T.R. Peters faßt das so zusammen: „Christus ist nicht schon dort, wo die Kirche ist, sondern Kirche ist dort, wo Christus in seinem Gebot real und konkret gegenwärtig ist.“[6] Reale und konkrete Gegenwart des Gebotes ist nicht die Anwendung ewig-gültiger Prinzipien – auch nicht pazifistischer –, sondern die Antwort auf die geschichtliche Herausforderung – damals zwischen dem Nationalsozialismus und einem unverbindlichen Internationalismus. Die Kirche vollzieht ihre Weltaufgabe, wenn sie die Völker aus ihren nationalen, sündhaften Zweideutigkeiten herausruft.

Ein prophetisches Wort aus der Verborgenheit einer Gefängniszelle war der Brief von Dr. *Max Josef Metzger* an Papst Pius XII. vom Advent 1939. Zwar neigt Metzger eher als Bonhoeffer zur Absolutsetzung der Bergpredigt als immer gültiges Gebot; zwar ist er weniger vom eschatologischen Vorbehalt gegenüber einem Friedensreich Christ auf Erden belastet. Aber das entscheidende Wort sprengt prophetisch die Grenzen seiner Theologie: „Die Not der Zeit – und durch sie spricht Gott zu uns – verlangt gebieterisch die letzten Anstrengungen, um die *Zerrissenheit der christlichen Kirche zu überwinden* , um das Friedensreich Christi wirksam zu machen in der ganzen Welt. Die Not der Zeit ist wohl gerade darum über uns gekommen und wird uns noch mehr demütigen, daß wir allesamt endlich zu einer großen *Metanoia* gelangen, einer Umkehr von den Wegen der Selbstgerechtigkeit, der Verblendung und des Stolzes, einer vollen Hinkehr zu Christus, dem Friedensfürsten, dem König der Liebe.“[7] Das prophetische Wort kommt aus der „Not der Zeit“, ruft „Umkehr!“ und adressiert den Umkehrruf an die christlichen Kirchen, besonders den Papst als besonders Verantwortlichen für die katholische Kirche. Im weiteren Verlauf des Briefes nennt Metzger den Irrweg, von dem die katholische Kirche mit ihren verantwortlichen Führern umkehren muß, genauer: die „Umkehr von den Wegen der Selbstgerechtigkeit“ wird nach einer vorsichtigen Weitergabe von Vorwürfen nichtkatholischer Christen und einer Bitte um „ehrliche Selbstprüfung“ in ihrem positiven Ziel dargestellt: „Nichts würde wirksamer diese Vorurteile aus der Welt schaffen, als eine von *innen heraus sichtbar wer-*

dende aufrichtig demütige Haltung aller Hirten der Kirche trotz und gerade wegen der verantwortlichen Ausübung ihres apostolischen Hirtenberufes."[8]

Die beiden Christen riefen ihr Wort als Antwort auf die geschichtliche Herausforderung, in der sie Gottes Ruf erfuhren. Das ist die Struktur prophetischen Redens, wie wir es bei den Propheten Israels erfahren können.

Ich durfte einen Juden als Freund ansehen, der diese Weise der Rede nach dem Zweiten Weltkrieg erneuerte. Ich sehe ihn wieder vor mir – 18 Jahre nach seinem viel zu frühen Tod: den leidenschaftlich Liebenden und erschreckend Zornigen. Er war vielfältig verwundet und stets neu verwundbar, ein von vielen (vor allem christlichen) Freunden Geliebter und manchmal Gefürchteter: *Robert Raphael Geis* 1906-1972).

Auf dem Deutschen Evangelischen Kirchentag in Hannover 1967 sprach er über den biblischen Friedensauftrag von Juden und Christen[9]. Aus dem jüdischen Gedächtnis und prophetischer Sensibilität rief er aus: „Wir müssen mitten hinein in die Enttäuschungen der Geschichte, nicht aus ihnen heraus. Gott will diese Welt."[10] Das „Wir" aus Juden und Christen begründete er mit einem Wort des Rabbi Jochanan (3. Jh.): „Jede Not, an der Israel und die Völker teilhaben, ist eine Not. Jede Not Israels allein ist keine Not."[11] Können wir das hören? Haben wir Israel in seiner größten Not nicht allein gelassen? Beginnen wir zu ahnen, daß heute die Gemeinsamkeit der Not die Chance zum gemeinsamen Hören auf Gottes Weisung gibt? Aba Geis (wie wir ihn nannten) sah die ohnmächtigen ‚linken' Christen als seine Bundesgenossen an: „Dämmert uns noch nicht, wie sehr wir beide als Entmachtete in Zukunft aufeinander angewiesen sind? Juden und Christen werden sich als Non-Konformisten zu bewähren haben – oder sie sind ein Nichts, eine peinlich überflüssige Dekoration. Ein jüdisch-christliches Religionsgespräch erscheint sinnlos, wenn wir nicht einsehen, daß Gott für sein Volk einsteht und Gottes Volk, Alten und Neuen Bundes, sich auf den Gottesschutz je und je wieder besinnen muß ... Als Glaubende haben wir endlich gemeinsam für den Frieden zu kämpfen, wann und wo er immer bedroht ist. Gerade in diesem Ringen müßten sich die getrennten Brüder des Alten und Neuen Bundes sehr nahe kommen."[12]

Gemeinsamer Bund – jüdischer Anstoß

Robert Raphael Geis starb am 18. Mai 1972, Erev Shavuoth, am Vorabend des Wochenfestes. Der Inhalt des jüdischen Pfingstfestes: Sinaibund

und Thora prägten sein Selbstverständnis als Jude. Zu Ex 24,6 schrieb er 1958: „Beide, Gott und Volk, werden in gleicher Weise als die zwei Parteien eines sakralrechtlichen Gegenseitigkeitsaktes behandelt.“[13] Der Satz „Gottes Bund mit Israel ist unkündbar“,[14] ist für Geis auch doppelseitig: der Treue Gottes steht das Nicht-Entkommen-Können der Juden gegenüber. Unter diesen zum schweren Geschick Auserwählten bleibt immer ein „Rest“: „die Erwählten unter den Auserwählten, die, von denen gesagt werden kann: Sie bleiben immer, um je und je Gottes Bund mit seinem Volk zu erneuern.“ [15] Die „Beziehung zwischen dem Weltenschöpfer und seinen Erwählten“ ist der „Modellfall für das erhoffte, erbetete Königtum Gottes über alle Nationen.“ [16]

Diese Zusammenfassung ergibt sich aus einer Entscheidung zu jener Richtung der jüdischen Tradition, welche die Erwählung Israels inklusiv – auf das Heil der Völker bezogen – und nicht exklusiv – als Heilsprivileg für Israel – versteht. Dieser Entscheidung zwischen den beiden Tendenzen, die sich bis ins 2., vielleicht sogar an das Ende des 1. Jahrhunderts zurückverfolgen lassen[17], entsprechen auch die Hinweise auf die jüdische Tradition [18]. Diese Tradition ist offen für eine Bundesgemeinschaft zwischen Juden und Weltvölkern, also auch Christen. Für Geis hat sie durch den Nationalsozialismus eine neue Konkretion gefunden: gemeinsames Märtyrertum: „Nach zwei Jahrtausenden des Mißverstehens gibt eine grausige Gottesfinsternis jäh den Blick dafür frei, daß der Christ mitgemeint ist, wenn man den Juden schlägt“[19]. Auf dem Kirchentag 1961 berichtete er, wann er, „der Jude, zum ersten Mal einen Christen erlebt: Nach dem Krieg, da ich in Holland (1949-1951) Dietrich Bonhoeffers ‚Widerstand und Ergebung' las. Hier erstrahlte etwas, was keine theologische Diskussion je wird erreichen können: die Freude und Glaubensseligkeit eines Christen im Angesicht des Todes; eines Christen, der diese Welt geliebt hat und dem das Sterben durchaus nicht leicht fiel.“ [20]

Das Referat von Rabbiner Geis „Der Auftrag Israels an die Völker“[21], über den „Ungekündigten Bund“ und die Folgen für die Christen provozierte Stellungnahmen von neuer gleichberechtigter Geschwisterschaft im Bund bis zu erneuerter Judenmission[22].

Katholische Schritte zum gemeinsamen Bund

Vor der ‚Entdeckung' lebendiger evangelischer Christen stand Aba Geis in engerer Beziehung zu katholischen Christen. Ein Grund war – wie er manchmal sagte –, daß Juden und Katholiken die Verehrung der Märtyrer gemeinsam war. Doch waren es nicht diese ‚linkskatholischen' Bemühungen, sondern ein römisches Ereignis, das die katholischen Bemühungen auf höchster Ebene um einen jüdisch-christlichen Dialog in Gang brachte: der Besuch des jüdisch-französischen Historikers Jules Isaac bei Papst Johannes XXIII. am 13. Juni 1960. (Übrigens war er am 16. Oktober 1949 von Pius XII. empfangen worden.) Jules Isaac hatte bereits 1948 für die Augen, Ohren und Herzen der Christen die These formuliert: „Christlicher Unterricht, der dieses Namens würdig ist, sollte ... sich ... vor der geläufigen und traditionellen Versicherung hüten, daß das jüdische Volk das unsühnbare Verbrechen des Gottesmordes begangen und dafür auf sich, im großen ganzen, die volle Verantwortung genommen habe; sich vor einer solchen Versicherung nicht nur zu hüten, weil sie schädlich ist, Haß und Verbrechen hervorbringt, sondern auch, weil sie von Grund auf falsch ist." [23]

Johannes XIII. war vielleicht nicht auf der Höhe theologischer Reflexion, aber im Herzen vorbereitet, sich zu weiteren Initiativen anregen zu lassen. Als Apostolischer Delegat in der Türkei hatte er sich während des Krieges intensiv für die verfolgten Juden eingesetzt. Gleich zu Beginn seines Pontifikats hatte er der Karfreitagsfürbitte für die Juden ein neues Gesicht gegeben und einen Abschnitt aus dem Weihegebet des Menschengeschlechtes an das Herz Jesu tilgen lassen, der vom „ehedem" (lat. tandem = so lange) auserwählten Volk der Juden sprach. Damit ist schon indirekt die Fortdauer von Bund und Auserwählten unterstrichen. Im Votum des Päpstlichen Bibelinstituts vom 24. April 1960 wird in einem Vorschlag für eine Konzilserklärung „Über die Vermeidung des Antisemitismus" gegen den „Irrtum der endgültigen Verwerfung des ‚auserwählten Volks'" Stellung genommen. Ähnliche Stimmen kommen aus Frankreich, aus der Bundesrepublik Deutschland und vor allem aus den Niederlanden („Katholieke Raad voor Israel"). [24]

Aus den theologischen und politischen Auseinandersetzungen auf und hinter dem Konzil erwuchsen drei Entwürfe mit verschiedenen Zuordnungen zu anderen Dokumenten. Die vierte Fassung wurde dann die endgültige Erklärung.

Das Hauptanliegen von Jules Isaac, den Vorwurf des „Gottesmordes" zurückzunehmen, wurde in der 3. Fassung (am 20. November 1964 vorgelegt) ausdrücklich erfüllt: „Daher sollen alle Sorge tragen, nicht in der katechetischen Unterweisung oder in der Verkündigung des Wortes Gottes etwas zu lehren, das in den Herzen der Gläubigen Haß oder Verachtung gegen die Juden erwecken könnte, noch daß das jüdische Volk jemals so dargestellt werde, als sei es ein verworfenes oder verfluchtes Volk oder als sei es des Gottesmordes schuldig (gens. .. deicidii rea).“[25] In der endgültigen Fassung (am 28. Oktober 1965 verkündet) werden die ersten beiden Bestimmungen (nicht verworfen oder verflucht) beibehalten und die dritte gestrichen. Die Tendenz ist dadurch nicht verändert; aber die Rücknahme einer verbrecherischen Titulatur hätte der kirchlichen Besinnung angestanden.

Hingegen bleibt die Rede von der bleibenden Erwählung Israels mit Berufung auf Röm 11,28 f erhalten: „Wie die Schrift bezeugt, hat Jerusalem die Zeit seiner Heimsuchung nicht erkannt, und ein großer Teil der Juden hat das Evangelium nicht angenommen, ja nicht wenige haben sich seiner Ausbreitung widersetzt. Nichtsdestoweniger sind die Juden nach dem Zeugnis der Apostel (lateinisch: des Apostels – nämlich Paulus) immer noch von Gott geliebt (carissimi manent) um der Väter willen; sind doch seine Gnadengaben und seine Berufung unwiderruflich.“

Mit dieser – wenn auch vorsichtigen – Formulierung ist die ‚Substitutionstheorie‘ abgelehnt, nach der die Kirche an die Stelle des verworfenen und schuldhaft des Bundes verlustig gegangenen Israel getreten sei. Die Folgerungen aus dieser späten, aber notwendigen Umorientierung werden erst allmählich gezogen. In den „Richtlinien und Hinweisen für die Durchführung der Konzilserklärung ‚Nostra aetate‘, Art. 4“ (‚Judenerklärung‘) vom 3. Januar 1975[26] wird eine eigentlich selbstverständliche Folgerung ausdrücklich gezogen: „Die Geschichte des Judentums geht nicht mit der Zerstörung Jerusalems (durch die Römer im Jahre 70) zu Ende. In ihrem weiteren Verlauf hat sich eine *religiöse Tradition entwickelt* , deren Ausgestaltung jedenfalls reich an religiösen Werten ist . . .“. In der Einleitung war es als notwendig für die Christen bezeichnet worden, „die wesentlichen Charakteristika zu begreifen, mit denen die Juden *sich selbst im Lichte ihrer heutigen* religiösen Wirklichkeit definieren“. Damit ist das pseudochristliche Klischee vom nachbiblischen Judentum als im Gesetz erstarrten Fossil abgewehrt. Weiter ist eine selbstverständliche Bedingung des Dialogs genannt. Aus der statischen Anerkennung des Konzils, daß die Juden von Gott noch geliebt seien, wird die dynamische Anerkennung der *Geschichte* einer geistlichen (und das heißt doch wohl: vom Geist Gottes gewirkten) Wirklichkeit. Kardinal Etchegaray – damals Erzbischof von Marseille, seit April 1984 Leiter der römischen Zentralkommission „Iustitia et Pax“ – zog in einer aufsehenerregenden Rede vor der römischen Bischofssynode über Versöhnung und Buße am 4. Oktober 1983 die theologische Konsequenz: „Solange das Judentum außerhalb unserer Heilsgeschichte bleibt, werden wir antisemitischen Reflexen ausgeliefert sein." Natürlich ist damit keine Vereinnahmung gemeint – im Gegenteil: „Ohne etwas von ihrer Originalität zu verlieren, wird die Kirche sich infolge des Zweiten Vatikanischen Konzils allmählich bewußt, daß sie um so mehr erblüht, als sie aus ihrer jüdischen Wurzel lebt." [27]

Aus den ‚offiziellen' Ansätzen, im Sinne von Etchegaray konkretisiert, folgt, daß die Kirche in den Bund Gottes mit Israel eingefügt ist (vgl. Röm 11,17 ff). Die Besinnung der Christen, die sich im Konziliaren Prozeß von Vancouver (1983) bis Seoul (1990) auf den Bund Gottes mit seiner Schöpfung und der Menschheit berufen, seinen Bundeswillen zu erkennen und verantwortlich handelnd zu beantworten suchen, kann die Frage nicht übergehen: „Mit wem hat Gott den Bund geschlossen? Den Noahbund mit den Menschen und der ganzen Schöpfung; den Abrahamsbund mit ‚allen Sippen der Erde' (Gen 12,3; 15,5ff); den Sinaibund mit Israel, dem Volk des Bundes (Ex 19,5ff; 24,3ff). Israel ist der geschichtliche Weg Gottes in die Welt. Die Völker wallfahren auf den Zion, um dort die Friedensweisung Gottes zu erfahren (Micha 4,1; Jes 2,2-4). Sion ist Stadt auf dem Berge und Licht der Welt. Jesus, der Sohn Israels, ist für uns Christen die Konkretion dieses Weges Gottes in die Welt. Er ist Licht der Welt (Joh 8,12) und ermächtigt seine Jüngerinnen und Jünger, Licht der Welt und Stadt auf dem Berge zu sein (Mt 5,14). Durch Israel und Jesus, den Sohn Israels, sind wir Christen aus dem Heidentum in den Bund eingefügt: eingepropft in den edlen Ölbaum, erfüllt mit der Lebenskraft der Wurzel (Röm 11,17)."[28]

Probleme eines erweiterten Bundesverständnisses

Die angedeutete Sicht verschiebt die Situation des christlich-jüdischen Dialogs. Über 1 1/1 Jahrtausende hindurch waren sogenannte Dialoge asymmetrisch: Die Christen besaßen die Macht; die Juden waren abhängig und gefährdet. Nach Vorversuchen im 19. Jahrhundert begannen – zaghaft – zwischen dem Ende des 1. Weltkriegs und 1933 Dialoge auf der angestrebten Ebene der Gleichberechtigung, mit dem Versuch, die andere Seite von innen her zu verstehen (M. Buber). Diese Tradition wurde unter total veränderten Bedingungen nach 1945 wieder aufgenommen. Die Nachkriegsdialoge waren weitgehend vom schlechten Gewissen der Christen belastet. Mit zunehmender gegenseitiger Öffnung entstand eine eigentümliche neue Asymmetrie. Während die im Dialog engagierten Christen sich bewußt wurden, daß sie die Juden – Israel –, die Wurzel, zu ihrer erneuerten Identitätsfindung als Christen brauchten, nahmen manche jüdischen Gesprächspartner das zwar wohlwollend und verständnisvoll zur Kenntnis, ließen aber klar erkennen, daß sie die Christen zu ihrer eigenen Identitätsbewahrung und Identitätsfindung nicht brauchten. Allerdings wird damit zunächst auf Distanz zu einer theoretisierenden christlichen Reflexion gegangen. Der Primat der Praxis, der sich etwa in der Antwort des Bundesvolkes: „Alles, was der Herr geboten hat, wollen wir tun und (darauf) hören" (Ex 24,7) zeigt, äußert sich in jüdischen Reaktionen.

Am 19. August 1989 antwortete Rabbiner Marcel Marcus aus Bern auf die christlichen Versuche, vom gemeinsamen Bundesverständnis zum gemeinsamen Handeln zu gelangen: „... Die Frage des Bundesverständnisses ... ist für mich zunächst eine akademische Frage. Sicher aber ist, daß wir vom selben Gott, derselben Welt und denselben Menschen sprechen. So sollten wir hier anfangen: bei der Schöpfung, bei unserer Verantwortung gegenüber der Welt. Wir sollten auf der Erde beginnen, nicht im Himmel, mit der Wirklichkeit, nicht mit der Theologie ... Wenn wir theologische Fragen – wie die des unterschiedlichen Bundesverständnisses – lösen wollen, bevor wir miteinander arbeiten, werden wir eventuell, oder sogar wahrscheinlich, nie zur gemeinsamen Arbeit kommen. Dann ist mir schon lieber, daß wir während der gemeinsamen Arbeit auch theologische Probleme klären."[29]

Aus der Entstehungs- und Wirkungsgeschichte der ‚Judenerklärung' des 2. Vatikanischen Konzils erfahren wir: Auf dem Konzil und um das Konzil herum hatten die Pläne der ‚Judenerklärung' vor allem im Nahen Osten eine politische Dimension angenommen. Arabische Politiker und arabische Christen sahen ein solches Dokument (zu Unrecht) als Ergebnis einer Lobby des israelischen Zionismus an. Vertreter der orientalischen (orthodoxen und unierten) Kirche fürchteten katastrophale Auswirkungen eines solchen Dokuments für die Christen, unterdrückende Reaktion arabischer Regierungen.

Für Robert Raphael Geis war das Politische das Einende zwischen den aufbruchbereiten Juden und Christen. Ein Kirchentagsereignis in Stuttgart 1969 war sein Vortrag: „Juden und Christen vor der Bergpredigt".[30] „Als Jude meint Jesus mit Erlösung einen öffentlichen Akt auf dem Schauplatz der Geschichte, und erst aufgrund dieser Tatsache steigt die Erlösung der einzelnen Seele auf."[31] Vom ‚Heute' Jesu herausgefordert, versteht sich „der Jude" als „Mensch der Seligpreisung schlechthin, der Schwache und Verfolgte, der auf seinem Passionsweg der Macht und den Mächtigen mißtrauen lernt." Von daher stellt Geis bei aller Solidarität mit dem Staat Israel die kritische Frage: „Sollte uns das kleinwinzige Zipfelchen Macht, das man uns gab und das man uns schon wieder streitig macht, nicht bekommen?"[32] Aus dieser Skepsis gegenüber den Mächtigen ist der Satz zu verstehen, der (1969!) bei (linken) Christen Zustimmung, bei Juden „wütende Ablehnung"[33] fand: „Wie kann das jüdische Jerusalem sich durch erhebliche Spenden von einem Axel Springer bestechen lassen, ihn als freiheitlichen Demokraten feiern, weil er vordergründig philosemitisch auftritt und mit einem sehr unwürdigen Wohltätertum verdeckt, daß er in seiner Presse gegen die Neue Linke hetzt wie einst die Nazipresse gegen die Juden?!"[34] Aba Geis, der in kritischer Solidarität 1956 seine Glaubensgenossen und seine christlichen Freunde zur Geduld auffordert und die Existenzberechtigung des jüdischen Staates als „die Möglichkeit einer geläuterten Zukunft versteht"[35], beendete die Diskussion nach seiner Rede von 1969 „mit dem simplen Satz ‚Was die Judenfrage für die Christen ist und bleibt, das ist die Araberfrage für die Juden'." Dieser „Satz brachte mir die Freundschaft der Araber ein." [36]

Auf katholischer Seite war einige Monate davor – im April 1969 – durch eine internationale Expertengruppe im Auftrag des Römischen Sekretariats für die Einheit ein Arbeitspapier erarbeitet worden, das eine Vorarbeit für ein offizielles Direktorium zum jüdisch-christlichen Dialog im Anschluß an die Konzilserklärung darstellte. Eine nicht autorisierte Veröffentlichung in den USA verzögerte vermutlich die Weiterarbeit. Die vorsichtige Aufnahme der politischen Fragen nach Land und Staat Israel konnte den Eindruck erwekken, daß mit Billigung des Vatikans Israels Landansprüche unterstützt würden. Das verzögerte römische Dokument vom 3. Januar 1975 deutet politische Fragen nur noch in einem allgemeingehaltenen Friedensappell an. Offener hatte eine Kommission der französischen Bischöfe 1973 die theologisch-politischen Fragen angesprochen, – und zwar in einer Weise, die heute noch aktuell ist: „Es ist heute schwieriger denn je, ein ausgewogenes theologisches Urteil zu fällen über die Rückkehrbewegung des jüdischen Volkes in ‚sein' Land. Angesichts dieses Ereignisses können wir als Christen in allererster Linie nicht vergessen, daß Gott dem Volk Israel ein Land gegeben hat, in dem sich zu sammeln es berufen ist ...

Durch diese Rückkehr und ihre Folgen wurde die Gerechtigkeit einer harten Probe unterworfen. Es handelt sich, politisch gesehen, um ein Aufeinanderprallen mehrerer Forderungen der Gerechtigkeit. Über die legitime Vielfalt der politischen Stellungnahmen hinweg kann das Weltgewissen dem jüdischen Volk, das im Laufe seiner Geschichte so viele Wechselfälle mitgemacht hat, nicht das Recht und die Mittel auf eine politische Existenz unter den Völkern versagen. Dieses Recht und diese Existenzmöglichkeiten können von den Völkern aber auch denen nicht abgesprochen werden, die infolge der durch diese Rückkehr heraufbeschworenen lokalen Konflikte augenblicklich das Opfer von Situationen schweren Unrechts sind ...".[37] Diese Erklärung wurde von den (überwiegend arabischen) Kritikern als pro-zionistisch (miß-)verstanden.

Aufgrund von Erfahrungen und Reflexionen der Nah-Ost-Kommission hat die deutsche Sektion der Pax Christi-Bewegung auf ihrer Delegiertenversammlung am 19. November 1989 in einer Positionsbestimmung formuliert: „In ihrer Unterdrückungssituation erwarten Palästinenser unser eindeutiges Eintreten für ihre Rechte. Diese Solidarität ist für uns ebenso selbstverständlich wie die Solidarität mit dem jüdischen Volk einschließlich unserer kritischen Solidarität mit dem Staat Israel. Da wir also nicht ‚neutral' sein können, versuchen wir eine ‚doppelte Solidarität' zu verwirklichen."

Konkurrierende Theologien der Befreiung

Unvergleichlich schwieriger als für uns ist eine solche „doppelte Solidarität" für Betroffene. Sie wird versucht. Der jüdische Befreiungstheologe Marc Ellis (USA) relativiert den jüdischen Staat und bemißt ihn daran, wie er mit anderen Gemeinschaften umgeht. „In den Gesichtern der Palästinenser liegt die Zukunft dessen, was es bedeutet, jüdisch zu sein; im Zentrum des Kampfes um Glaubwürdigkeit als Jude liegen das Leiden und die Befreiung des palästinensischen Volkes."[38] Diese jüdische „Theologie der Befreiung" spricht auch die jüdischen Reserven gegenüber lateinamerikanischen und asiatischen Theologien der Befreiung aus; denn dort werde der Exodus christlich in Anspruch genommen und das konkrete und gegenwärtige Israel vergessen. Anders reagieren palästinensische Befreiungstheologen. Unter ihnen scheint eine Tendenz zu bestehen, das Exodusmotiv auszuklammern, um eine Identifikation mit „Israel" zu vermeiden.[39]

Während in Israel/Palästina der christlich-jüdische Dialog nur selten Muslime beteiligen konnte, entfaltet sich unter Palästinensern ein christlich-muslimischer Dialog, an dem (noch) nicht Juden beteiligt sind. Auf der 3. Jahreskonferenz über „Theologie und Ortskirche im Heiligen Land" (13.-15. Juli 1989) heißt es in der Zusammenfassung einer ökumenisch-christlichen Erklärung: „Sie weisen sowohl die politische Interpretation der Bibel zurück, die dem christlichen Glauben widerspricht und dem Begriff des auserwählten Volkes, der Diskriminierungen unter menschlichen Wesen aufrichtet.“[40] In einer christlich-muslimischen Konferenz (24.-26. August 1989) heißt es zu Beginn der gemeinsamen Entschließung: „Die Konferenzteilnehmer rufen alle Gläubigen auf, zu ihren heiligen Büchern zurückzugehen (Evangelium und Koran)“, um von dorther Rechte und Pflichten zu erkennen und Rechtsansprüche abzuleiten[41]. Das Alte Testament kommt in diesem Text nicht vor. Die theologische Grundlage des christlichen Bewußtwerdungsprozesses ist in einem Dokument thesenartig zusammengefaßt, das im Sommer 1987 zuerst als Studiendokument vorgelegt wurde. Es bietet eine „kontextuelle“ Theologie, die aber keine Isolierung beabsichtigt, aus dem Arabischen übersetzt, unter dem Titel: „Theology and the Local Church in the Holy Land“[42]. Diese Ortskirche findet ihre Wurzeln in der Jerusalemer Urgemeinde, will aber ihre gegenwärtige Identität als arabische Identität im Zusammenhang mit der Dritten Welt und der gesamten gegenwärtigen Welt finden. Dieser Zusammenhang ist in dem Wort des Galaterbriefes (3,28) begründet: „Da ist weder Jude noch Grieche, weder Sklave noch Freier, weder Mann noch Frau; denn ihr seid alle eines in Christus Jesus.“ Diese eine Kirche muß sich aber unter gegebenen geschichtlichen Bedingungen inkarnieren. Unter den Ortskirchen spielt aber „unsere Kirche von Jerusalem“ eine besondere Rolle. Sie ist die Kirche im Heiligen Land, fragt als Kirche der palästinensischen Christen nach ihrer besonderen Beziehung zum Islam und (nur allgemein) zu den „anderen Religionen“, unter denen wohl vor allem die jüdische gemeint ist. Unter den zusammenfassenden „Haltungen“ ist genannt: „Dialog mit allen in Wahrheit und Liebe“. Obgleich es vielerorts – auch in der Bundesrepublik – Dreiergespräche (fälschlich oft ‚Trialog‘ genannt) der drei monotheistischen Religionen gibt, scheinen solche Gespräche wiederum unmöglich zu werden, wenn die politischen Aspekte einbezogen werden. Um so erfreulicher war ein Ereignis am Schluß der Weltversammlung in Seoul (5.-12. März 1990). Unter den regionalen Bundesschlüssen war „am eindrücklichsten ... jener zwischen Muslims und Juden, die als Gäste anwesend waren, sowie Christen aus dem Mittleren Osten. Sie versprachen, sich für die Anerkennung der Staaten Israel und Palästina einzusetzen. Als die am Bund Beteiligten die beiden Flaggen auf das Podium brachten, gab es während dem stürmischen Applaus auch Tränen.“[43] Die Gemeinsamkeit ist in der zweiten Einleitung, die nach einem Augenblick der Stille vorgetragen wurde, benannt: „Wir als Vertreter dreier Religionen aus unserem gemeinsamen Heiligen Land: Christen, Juden und Moslems, suchen, aus den prophetischen und befreienden Werten unserer Traditionen und Glaubensweisen (faiths) einen Weg, um die nationalen Aspirationen des Palästinensischen und des Israelischen Volkes in einem gerechten Frieden (peace with justice) zu erfüllen." Erstaunlich auch, daß sie sich für den Schluß des Bundesschlusses auf einen Text aus dem Buch Jesaja geeinigt hatten: „Denn, wohlan, ich schaffe aus Jerusalem einen Jubel, aus seinem Volk ein Entzücken ... Nicht hört man mehr darin Stimme des Weinens, Stimme des Geschreis ... Sie bauen Häuser und siedeln, pflanzen Reben und essen ihre Frucht: sie bauen nicht, daß ein anderer siedle, pflanzen nicht, daß ein anderer esse ... Sie sollen nicht ins Leere sich mühen, nicht zur Bestürzung gebären ... Nicht übt man mehr Böses, nicht wirkt man Verderb auf all dem Berg meines Heiligtums, spricht der Herr."[44] Mit diesem Text ist angedeutet, daß die heilige Stadt (und das heilige Land) die zwei Völker, die in Dialog treten wollen, eint. In Gesprächen mit dem Islam wird es u. a. um die Frage gehen, wieweit der Abrahambund eine Gemeinsamkeit des Volkes begründet (vgl. Koran, 2,124).[45]

Zwei der drei Partner gehören zu den Unterdrückten, denen Unrecht geschieht, einer zur protestierenden Minderheit (Rabbi ... ist Mitbegründer der trireligiösen Initiative „Clergy for Peace" in Israel) unter denen, die der mit Sicherheitsängsten gepaarten Versuchung der Macht unterliegen.

Die Zukunft eines erweiterten Konziliaren Prozesses dürfte nicht bei denen liegen, die mit den Zentren der wirtschaftlichen und politischen Macht verbunden sind, sondern bei denen, die selbst unterdrückt sind oder eindeutig für die Unterdrückten Partei ergreifen. In ihrem gemeinsamen Handeln für Recht und Gerechtigkeit können neue Gemeinsamkeiten entdeckt und entfaltet werden.

Anmerkungen

1) se, Friedenskonzil. Eine gutgemeinte, aber undurchführbare Idee. Herder-Korrespondenz (HK) 40 (1986) 206f.
2) R. J. Zwi Werblowsky, Zwischen den Fronten. Gedanken über Religion, Frieden und Menschenrechte (Auszüge). In: M. A. Lücker (Hg.), Religionen – Frieden – Menschenrechte. Kyoto 1970, Wuppertal 1971, 41-50; Zit. 44.1
3) Ebd. 1
4) R. J. Zwi Werblowsky, Die Zukunft der Religion und die Zukunft der Menschheit (2.9.1979 in Princeton). In: M.A. Lücker (Hg.), Den Frieden tun, Freiburg – Basel – Wien 1980, 125-134; zit. 127.1
5) a. a. O., 130f.1
6) T. R. Peters, Die Präsenz des Politischen in der Theologie Dietrich Bonhoeffers, München-Mainz 1976, 48.1
7) Abgedruckt u.a. in: M. J. Metzger, Für Frieden und Einheit. Briefe aus der Gefangenschaft, Meitingen bei Augsburg 31 964, 45-55; Zit. 47; R. Feneberg u. R. Öhlschläger (Hg.), Max Josef Metzger, Auf dem Weg

zu einem Friedenskonzil (Hohenheimer Protokolle 22 = Pax Christi, Probleme des Friedens 1/87), 75-80; Zit. 76.1
8) a. a. O., 51 bz. 78.1
9) R. R. Geis, Juden und Christen – ihr biblischer Friedensauftrag. In: R. R. Geis, Gottes Minorität. Beiträge zur jüdischen Theologie und zur Geschichte der Juden in Deutschland. München 1971, 206-219.1
10) a. a. O., 215.1
11) a. a. O., 216.1
12) a. a. O., 218f.
13) Bund und Erwählung im Judentum, a. a. O., 15-33; Zit. 17.
14) Vgl. a. a. O., 24; Paulus Röm 9,4; 11,29.
15) a. a. O., 22; vgl. N. Füglister, Strukturen der alttestamentlichen Ekklesiologie. Mysterium Salutis 4/1 (1972), 23-99; zur Theologie des „heiligen Restes": 31-34; dort auch biblische Belege für die These von Geis (der nicht erwähnt wird), daß „die jüdische Heilsgeschichte sich in der Subtraktion und nicht in der Addition manifestiert": a. a. O., 18.
16) a. a. O., 29.
17) Vgl. J. Maier, Jüdische Auseinandersetzung mit dem Christentum in der Antike (Erträge der Forschung 177), Darmstadt 1982, 174 ff.; L. Baeck, Das Reich Gottes. In: Aus drei Jahrtausenden. Wissenschaftliche Untersuchungen und Abhandlungen zur Geschichte des jüdischen Glaubens (1938), Tübingen 1958, 236-239; R. R. Geis, Vom unbekannten Judentum (Herder-Bücherei 102), Freiburg 1961 (2. Aufl. 1975) 20-22; 142-149.
18) Z. B. Bund ... (Anm. 13), 22. 24f. 3019. 33.
19) R. R. Geis, Der Auftrag Israels an die Völker (1962). In: Gottes Minorität (Anm. 9), 199-205; Zit. 204.
20) Schlußwort der Diskussion. In: D. Goldschmidt u. H.-J. Kraus (Hg.), Der ungekündigte Bund. Neue Begegnung von Juden und christlicher Gemeinde, Stuttgart 1962, 78.
21) Vgl. Anm. 19; zuerst abgedruckt in: Der ungekündigte Bund (Anm. 20), 57-62.
22) Diskussion auf dem Kirchentag: Der ungekündigte Bund, 57-73; zur weiteren Diskussion vgl. Rückblick, Stellungnahmen und Briefwechsel, in: D. Goldschmidt (Hg.), Leiden an der Unerlöstheit der Welt. Robert Raphael Geis 1906-1972. Briefe, Reden, Aufsätze, München 1984, 226-275.
23) J. Isaac, Jésus et Israel. Paris 1948 (1959); Thesen als Anhang; deutsch in: Freiburger Rundbrief (FR) II (8/9) 1949/50, 4 f; die zitierte 14 These: 5.
24) Vgl. FR XIII (50/52) 1960/61, 6 ff; J. Oesterreicher, Kommentierende Einleitung zur Konzilserklärung über das Verhältnis der Kirche zu den nichtchristlichen Religionen. In: Das Zweite Vatikanische Konzil II (Erg. Bd. zum LThK). 1967, 406-478, bes. 406-414 (Vorgeschichte).
25) Lat.-dt. Text der drei ersten Fassungen bei: J. Ch. Hampe, Die Judenfrage auf dem Konzil. In: W. P. Ekkert u. E. L. Ehrlich (Hg.), Judenhaß – Schuld der Christen?! Versuch eines Gespräches, Essen 1964, 406-436; Texte: 428-436; dt. Text FR XVI/XVII (61-64 1964/65, 5-7.
26) Deutscher Text mit Kommentar: FR XXVI (97/100) 1974, 3-7; HK 29 (1975) 65-68.
27) Wortlaut, Kommentar und Vorgeschichte: FR XXXV/XXXVI (133/140) 1983/84, 3-6.
28) P. Engelhardt, „Gerechtigkeit, Frieden und Bewahrung der Schöpfung" als unüberhörbare Herausforderung an uns Christen heute. In: Ökumenische Arbeitstagung im Rheinland. 26-28. Februar 1988. Dokumentation (zu beziehen bei: J. Baumgarten, Zeughausstr. 7-9, 5200 Siegburg), 11 f. Zit. 12; vgl. Bischöfl. Ordinariat Limburg u. Pax Christi, Deutsches Sekretariat (Hg.), Erinnerung. 50 Jahre nach der Reichspogromnacht. 1988, 62; Diakonia 20 (1989) 314f.
29) Rabbiner M. Marcus, In der Begegnung mit dem anderen lerne ich über mich selbst. In: Pax Christi, Für den Frieden. Ein christlich-jüdischer Dialog. Dokumentation (Probleme des Friedens 4/1989), Waldkirch 1990, 38-42; Zit. 41. Die Aufgabe einer jüdischen ‚Antwort' auf neue christliche Besinnungen skizziert: J. J. Petuchowski, „Arbeiter in demselben Weinberg" – Ansätze zu einer jüdischen Theologie des Christentums. In: H. H. Henrix (Hg.), Unter dem Bogen des Bundes. Beiträge aus jüdischer und christlicher Existenz. Aachen 1981, 204-215; zum „Bund": 214.
30) Gottes Minorität, 220-240.
31) a. a. O., 228.
32) a. a. O., 229.
33) Brief von Geis an Markus Barth (7.8.1969), in: Leiden ... (Anm. 22), 336.
34) Gottes Minorität, 230.
35) Leiden ..., 153.
36) a. a. O., 153.

37) Vollständige Übersetzung mit Kommentaren und gegensätzlichen Stellungnahmen: FR XXV (93/96) 1973, 15-38; Auszug und Zusammenfassung: P. Engelhardt, Verantwortung der Christen für den Frieden in Nahost. In: Pax Christi, Versöhnungsinitiativen in Israel. Zur Verleihung der Buber-Rosenzweig-Medaille an Newe Schalom (Probleme des Friedens 2/1987), 2-16, bes. 7 f; 11-13.

38) Zit. nach: E. Arens, Der schwierige Pfad zur Solidarität. Theologische Beiträge zum Nahostkonflikt. Orientierung 54 (1990) 29-32; Zit. 30.

39) Mitteilung von Mitri Raheb, Bethlehem.

40) Al-Liqa (The Center for Religious an Heritage studies in the Holy Land), Newsletter Nr. 2 (Dezember 1989), 2 f.

41) a. a. O., 4.

42) Nazareth o.J. (1989?).

43) W. Ludin, Die langen Tage von Seoul. Schweizer Kirchenzeitung 12/1990 (22.3.1990) 173-175; Zit. 175.

44) Nach dem englischen Text; Jesaja-Zitat nach Buber-Rosenzweig.

45) Eine traditionelle jüdische Sicht zum Dreierverhältnis: „Maimonides lehrte ..., daß Christentum und Islam die Wegbereiter des wahren Messias seien, da im Zeichen der Stifter dieser beiden Religionen die Wahrheiten der Tora bis zu den Enden der Erde gedrungen sind." (Petuchowski, a. a. O. (Anm. 29), 209).

Gotthard Fuchs: Gewaltanschauung

Theologische Anmerkungen zum Problem der Friedenswilligkeit[1]

Anlaß für die folgenden Gedanken-Fragmente ist der erstaunliche Tatbestand, daß jeder „anständige" Mensch wie selbstverständlich – scheint es jedenfalls – das Gute will und also auch für Frieden ist, im großen und im kleinen. Zwar wurde das Gute nachweislich nicht immer getan, aber gewollt ist es allemal, so lautet die innere Logik und Selbsteinschätzung des „normalen" Menschen. In christlichen Kreisen radikalisiert sich dieser moralisch gute Wille durch die ebenfalls als völlig selbstverständlich vorausgesetzte Bereitschaft zur Nächstenliebe, ja zur Feindesliebe. Auch wenn diese in concreto nicht immer gelingen mag und faktisch an inneren und äußeren Widerständen scheitert, so öffnet sich bestenfalls die Kluft zwischen Wollen und Können; das Wollen aber wird wie selbstverständlich vorausgesetzt. Als höchst verdächtig und verhaltensauffällig muß demnach jeder gelten, der den Willen zur Nächstenliebe selbst in seiner Selbstverständlichkeit problematisiert oder gar in Frage stellt. Nochmals eine Zuspitzung kann das Problem bei haupt- und nebenamtlichen Christen dadurch gewinnen, daß sie wie selbstverständlich nur dienen (wollen) und ständig selbstlos für andere da sind – für den Nächsten, für die Kirche, für das Evangelium, für das Wohl der Welt insgesamt. Zumal seit dem II. Vatikanischen Konzil ist Dienen die kirchliche Grundkategorie: alle sind, in freilich hierarchisch gestufter Intensität, ständig am Dienen; niemand hat Macht, niemand will Macht; einige haben Vollmacht, aber diese wird als radikalster, selbstlosester Dienst verstanden, und die Kirche als ganze wie in ihren Gruppierungen versteht sich als „Dienstgemeinschaft". Entsprechend wenig reflektiert, nicht selten gar tabuisiert, ist das Thema der Macht, der Aggression und Gewalt in Theologie und Kirche, in Spiritualität und Praxis.

Betrachtet man vor diesem Hintergrund unterschiedliche Haltungen und Bewegungen in der Kirche, so fällt eine arbeitsteilige Komplementarität auf, deren selbstverständliche Grundlage die Überzeugung zu sein scheint, daß der Wille zu Liebe, Frieden und Gewaltlosigkeit prinzipiell überall schon vorausgesetzt werden dürfe: diejenigen, die sich um „Innerlichkeit" und „Spiritualität" bemühen, nicht selten mit privatistischer und narzistischer Tönung, stehen bei oft deutlicher Abgrenzung nach außen doch deutlich unter Harmoniedruck; Frieden, Einheit, Liebe gelten ihnen, meist spannungslos verstanden, als letzte Orientierungen und höchste Werte. Wird Friedenswilligkeit hier individual vorausgesetzt und aktiviert, so folgen andererseits jene, die das Evangelium politisch auslegen und entsprechend für die Überwindung kriegerischer, aggressiver Haltungen kämpfen und konkret Friedensarbeit leisten, ebenfalls unter der Voraussetzung, daß die Motivation dazu prinzipiell gegeben ist und nicht eigens problematisiert werden muß. Genau dazu aber wollen die folgenden Akzentuierungen anregen. Sowohl eine mutige Gewissenserforschung bei sich selbst wie realistische Alltagserfahrung zeigen nämlich, wie wenig selbstverständlich Friedenswilligkeit und Aggressionsgestaltung sind.

Ein mindestens nachdenklicher Blick in die gesellschaftlichen Lebenswelten, in den Umgang der Menschen und Völker miteinander und nicht zuletzt in die Binnenstruktur der Kirche, müssen zur Problematisierung nicht nur des Vermögens, sondern des Willens zu einfühlsamen Verständnis und wirklicher Liebe des Nächsten führen. Wer zudem psychoanalytische und sozialwissenschaftliche Aggressions- und Machttheorien auch nur annäherungsweise kennt und zudem nüchtern in die bisherige Geschichte der Menschheit schaut, wird Gewaltverzicht, ja programmatische Gewaltlosigkeit für das absolut nicht Selbstverständliche „Jenseits von Eden", für den signifikanten Ausnahmefall halten müssen. Nichts wäre demnach so verdächtig wie die ständige Betonung von (universaler) Liebe, von Verständnis, von Einheit. „Gesetzt den Fall, Sie haben nie einen Menschen umgebracht: wie erklären Sie es sich, daß es dazu nie gekommen ist?" Diese hellsichtige Frage von Max Frisch[2] mag schlaglichtartig ins Bewußtsein rufen, was christliche Denker wie Immanuel Kant noch reflexiv entfalteten – daß nämlich nichts so wenig selbstverständlich ist wie der moralisch gute Wille. Zu bestimmend sei das radikal Böse im Menschen, und just das, worauf alle Menschen in Sehnsucht und Bedürftigkeit ansprechbar sind, bedarf allererst wirklicher Begründung und Erfüllung: die Bereitschaft zu Toleranz, das wechselseitige Zugeständnis von Menschenwürde, die gemeinsame Arbeit am ewigen Frieden. Nietzsches Analysen des Willens zur Macht als Signatur der Moderne können, ebenso wie Freuds Überlegungen zur Triebgebremstheit und Aggressionshemmung in der bürgerlichen Welt und vor allem im Christentum, Antworthilfen bereitstellen auf Frischs Frage. Niemand stünde demnach so unter Ideologieverdacht wie der, der gleichsam pausenlos lieben, selbstlos dienen und gewaltfrei Frieden schaffen will. Nachweislich werden im Zugzwang des bloß moralisch guten Willens (und entsprechend eines bloß ethisch ausgelegten Evangeliums) genau jene Aporien zwischen Selbstsucht und Selbstlosigkeit, zwischen Aggression und Frieden, zwischen Gewalt und Liebe gerade dort letztlich destruktiv, nur weitergegeben, wo mann und frau die Verhältnisse immer nur verbessern und zum Positiven verändern wollen – die gesellschaftlichen, die persönlichen, die kirchlichen Verhältnisse. Solange nicht genau genug über die Quelle des Wunsches, nur Gutes zu tun, nachgedacht und individual wie sozial Konsens hergestellt wird, besteht also die Gefahr, daß im Strom friedensstiftender, heilender Anstrengungen immer schon das Gift des Destruktiven aus der Quelle selbst mitströmt und sprudelt. Nicht die faktische Friedensarbeit ist das erste Problem, nicht die Praxis der Nächsten- und Feindesliebe, nicht die Programmatik gewaltlosen Tuns, sondern die *Friedenswilligkeit* selbst. Was Freud im Blick auf die Nächstenliebe formulierte, gilt auch hier: „Warum sollen wir das? Was soll es uns helfen? Vor allem aber wie bringen wir das zustande? Wie wird es uns möglich?“[3] Wird nicht das Fundament, auf dem das Haus des Friedens gebaut werden soll, als solches genau vermessen und „ausgeschachtet“, dann besteht ständig die Gefahr, daß man idealistisch im 2. oder 10. Stockwerk der Friedensarbeit beginnt, ohne zu merken, wie sehr wiederum nur, diesmal sogar unter dem Vorzeichen hervorragender Humanität (und, christlich, des Evangeliums), am Turm zu Babel gebaut wird. Man bliebe im Teufelskreis von Grandiosität und Depression, und alles Reden (und Tun) vom selbstlosen Dienst, von tätiger Nächstenliebe, von gewaltüberwindender Friedensarbeit bliebe bloß emphatisch und appellativ (strukturell verbunden übrigens mit dem Dauerbewußtsein des schlechten Gewissens). Entsprechend bedarf es wohl einer Kontra-Indikation sozialpsychologischer, politischer und theologischer Provenienz, um angesichts der faktischen Abgründigkeit der conditio humana den schier unglaublichen Verheißungscharakter des Evangeliums vom alles bestimmenden Frieden Gottes zu entfalten und das Geheimnis seiner Gewaltlosigkeit inmitten menschlicher Gewalttätigkeit zu akzentuieren. Erst diese Betrachtung des kategorischen Indikativs des Glaubens an die schier unglaubliche Friedenswilligkeit Gottes, seiner gerade nicht moralisch zu verstehenden Friedensinitiative, setzt jene Kräfte frei, die sich im Horizont christlicher Ethik als Kompetenz zur Friedenswilligkeit und zu entsprechender Praxis konkretisieren. (Daß dabei auch die notwendige theozentrische Fundierung eines jeden moralisch guten Wollens überhaupt zu entfalten wäre, sei hier wenigstens angedeutet!). In der Logik christlichen Glaubens jedenfalls, und um diese geht es hier, gilt prinzipiell: „Wirket Euer Heil mit Furcht und Zittern, denn Gott ist es, der unter Euch das Wollen und das Vollbringen bewirkt, zu seiner Freude und weit über Euren guten Willen hinaus." (Phil 2,12f) Der Grund für den Imperativ ist der Indikativ, Gottes überraschendes, zuvorkommendes Wirken in der Gemeinde.

1. Gewaltvermessung

Soll unter unserer Fragestellung der Motivation zur gewaltüberwindenden Friedensarbeit die bisherige Geschichte der Menschheit reformuliert werden, so zeigt sich, bei allen Rückschritten, doch ein deutlicher zivilisatorischer Fortschritt. Menschliche Geschichte, im präzisen Sinn des Wortes, scheint sogar zu beginnen mit dem Bemühen, gleichsam frei flottierende Gewalttätigkeit immer mehr zu bändigen und schließlich fortschreitend dem Staat eine Art Gewaltmonopol zuzuschreiben. Dadurch wurden jeweils neue Räume der Gewaltfreiheit erschlossen, insofern die kollektive Gewalt symbolisch umgeleitet und konzentriert wurde. Dabei kommt dem Opfer, wie vor allem René Girard unermüdlich zeigt, zentrale Bedeutung zu. So nämlich wird die unterströmige, hochexplosive Aggressionsenergie gebunden und in der gesellschaftlichen „Opferküche" verwandelt. „Das Opfer verhindert, daß sich der Keim der Gewalt entwickelt. Es hilft den Menschen, die Rache im Zaum zu halten."[4] Zumal in Gesellschaften, die noch kein Gerichtswesen besitzen und kein differenziertes Verständnis von Recht haben, ist das Opfer zur Sozialisierung und Bändigung von Rache und Gewalt überlebensnotwendig. Je nach Differenzierung einer Gesellschaft ist, was hier nicht näher entfaltet werden kann, der an sich strukturelle Zusammenhang von Gewaltbändigung und kollektivem wie individualem Opfer bestimmend, (und auch die moderne Gesellschaft westlicher Prägung hat ihre Opferrituale – z. B. in Gestalt von 12.000 bis 14.000 Verkehrsopfern auf den Straßen der Bundesrepublik, auf den Altären dieses fort-schrittlichen Verkehrswesens oder in den Entschuldungs- oder Entschuldigungsstrategien gegenüber der sogenannten Dritten Welt und ihrem Opfer für die Stabilisierung der asymmetrisch bestimmten, gewaltförmigen Weltgesellschaft!).

Der zivilisatorische Prozeß der Gewaltbändigung hat zweifellos durch das neuzeitliche Konzept der Gewaltenteilung in der Gesellschaft – mit entsprechendem Gewaltmonopol beim Staat allein – einen wichtigen Standard erreicht. Freilich entpuppt sich dieser bei näherer Betrachtung als vielfältig ambivalent. Zum einen ist die Geschichte der westlichen Moderne nicht nur der Prozeß der Gewaltbändigung im Inneren, sondern der höchst aggressiven, kolonialistischen und imperialistischen Gewaltableitung auf jene Regionen, die dadurch zur sogenannten Dritten Welt wurden und werden. Zum anderen stehen die Staaten trotz aller gesellschaftlich etablierten Kontrollen immer auch im begründbaren Verdacht, ihr Gewaltmonopol selbstherrlich und eigennützig zu handhaben. Ist zumal die moderne bürgerliche Gesellschaft als solche schon ein höchst ausbalanciertes System der Gewaltbändigung, so wohnt ihr im Verborgenen doch eine strukturelle Konkurrenzorientierung, Aggressivität und Gewalttätigkeit inne. Was manifest geklärt und gebändigt scheint, rumort umso mehr im Verborgenen. Um so mehr kann der einzelne trotz aller gesetzlichen Regelungen das Gefühl der Willkür und Ohnmacht haben, zumal in anonymen bürokratischen Verhältnissen. Im Vergleich z. B. zum „Wilden Westen“, sind Aggression und Gewalt gesamtgesellschaftlich kultiviert und an die Ränder des Zusammenlebens verschoben, aber ihre kriegerische Dynamik zeigt sich weiterhin in individualer Haben-Mentalität und Konkurrenzorientierung im einzelnen sowie im hochrüstenden Sicherungsverhalten im allgemeinen. Das hohe Maß an gesellschaftlicher Gewaltbändigung erweist sich, so gesehen, als viel zu gering, um die Gefährdungen des Zusammenlebens zwischen Menschen und Völkern sowie mit der Natur genügend zu sichern. Vor allem kann die Gewaltmonopolisierung im Staat, bei noch ungenügender gesamtgesellschaftlicher Kontrolle, diesen selbst und jeden einzelnen in ihr zu der Illusion verleiten, daß Gewalt im Prinzip überwunden sei (und entsprechend nur noch die wenigen Sündenböcke in Gestalt der bösen Anderen treffe). Ist das einst freiflottierende, manifest in chaotischen Zuständen und kriegerischen Zusammenhängen ausbrechende Aggressionsverhalten weithin zurückgezogen in die Köpfe der Gesellschaftsmitglieder, gleichsam mental abgelagert und verborgen? Liegt hier ein Grund, warum es faktisch, auch in sogenannten aufgeklärten und zivilisierten Gesellschaften, so viel Gewalt gibt, bis in den pädagogischen und pflegerischen Bereich hinein? Die Frage nach der Friedenswilligkeit, nach der Bereitschaft, Aggression sozial zu gestalten und Gewalt zu kultivieren und so zu überwinden, scheint sich also eher zuzuspitzen und zu verschärfen, als daß man sich auf den Zivilisationsfortschritten der Neuzeit gleichsam behaglich ausruhen könnte!

Um also weder dem „Idealismus“ totaler Gewaltlosigkeit noch dem „Realismus“ totaler Gewaltförmigkeit des gesellschaftlichen und individualen Daseins jenseits von Eden zu verfallen, ist Gewalt-Anschauung in concreto nötig, Unterscheidungsarbeit also. Von der indogermanischen Sprachwurzel her meint Gewalt bekanntlich „Verfügungsfähigkeit haben“, was etwa im lateinischen Wort „valere“ (gültig sein, Wert haben) zur Geltung kommt. Entsprechend wurden aus der römischen Welt zwei Erfahrungsbereiche und Begriffsfelder gleichermaßen mit Gewalt übersetzt – nämlich potestas (die dann freilich immer mehr als Macht übersetzt wurde) und violentia (als einschneidende, verletzende Gewalt). Diese Vielstimmigkeit, ja Ambivalenz des Gewaltbegriffs prägt, was hier nicht zu entfalten ist, alle wissenschaftlichen Theoriebildungen des letzten Jahrtausends sowie alle umgangssprachlichen Haltungen bis heute. Zur Verständigung für unsere Überlegungen mag, durchaus hypothetisch, festgehalten werden: „Macht bedeutet jede Chance, innerhalb einer sozialen Beziehung den eigenen Willen auch gegen Widerstreben durchzusetzen, gleichviel worauf diese Chance beruht“.[5] Macht wäre demnach die Möglichkeit eines Einzel- oder Gruppenwillens, in einem gemeinsamen Lebensraum bestimmte Ziele auch gegen Widerstände durchzusetzen. Begegnet solche Macht, dies eine weitere Bestimmung, der freiwilligen Zustimmung, so hat sie die Gestalt der Autorität. Wird freilich, drittens, der genannte Einzel- oder Gruppenwille von außen zwingend auferlegt, auch ohne freiwillige Zustimmung, so hat er die Form der Gewalt, des Zwanges. Herrschaft jedenfalls, viertens, ließe sich dann abgrenzend definieren als legitime Gewalt in sozialer Bestimmung. Es wird also sehr genau zu unterscheiden sein, wo es sich um schöpferische oder destruktive, um in diesem Sinne legitime oder illegitime Machterfahrung und Machtausübung handelt. Ähnlich wie in einer genaueren Phänomenologie und Typologie zwischen schöpferischer und destruktiver Aggression unterschieden werden müßte, gelte es zu fragen, warum derzeit Macht und Gewalt häufig synonym erlebt und verstanden und entsprechend wie selbstverständlich von vornherein pejorativ bestimmt werden. Wird hier nicht auf Unterscheidungen geachtet, so bestünde Gefahr, daß die programmatische Rede von Gewaltlosigkeit und Gewaltverzicht illusionär würde und durch den faktischen Dualismus von „böser" Gewalt und „guter" Gewaltlosigkeit eher vorhandene Verblendungszusammenhänge reproduzierte oder neu etablierte. Nüchterne Gewalt-Anschauung muß die Fundamentalunterscheidung von potestas, als Macht und Vollmacht einerseits und violentia, als Zerstörung und Verletzung andererseits, genauestens ausarbeiten! Die bisherige Menschheitsgeschichte jedenfalls legt den ernüchternden Schluß nahe, daß Gewaltzusammenhänge strukturell bestimmend sind. Nur in utopischer Perspektive wäre universale Gewaltlosigkeit das Ziel, in concreto muß es um maximale Gestaltung schöpferischer Gewalt gehen, bei gleichzeitiger Abarbeitung möglichst aller destruktiven Gewaltzusammenhänge. Hier scheint heutzutage, angesichts so vieler Katastrophen dieses Jahrhunderts, so etwas wie ein menschheitlicher Quantensprung fällig zu werden, der freilich eine neue differenziertere Kultur des Umgangs mit (eigener!) Aggression und Gewalttätigkeit erfordert. Woher aber die motivierenden Kräfte, die verändernden Einstellungen, die in diesem Sinne friedenswilligen Verhaltensimpulse gewinnen? Woher die Kraft nehmen, die mit solcher Wandlungsarbeit verbundenen Opfer zu bringen?

2. Gottes Friede: Gewaltentäußerung

Der Gott, den Christen glauben und leben, hat Jesus „wie einen Gott ... zu den Menschen geschickt; er hat ihn geschickt als einer, der rettet; er hat ihn geschickt als einer, der überzeugt, nicht Gewalt ausübt. Denn Gewalt ist nicht Gottes Art. Er hat ihn geschickt als einer, der beruft, nicht verfolgt. Er hat ihn geschickt als einer, der liebt, nicht richtet."[6] Dieses Zitat aus einer Schrift der frühen Christenheit formuliert, stellvertretend für viele andere Aussagen, die Grundüberzeugung christlichen Glaubens. Freilich und dies ist von Anfang an bewußt zu machen, sammeln solche Zeugnisse den Ertrag einer langen Lern- und Verlerngeschichte in einer konkret jeweils wiederum strittigen Situation. Daß „Gewalt ... nicht Gottes Art" ist, will sehr genau im Zusammenhang der Geschichte Israels, der Geschichte Jesu und der Geschichte mit ihm buchstabiert sein. Reformuliert man das Evangelium des Alten und Neuen Testamentes unter der Fragestellung potestas und violentia, dann muß unter beiden Hinsichten ein Prozeß fortschreitender genauer und ständig besser zu realisierender Unterscheidung entdeckt werden. Gott, wie er gemäß den biblischen Schriften sich offenbart, tritt für das Volk und den einzelnen in ihm immer deutlicher aus seiner ursprünglichen Ambivalenz heraus. Seine alles bestimmende Mächtigkeit und Gewalt wird im Zeugnis der Erfahrenen immer deutlicher frei von negativ gewalttätigen Zügen – und in christlicher Perspektive ist der Höhepunkt von Gottes Selbstmitteilung die Lebens- und Sterbenspraxis jenes Propheten aus Nazareth, der die Allmacht destruktiver Gewalttätigkeit höchst offensiv und durchaus auch aggressiv (also zupackend und angreifend) durch die Gewalt der Liebe allein beantwortete. Weit davon entfernt, eine konfliktfreie, gleichsam durch bürgerliche Affekte gehemmte Liebesbotschaft zu verkünden, praktizierte Jesus von Nazareth die Gewalt gewaltloser Zuwendung zum Nächsten, zum Anderen und Fremden – und dies in unmittelbarer und ursprünglicher Gottesverwurzelung, in der Gewißheit, daß Gottes Weltherrschaft so nahe ist, daß man hier und jetzt schon von ihrer Realpräsenz zugunsten des anderen Menschen Gebrauch machen dürfe. Was schließlich in der christlichen Gemeindeordnung, der Bergpredigt des Matthäus etwa, grundlegend ausformuliert wird, gilt ursprünglich von Jesus selbst: die Seligpreisung der Sanftmütigen und Gewaltlosen, die eben immer schon die Verfolgten, die In-Frage-Gestellten, die von destruktiver Gewalt Bedrängten und Gefährdeten, also die Opfer sind. Entsprechend bezeugen die biblischen Christus-Bekenntnisse das Geheimnis von Gottes Gewaltlosigkeit inmitten menschlicher Gewalttätigkeit, von Gottes Gewaltverzicht und Gewaltentäußerung mit durchaus konflikthaltiger Valenz (vgl. z. B. Phil. 2,2-12).

Nimmt man van der Leeuw's phänomenologische Unterscheidung zwischen „Religion der Ruhe" und „Religionen des Kampfes" [7] auf, so steht der jüdisch-christliche Überlieferungszusammenhang eigentümlich in der Mitte. Asiatische Religionen favorisieren offenkundig den Weg der Gewaltlosigkeit. Erinnert sei nur an Laotse's Lehre vom „Nicht-Tun", „fern von Gewalt" und vor allem an Gandhi's Maxime, daß alles, was „mit Gewalt erlangt wurde, ... nur mit Gewalt erhalten werden" kann. Solch radikal-pazifistische Richtungen sind, zumal messianisch und christologisch, von tragender Bedeutung auch für das Judentum und Christentum. Hier freilich spielt das Moment des Kampfes, des Konfliktes, der dramatischen Gewaltdurcharbeitung eine zentrale Rolle, weil die Verhältnisse im ganzen, wie darin erst offenbar wird, faktisch als zerstörerisch, als gewaltförmig, als sündig erlitten und begriffen werden. Gott selbst ist es deshalb, der entsprechend (produktive!) Gewalt ausübt und sogar Rache, Zorn und Eifersucht kennt, der erst im Gericht am Ende alles schließlich wieder aufgerichtet und zurechtgebracht haben wird. Schon in der palästinensischen Version des 18-Bitten-Gebetes wird er gepriesen als „der Starke ..., der die Gewalttätigen richtet" und im Siegesgesang der glaubenden Gemeinde ist er der, der „die Mächtigen vom Throne stürzt" – Entsprechend lautet programmatisch die Aufforderung an die Gemeinde: „Die Herrscher unterdrücken ihre Völker und die Mächtigen tun ihnen Gewalt an." (Mk 10,42). Die Pointe dabei ist schon in der hebräischen Bibel, daß im schöpferisch befreienden Handeln Gottes in seinem Volk und im Leben des Einzelnen, das ganze Ausmaß faktisch destruktiver Gewalttätigkeit allererst ans Licht gebracht und durchgearbeitet wird. Daß die ganze Psycho- und Soziodramatik der Gewaltbändigung und -verwandlung in der Realgeschichte des Volkes zwischen den Völkern, in der Geschichte mit Gott selbst, durchgekämpft und in allen Phasen zwischen Ohnmacht und „Sieg" wortwörtlich „durchgemacht" werden muß, macht die Realistik und Wahrheit dieser Erlösungsperspektive aus. Analytische Kulturanthropologen wie René Girard gehen bekanntlich so weit, hier im interreligiösen Vergleich den besonderen Mehrwert der jüdischen und christlichen Überlieferung zu sehen. Weil das Verhältnis zwischen Gott und seinem Volk, bzw. dem Einzelnen in ihm, konsequent als Beziehungsgeschehen, als Bund in Wechselseitigkeit bezeugt wird, kommt auf spezifische Weise auch die ganze Bandbreite von aggressiven Widerständen, von destruktiven Reaktionen, von Einbrüchen und Fortschritten theodramatisch zur Geltung. Nur mühsam gleichsam entpuppen sich Wahrheit und Wille dieses Gottes darin, daß er gegen alle menschliche Gewalttätigkeit, diese überwindend, Gewaltlosigkeit schafft - genauer gesagt, zwischen destruktiver und produktiver Gewalt unterscheiden lehrt. Im Unterschied zu den umliegenden Religionen wird in Israel die faktische Gewaltdynamik gerade nicht verschleiert, sondern in ritualisierter Symbolik (Opfer!) wie in hiobartiger Klage und in entsprechender theologischer Reflexion aufgedeckt. Diese ausschließlich auf endgültigen Gewaltverzicht und friedliche Konfliktlösung zielende Gesamtintention bleibt freilich, angesichts der Verhältnisse wie sie (noch) sind, ständig begleitet von Konflikt und Streit um das wahre Machtverständnis und den rechten Machtgebrauch. Je deutlicher Gewalt als violentia überwunden wird, vor allem durch die auf Gegengewalt verzichtenden Opfer der Gewalt, desto deutlicher kommt auch zum Vorschein die Gewalt als potestas von Gott her. Das universale Friedenshandeln Gottes kommt erst im Jenseits der Geschichte zu seiner Vollendung, und in der Geschichte muß der, der schöpferische Gewalt zugunsten völliger Gewaltlosigkeit im Sinne Gottes praktiziert, leider Gewalt erleiden. Wille und Fähigkeit des Menschen, diesem Befreiungshandeln Gottes zu entsprechen, sind dabei allemal in der zuvorkommenden Initiative Gottes selbst begründet, der seine Schöpfung trotz aller Widerstände bewahren und Frieden wie Gerechtigkeit schaffen will.

Christlich sammeln und „bündeln“ sich diese Perspektiven in Jesus von Nazareth, in seiner spezifischen, durchaus ärgerlichen und gewaltigen Vollmacht und prophetischen Selbstgewißheit und einer daraus entspringenden Widerstandskraft, destruktive Gewalt nicht mit entsprechender Gegengewalt zu beantworten und stattdessen den Preis solcher Feindesliebe zu zahlen. Jesu Aufforderung an seine Jüngerinnen und Jünger, sogar die Feinde zu lieben und böse Gewalt mit offensiver Wehrlosigkeit zu beantworten, ist begründet in seinem Verhalten selbst, und dieses lebt aus der Gewißheit, daß Gott selbst einseitig zuvorkommend handelt und gewaltige Feindesliebe ist. Deren Kraft, deren All-Macht, zeigt sich schließlich und vor allem in der aktiven Ohnmacht derer, die sich – nicht masochistisch und nicht heroisch – lieber schlagen lassen, als zurückzuschlagen. Dabei ist auch solches Friedenshandeln in Anteilnahme an der Feindesliebe Gottes durchaus aggressiv (nicht destruktiv!), konfliktfähig und widerstandskräftig.

Im österlichen Bekenntnis zu diesem Jesus als dem Christus kommt endgültig zum Durchbruch, was der Diognet-Brief zusammenfaßt: (Destruktive!) Gewalt ist nicht (dieses!) Gottes-Art. Im Lichte dieser Gotteswirklichkeit wird vielmehr das ganze Maß faktischer Gewalttätigkeit aufgedeckt und dadurch in eine schließlich alles verändernde Perspektive der Verwandlung, Erlösung und Überwindung gebracht. Anders gesagt: es wird ein realgeschichtlicher Weg eröffnet, auf dem alle destruktive Gewalt umgeschmolzen wird in jene Weltherrschaft Gottes, in jene Zivilisation gewaltloser Liebe, die mit Stichworten wie Gerechtigkeit, Frieden und Bewahrung der Schöpfung durchaus treffend beschrieben werden kann. Die Allmacht dieses Gottes zeigt sich in der Ohnmacht, in seiner Verwundbarkeit. Gott macht sich wehrlos, berührbar und verletzbar bis zum Äußersten, und wird gerade dadurch zum schöpferischen „Medium“ der Gewalterlösung. „Entäußert sich all seiner Gewalt, wird niedrig und gering und nimmt an eines Knechts Gestalt, der Schöpfer aller Ding, der Schöpfer aller Ding“ – wie Martin Luther dichtete.

Mit äußerster Realistik betont christlicher Glaube den Preis dieses Erlösungsweges: das Opfer des Gerechten. Gott ist der Friede der Menschen nur auf dem Wege Jesu, auf dem Gottes Gewaltlosigkeit mit menschlicher Gewalttätigkeit durchaus gewaltsam zusammenprallen. Im Schnittfeld dieses Konfliktes steht, realgeschichtlich und symbolisch, das Kreuz Jesu Christi. Dieses darf keinesfalls, wie bezeichnenderweise weitverbreitet, masochistisch oder depressiv verstanden werden als Empfehlung gar des Leidens, als abstraktes Lob des Opfers, als aggressionslose Einstimmung ins Elend. Im Lichte des Friedenshandelns Jesu selbst, im österlichen Gottesbekenntnis endgültig, ist das Kreuz Christi vielmehr theodramatisch zu bekennen – als förmlich tragischer Ausdruck dafür, wie mächtig die destruktiven Gewaltzusammenhänge insgesamt sind und welch äußerste Kontraindikation notwendig ist, um diese Allmacht der Sünde zu überwinden. Unter den postlapsarischen Bedingungen der faktischen Geschichte kann sich Gottes erlösende Liebe – leider! – nicht anders durchsetzen, als auf dem Weg dieses Kreuzes. Der leidende Christus erst, das Lamm Gottes, der Sündenbock, wird zum durchaus wehrhaften Widder, der im weltgeschichtlichen Kampf die Widersacher Gottes (und des Menschen) besiegt und alle Menschen vor die Entscheidung stellt, welcher Groß-Macht sie folgen wollen. Theologisch gesehen ist hier der entscheidende Ort, um das faktische Ausmaß menschlicher Friedensunwilligkeit zu erkennen und alle Auffassungen vom (bloß) moralisch guten Willen sowie von der Selbstverständlichkeit der Nächsten- und Feindesliebe radikal zu problematisieren. Erst von dieser Gnade des Nullpunktes aus, an dem der Mensch vor dem Gott Jesu Christi anerkennen muß, daß er aus sich heraus Gewaltlosigkeit und umfassenden Frieden nicht nur nicht schaffen kann, sondern auch nicht schaffen will, eröffnet sich jene spezifisch christliche Motivation zu aktivem Friedenshandeln, wirklicher Feindesliebe und konfliktkräftiger Gewaltlosigkeit.

3. Das Wunder der Friedenswilligkeit

Überläßt man sich in diesem Sinne sowohl der Zentralperspektive des Evangeliums des Alten wie Neuen Testamentes, die hier nur kurz angedeutet wurde, und der faktischen Gewaltdynamik in Geschichte und Gegenwart, in Gesellschaft und Individuum, so wird ein biblischer Grund-Satz an Schwergewicht deutlich gewinnen: „Ohne mich könnt Ihr nichts tun“ (Joh 15,5f). Zwischen eigenmächtiger Friedenswilligkeit, die wie selbstverständlich schon vorausgesetzt wird, einerseits und einem nichtstuendem Quietismus andererseits, lebt der christliche Glaube aus der Überzeugung, daß der Mensch ohne schöpferische Gottesbindung nichts zum Heil, zum Frieden und zur Gerechtigkeit beitragen kann, daß er aber aufgrund der Gottesbeziehung um so mehr aufgerufen ist, alles dafür zu tun. Zwischen der Skylla eines noch so gut gemeinten Aktivismus und der Charybdis einer faulen Ruhigstellung – beiden liegt derselbe Gotteskomplex zugrunde – sieht sich die Gemeinschaft der Glaubenden herausgefordert, der einseitigen Friedensinitiative Gottes, wie sie in Jesus Christus grundlegend zum Durchbruch gelangt ist, betend und handelnd, kämpfend und mitleidend zu entsprechen. Je klarer dabei schon die gegebene Friedenswilligkeit als Gottes Vorgabe, als das Wunder seiner erlösenden Gegenwart, geglaubt wird, desto mehr wird sich gerade daraus das schöpferische Leiden an der Kluft zwischen Wollen und Können entwickeln, das produktiv umgesetzt sein will.

Nichts wäre jedenfalls mehr im Widerspruch zur Logik der biblischen Schriften und des christlichen Glaubens im ganzen, als eine konfliktscheue Rede umfassender Liebe und streitfreier Einheit. Denn hier würde das universale Ziel der Offenbarungsbewegung, wie es in Jesus Christus real präsent wurde, abstrakt zur Norm gesetzt, ohne daß der höchst dramatische Weg durch die faktischen Gewaltzusammenhänge hindurch wirklich bedacht und gegangen würde.

Entsprechend wäre die gesamte Geschichte und Gegenwart des Christentums und der Kirchen unter der Fragestellung zu reformulieren, wo im Sinne Gottes friedenstiftende, gewaltaufdeckende und -überwindende Initiativen und Realisationen geglückt sind, und wo andererseits das Niveau der österlichen Botschaft vom Leiden des Gerechten nicht nur nicht erreicht, sondern faktisch verdrängt oder vergessen wurde. Erst dort, wo die bisherige Christentumsgeschichte sowohl hinsichtlich ihrer befreienden und gewaltbändigenden Kraft wie eben auch hinsichtlich ihrer spezifischen eigenen Gewalttätigkeit konkret erinnert, betrauert und gefeiert wird, kann sich die Kraft des Evangeliums von Gottes Frieden inmitten menschlichen Unfriedens bewahrheiten und einladend wirken. Offenkundig muß sich, was in den biblischen Schriften beurkundet ist, universalgeschichtlich und biographisch allererst durchsetzen: die Anerkenntnis vorhandener destruktiver Gewalttätigkeit, mörderischer Aggressivität, mangelnder Friedens- und Liebenswilligkeit einerseits, und die schöpferische Beantwortung aller naturwüchsigen Friedenssehnsucht durch entsprechendes Glaubenshandeln andererseits. Daraus entstehen Aufgaben für eine möglichst evangeliumsgemäße Organisationsstruktur und institutionale Gestaltung der Kirche im ganzen, insofern sie beispielhaft der Raum sein soll, in dem das Theodrama von Gottes Gewaltlosigkeit und menschlicher Gewalttätigkeit „durchgespielt“ und „inszeniert“ wird. Alle kirchlichen Vollzüge wären daraufhin zu betrachten! Wenn die christliche Gemeinde sich z. B. zur Eucharistiefeier versammelt, so läßt sie sich – dies der erste Grundakt des Glaubens – von Gott her mit dem ganzen Ausmaß der eigenen (!) Gewalttätigkeit konfrontieren und dazu befreien, diese Sünde zu bekennen und kommunial zu veröffentlichen. Geschieht dies nicht, wird sie stets anderswo Sündenböcke suchen müssen, die Last der eigenen Gewaltgeschichte auf andere abwälzen und in masochistisch-sadistischen Teufelskreisen gefangen bleiben. Realisiert sie sich aber im Gotteskreis seiner einseitig zuvorkommenden Liebe, so kann die entsprechend anerkannte eigene Gewalttätigkeit schließlich auf dem „Tisch des Herrn“ verwandelt werden, weil ein- und umgeschmolzen in der realpräsenten Gewaltlosigkeit Gottes selbst. Daraus entsteht dann, was bezeugt wird: wirkliche Communio, wirkliche Gemeinschaft im Zeichen konfliktfähiger Sanftmut und schöpferisch aggressiver Liebe. Von da her erst gewinnen die zentralen Leitworte kirchlichen Lebens wie Dienst, Einheit, Vergebung und Liebe ihre dramatische Kraft und ihr erlösendes Gewicht.

Was für Kirche und Gemeinde im ganzen gilt, wäre dann auch auszuarbeiten für eine Spiritualität schöpferischer Gewaltlosigkeit in der Biographie des Einzelnen. Nicht länger muß dann die ganze Bandbreite menschlicher Abgründigkeiten verdrängt werden, nicht länger muß eine höchst ambivalente Triebgehemmtheit unbewußt gefördert werden, nicht länger braucht ein harmonisierendes, konfliktscheues Stillhalteabkommen mit dem inneren status quo geschlossen werden. In den Biographien vitaler Christen zeigt sich diese eigentümliche Spannung zwischen Demut und Mut in der Annahme der ganzen Bandbreite faktischer menschlicher Existenz immer wieder. Wenn z. B. Bernhard von Clairvaux, dessen 900. Geburtstag im letzten Jahr gefeiert wurde, sich im Alter öffentlich als „die Chimäre seines Jahrhunderts“ bezeichnet, so bringt er damit freimütig zum Ausdruck, was die Größe und das Elend seines kirchlichen und monastischen Dienstes ausmacht: schöpferische Kraft zu zärtlicher Kommunialität, zu friedensstiftender Empathie und seelsorglicher Beratung stehen, förmlich noch unversöhnt gar, neben höchst gewalttätigen Tendenzen gegen sich selbst (in der Symptomatik seiner Magenneurose) und gegen andere (wie z. B. gegen Abaelard oder in der Predigt zum Kreuzzug).

Je mehr schon der Wille zur Nächsten- und Feindesliebe selbst, zum selbstlosen und zum gewaltlosen Dienst „für euch und für alle“ seinerseits als absolut nicht selbstverständlich, als völlig überraschendes (freilich längst ersehntes) Wunder der Gnade Gottes angenommen und realisiert wird, desto mehr Freiheit entsteht, ebenso gütig wie konfliktfähig, ebenso aggressiv wie nicht destruktiv mit sich und anderen versöhnend umgehen zu lernen.

Anmerkungen

1) Die folgenden Überlegungen sind, wie schnell ersichtlich, nicht mehr als eine plakative Problemskizze bloß programmatischer Art. Zu vielfältig sind die angesprochenen Probleme sowohl in theologischer wie

kirchengeschichtlicher Hinsicht, und es bedarf weiterer interdisziplinärer Anstrengungen hinsichtlich der Bedingungen und Möglichkeiten der Friedensarbeit und Friedensforschung in christlicher Perspektive. Ich verzichte deshalb auf eine Auflistung der vielfältig schon geleisteten Arbeiten, denen ich, wie sofort erkenntlich, Vielfältiges verdanke. Was den theologischen Zusammenhang angeht, sei ausdrücklich hingewiesen auf die Arbeiten von Raymund Schwager, zuletzt Jesus im Heilsdrama. Entwurf einer biblischen Erlösungslehre, Innsbruck 1990.

2) Max Frisch, Tagebuch 1966 bis 1971, Frankfurt 1972, 10.

3) Sigmund Freud, Das Unbehagen in der Kultur V, Studienausgabe der Werke IX, Frankfurt 1974, 238.

4) René Girard, Das Heilige und die Gewalt, Zürich 1987, 26.

5) Max Weber, Wirtschaft und Gesellschaft, Tübingen 1968, 336.

6) Klaus Wengst (Hrsg.), Diognet-Brief 7,6; Schriften des Urchristentums, 2. Teil, Darmstadt 1984, 309.

7) Gerhard van der Leeuw, Phänomenologie der Religion 91 f.

Hans Josef Wilting: Gewaltverzicht – ein eschatologisches Heilszeichen, Gewaltfreiheit – Wesenselement des Christlichen

In einem Vortrag aus dem Jahre 1988 weist H. Missalla darauf hin, daß man auch in der Theologie schon seit Jahrhunderten nach Kriterien für eine legitime Anwendung von Gewalt gefragt habe, daß aber die theologische Dimension der Gewaltfreiheit und damit ihr innerer Bezug zu Kreuzestod und Auferstehung Jesu bisher wenig reflektiert wurden. Gewaltfreiheit, so meint Missalla, vermöchte die geschichtliche Realität von Erlösung darstellen; sie sei „ein Vorschein“ (GsF 10) jener Welt, in der der universale Heilswille Gottes verwirklicht sei. Gewaltfreiheit könne somit als ein vorweggenommenes Zeichen des Schalom, oder anders ausgedrückt, als ein eschatologisches Heilszeichen angesehen werden[1].

Angesichts dieser theologischen Bedeutung der Gewaltfreiheit müsse sich der Christ ernsthaft fragen, ob er wirklich glaube, daß Jesus den Weg gewaltüberwindender Liebe gegangen sei und ob dies dann nicht auch für ihn zu gelten habe. Gewaltverzicht wäre dann Erkennungszeichen derer, die Christus nachfolgen.

Wenn aber die traditionelle Moraltheologie unter bestimmten Voraussetzungen die Anwendung von Gewalt als sittlich legitim ansieht und sie diese dann für mit dem sittlich gebietenden Willen Gottes vereinbar hält, gerät sie in den Verdacht, Christen einen Irrweg zu weisen oder sie vor unlösbare Alternativen zu stellen. Denn wer als Christ Gewaltfreiheit und Gewaltverzicht im Wesen Gottes begründet sieht und sie als Zeichen des Anbruchs der Gottesherrschaft deutet, gleichzeitig aber auch die „philosophischen" Überlegungen zur Legitimierung bestimmter Formen der Gewaltanwendung in ganz bestimmten Situationen als berechtigt, ja vielleicht sogar als notwendig und unerläßlich ansieht, gerät unter Umständen in einen unlösbaren Konflikt. Infolge „theologischer" Überlegungen käme er zu dem Ergebnis, Gewaltverzicht sei grundsätzlich – also auch im Falle der Verletzung von Menschenrechten – die adäquate Form der Verwirklichung der Christusnachfolge, aber aufgrund „philosophischer" Überlegungen sei u.U. auch der gewaltsame Widerstand gegen Menschenrechtsverletzungen als Beistand für die unter Gewalt Leidenden sittliche Pflicht.

Die evangelischen Räte

Auffallend ist, daß H. Missalla bei der Charakterisierung der theologischen Dimension der Gewaltfreiheit Merkmale anführt, die in der neueren Theologie bei der theologischen Fundierung der traditionellen Lehre von den evangelischen Räten eine Rolle spielen[2]. Die Ordensleute, die die Gelübde der Armut, des Gehorsams und der Keuschheit (Ehelosigkeit) ablegen, bilden einen eigenen Stand in der Kirche. Dieser wird auch Rätestand genannt. Ihr Weg des Glaubens und der Nachfolge verweise auf die in Christus angebrochene Gottesherrschaft, ihr Leben in Besitzlosigkeit, Herrschaftslosigkeit und Ehelosigkeit nähme die Gemeinschaft mit Gott und Christus bereits zeichenhaft vorweg.

Sieht man mit H. Missalla im Gewaltverzicht um des Glaubens willen ebenfalls eine Lebensform, die den Charakter eines eschatologischen Heilszeichens hat, liegt die Frage nahe, ob der Gewaltverzicht ebenfalls ein evangelischer Rat sei. Vielleicht gibt es ja neben dem „Rätestand" mit Armut, Gehorsam, Keuschheit auch einen anderen nicht institutionalisierten Weg des Geratenen, der auch für Nichtordensleute gälte.

Für einen Katholiken ist nun die Lehre von den Räten ein vertrautes Denkschema. Der Gewaltverzicht als evangelischer Rat stünde dann dem, was allen Christen geboten wäre, gegenüber und ginge über das Gebotene hinaus. Das Geratene zu wählen, wäre zwar die Wahl des Besseren, dennoch stünde es den Christen frei, dem Rat des Evangeliums nicht zu folgen. Wer den Rat annähme, täte mehr als das, wozu alle Christen verpflichtet wären. Der Gewaltverzicht wäre nach klassischer Terminologie dann ein „Werk der Übergebühr", ein opus supererogatorium[3]. Damit sind bereits die wichtigsten Merkmale der Räte (consilia) im Unterschied zu den Geboten (praecepta) – eine Unterscheidung, die man schon bei den Kirchenvätern Origenes, Tertullian, Cyprian, Ambrosius, Augustinus und dann vor allem bei Thomas v.A. finden kann – genannt. Häufig sah man in dieser Unterscheidung den Hinweis auf eine „Zwei-Klassen-Ethik“: Gebote (die Zehn Gebote) seien für alle verbindlich, aber für besonders berufene Jünger (Auserwählte) gäbe es den Willen Gottes als Rat zur Erlangung größerer Vollkommenheit. Wohl mit Blick auf ein solches Mißverständnis bestimmt B. Häring, die evangelischen Räte (gemeint sind Jungfräulichkeit, Armut und Gehorsam) als „Ausdruck des Gesetzes der Gnade“ und fügt hinzu, die christliche Vollkommenheit bestehe in der Erfüllung des Doppelgebotes der Gottes- und Nächstenliebe. Es wäre somit ein Irrtum zu glauben, nur im Leben nach den evangelischen Räten könne Heiligkeit erreicht werden oder nur, wer zu einem solchen Leben bereit sei, könne den Willen zur christlichen Vollkommenheit haben. Die drei evangelischen Räte seien „gekennzeichnete Weisen der konkreten Verwirklichung des Gesetzes der Gnade“. Von Gott geführt, könne jemand erkennen, daß er die Haltung der evangelischen Räte (als Wille zur Vollkommenheit der Liebe, die jedem Christen zukommt) nur gewänne, wenn er sie auch in der konkreten Form vollziehe. Häring unterscheidet demnach zwischen der Haltung und der konkreten Form der evangelischen Räte. Die Haltung habe, wer das Hauptgebot der Liebe zu erfüllen trachte; die Form des Lebens in Ehelosigkeit, Armut und Gehorsam wähle der, der sich von Gott zu einem solchen Leben berufen weiß und sich gewiß ist, daß er auch von Gott die Befähigung (Talente) zu einem solchen Leben erhalten habe[4].

Zum mißverständlichen Merkmal „Werk der Übergebühr“ erklärt Häring, dies gelte für alles Geratene, für alle Handlungen, die über das Mindestmaß der Gesetzeserfüllung hinausgehen, für alle jene Handlungen, die der freien Liebe entspringen und in Gebet, Fasten, Askese, Almosen und Liebestaten ihren Niederschlag fänden.

Gerade hinsichtlich der drei besonderen Räte müsse beachtet werden, daß Gott durch „individuelle Gnadengaben diese Werke, die über das allgemeine Mindestmaß hinausgehen, hervorlockt“[5]. Mit diesem Verweis auf die Gnadentat Gottes will Häring vermutlich eine mißverständliche Deutung der Verdienstlichkeit im Sinne der Werkgerechtigkeit abwehren.

Ähnliches gilt für seine Erläuterung, daß die katholische Kirche die Räte als „besser und seliger“ ansähe und dies für die Jungfräulichkeit sogar definiert habe[6]. Dies besage ja nicht, daß der andere Weg nicht auch als gut und auch unter dem „Neuen Gesetz als wahrhaft wagenswert" gesehen werde. Nur in ihrer „gegenseitigen Bezogenheit aufeinander könnten die Verheirateten und Ehelosen, die freiwillig Armen und die mit Besitz und Initiative Dienenden Zeugnis vom Abbruch des alten Äons und vom beginnenden Anbruch des neuen" ablegen[7].

Gelänge es, neben der klassischen Trias auch die Gewaltlosigkeit als evangelischen Rat anzusehen und damit als einen besonderen Weg der Nachfolge Christi, ließe sich vielleicht der unlösbare Konflikt zwischen Gewaltanwendung und Gewaltverzicht entschärfen. Zunächst ließe sich der Gegensatz zwischen der Antwort des Glaubens und Antwort der Vernunft (Philosophie) überbrücken, insofern auch die Legitimierung der Gewaltanwendung in besonderen Situationen als Handeln in der Bindung an das Doppelgebot der Liebe und damit als vereinbar mit dem „Neuen Gesetz" gesehen werden kann; eine Ausgrenzung all derer aus der christlichen Gemeinde, die im Dienst staatlicher Exekutive (Polizei, Gerichtswesen, Militär) stehen und Gewaltanwendung (auch verletzende und auch tötende) innerhalb der Rechtsordnung bejahen, würde sich erübrigen. Ein weiterer Vorteil läge darin, daß die Theologie der Räte auch auf den Weg des freiwilligen Gewaltverzichts übertragbar wäre. Die Bedeutung für die christliche Gemeinde könnte sichtbar werden; das Besondere oder Außergewöhnliche aber auch das dem Christen Freie und Öffentliche des Weges könnte herausgestellt werden. Hinzu käme, daß die Kirche diesen Weg als den „besseren und seligeren" empfehlen könnte, ohne dadurch in den Verdacht zu geraten, die Notwendigkeit und Bedeutsamkeit bestimmter Formen der Gewaltanwendung in außergewöhnlichen Situationen nicht ernst zu nehmen. Für die einzelnen Gläubigen hätte eine kirchliche Empfehlung des freiwilligen Gewaltverzichts als evangelischer Rat den Vorteil, daß dieser Weg den Einzelnen nicht überfordert und er selbst bestimmen könnte, wieviel im Dienst der Nachfolge er leisten wolle und ob er das Mehr, das „Werk der Übergebühr", auf sich nehmen wolle.

Es soll nun nicht auf die Schwierigkeit der biblischen Begründung der *drei* evangelischen Räte eingegangen werden. Die Fragen, ob es Räte im Sinne des traditionellen Lehrstücks der Moraltheologie im NT überhaupt gibt, ob es nur diese drei oder weniger oder mehr Räte gibt, oder was genau in der Bibel über Ehelosigkeit, Armut und Gehorsam gesagt wird und inwiefern dies mit den Aussagen zur Gewaltlosigkeit parallelisiert werden kann, können hier nur erwähnt werden[8].

Bedenkt man, daß erst im 12. Jahrhundert durch die Regel des Franziskus die Formel von den drei Räten festgeprägt wurde und von dort bald zum institutionalisierten Ordensstand als Rätestand führte, so ist es keineswegs selbstverständlich, nur diese drei Räte im Evangelium grundgelegt zu sehen.

Auch die Weisungen der Bergpredigt wurden vielfach als Räte interpretiert. So kannte man z.B. im Mittelalter eine Zwölfertafel von evangelischen Räten; dazu zählte z.B. „Ärgernis vermeiden“ (Mt 5,29), „nicht ohne Not schwören“ (Mt 5,34 ff), „dem Übel nicht widerstreben“ (Mt 5,38 ff), „die Feinde lieben“ (Mt 5,44 ff)[9].

Indem das II. Vatikanische Konzil ausdrücklich feststellt: „Jedem ist also klar, daß alle Christgläubigen jeglichen Standes oder Ranges zur Fülle des christlichen Lebens und zur vollkommenen Liebe berufen sind“ (LG 40), wird einer Zwei-Klassen-Ethik eindeutig eine Absage erteilt, aber dennoch die Lehre von den Räten neu belebt[10].

Von den vielfachen Räten, die im Evangelium den Jüngern Jesu und damit allen Christen gegeben werden und die die „Heiligkeit der Kirche“ (42) fördern, ragen dann aber wieder einige Gnadengaben besonders hervor, „die der Vater einigen gibt (vgl. Mt 19,11; 1 Kor 7,7)“ (ebd.), gemeint sind Enthaltsamkeit, Gehorsam und Armut.

Bleibt man bei der Hervorhebung von einigen Räten, spräche viel dafür, die Gewaltlosigkeit hinzuzurechnen. Warum soll man nicht auch von denen, die auf das Einklagen eines Rechtsanspruchs gegen einen Mitmenschen und auf die gewaltsame Verteidigung ihrer Rechtsansprüche verzichten, sagen, diese Männer und Frauen befolgten „die Entäußerung des Erlösers nachdrücklicher“ und erwiesen diese „deutlicher“ (vgl. 42) als jene, die dies nicht tun, und sie gingen „hinsichtlich der Vollkommenheit über das Maß des Gebotenen hinaus, um sich dem gehorsamen Christus mehr gleichzugestalten“ (vgl. 42). Gilt nicht auch von dem Kriegsdienstverweigerer, der Waffengewalt in der Nachfolge Christi ablehnt, daß er „nachdrücklicher“ und „deutlicher“ auf Christus und das Reich Gottes verweist, als jener, der zur Verteidigung der Rechte seiner Mitbürger Dienst an und mit der Waffe tut? Wendet man dagegen ein, letzterer riskiere im Ernstfall den Verlust seines Lebens, so übersieht man, daß auch der Kriegsdienstverweigerer häufig Gesundheit, Freiheit und oft das Leben riskiert. Auch wer gewaltlos dem Unrecht Widerstand leistet, indem er bzw. sie z.B. dieses Unrecht beim Namen nennt, wer gegen Unrecht demonstriert und protestiert oder durch Streik, Boykott, Verweigerung der Mitarbeit zu verhindern sucht, daß die Mächtigen, wenn sie Unrecht tun, erfolgreich sind, riskiert häufig sehr viel. Gerade die vielen religiös und politisch Verfolgten legen davon ein beredtes Zeugnis ab.

Einwände gegen die Lehre von den Räten

Sieht man von den Schwierigkeiten einer biblischen Begründung der Räte einmal ab, bleibt zu prüfen, ob es wirklich ratsam ist, den Gewaltverzicht als Rat im traditionellen Sinne anzusehen. Betrachtet man näher das dieser Lehre zugrundeliegende Gesetzes-(Gebot) und Freiheitsverständnis, sind Korrekturen unerläßlich. Im Gebot und im Rat wird der Mensch mit dem konfrontiert, was für sein Heil notwendig oder förderlich, was für die Gemeinschaft mit Gott und den Menschen unerläßlich oder empfehlenswert ist. Gebot und Rat sind somit zwei Weisen der Betroffenheit vom göttlichen Gesetz oder vom Willen Gottes. Unterscheidet man zwischen Gebot und Rat, denkt man sich den Willen Gottes als Gebot im Sinne des menschlichen Gesetzes.

Der menschliche Gesetzgeber setzt die Gesetze in Kraft, die für das Zusammenleben in der Gemeinschaft und die Aufrechterhaltung der Ordnung notwendig sind und deren Einhaltung er von allen vom Gesetz Betroffenen verlangen kann. Sollen die Gesetze ihr Ziel erfüllen, ist der Gesetzgeber auf die Einsicht in die Notwendigkeit und Gültigkeit der Gesetze und auf die sittliche Bereitschaft der Bürger, die Gesetze zu befolgen, angewiesen. Da der Staat dieses Mindestmaß an moralischer Bereitschaft erfahrungsgemäß nicht bei allen antrifft, versucht er, durch Buß- und Strafandrohung den allein auf ihren Vorteil bedachten Bürgern klar zu machen, daß eine ins Auge gefaßte Gesetzesübertretung bei vorausschauender Sicht besser zu unterlassen ist. Gerade eine solche Buß- und Strafordnung ist ein Hinweis darauf, daß ein menschlicher Gesetzgeber zwischen dem, was billigerweise von allen gefordert werden muß, und dem, was von allen erwünscht wird, ohne daß es gesetzlich eingefordert werden muß, streng unterscheiden muß. Differenziert man bei der im Evangelium geoffenbarten sittlichen Botschaft zwischen Gesetz und Rat, scheint man das Bild des menschlichen Gesetzgebers auch auf Gott als sittlichem Gesetzgeber zu übertragen.

Für die menschliche Gesetzesordnung gilt, daß, wer alle Gesetze beobachtet, als unbescholtener Bürger zu gelten habe. Seine bürgerliche Ehre bleibt unangetastet. Ebenso meint man wohl, würde auch der göttliche Richter jemanden, der die Gebote erfüllt hat, aus der Heilsgemeinschaft nicht ausschließen.

Ein solches Denken setzt voraus, daß man der Meinung ist, im menschlichen Gesetz oder in den Geboten begegne der Mensch direkt dem Willen Gottes. Es wird nicht bedacht, daß das menschliche Gebot eine Übersetzung des ungeschriebenen göttlichen Gesetzes in den menschlichen Verstehenshorizont ist, wodurch es wegen der kulturellen Gebundenheit der Sprache mißverständlich und irreführend sein kann.

Wenn beispielsweise menschliche Gesetze in bestimmten Situationen unerläßlich oder unerfüllbar sind, ist dies ein Hinweis darauf, daß man vermutlich nicht mit dem göttlichen Gesetz konfrontiert wird. Menschliche Gesetze können auch ein Hinweis auf die mangelhafte Menschenkenntnis oder auch auf die Anmaßung des menschlichen Gesetzgebers sein. Somit kann der von einem menschlichen Gesetz Betroffene nicht sicher sein, mit dem sittlich gebietenden Willen Gottes konfrontiert zu sein[11].

Ein zweites ist zu bedenken. Man kann die geforderten Handlungen, wie z.B. „Verträge einhalten“ ausführen und die verbotenen Handlungen, wie z.B. „keine Geisel nehmen“,„„nicht töten“, „nicht sich des Besitzes der anderen bemächtigen“ unterlassen, ohne entschlossen zu sein, das sittlich Schlechte zu meiden. Man kann die Gebote auch aus Unüberlegtheit oder aus Berechnung des eigenen Vorteils und damit aus nicht-sittlichen oder sogar aus selbstsüchtigen, also sittlich schlechten Motiven erfüllen.

Kant unterscheidet zwischen dem bloß legalen (gesetzmäßigen) und dem moralischen oder pflichtgemäßen Handeln, Paulus zwischen dem werkgerechten und gerechten, Mt spricht vom Handeln des Pharisäers und dem Handeln des Jüngers, von der falschen und der wahren Gerechtigkeit oder der Gerechtigkeit der Pharisäer und der besseren Gerechtigkeit derer, die das Evangelium annehmen.

Weder ist also das äußere menschliche Gesetz mit Sicherheit mit dem Willen Gottes identisch, noch ist bloß äußere Erfüllung der Gebote ein zureichendes Kriterium für die sittlich gute Verhaltensweise. Sittlich gut ist das Tun des Gebotenen nur dann, wenn man im menschlichen Gebot Gottes Willen erkennt und es dann auch aus Liebe zu Gott und den Menschen – oder wie Kant sagt, aus Pflicht – erfüllt. Diese Liebe zu Gott und den Menschen – das göttliche Gebot schlechthin – muß aber „aus ganzem Herzen und mit ganzer Kraft“ und damit vollkommen sein; dann erst gewinnt der Mensch die Gemeinschaft mit Christus, ist er frei von Sündigkeit oder von der Wurzelsünde, ist er ein „guter Baum“.

Die Unterscheidung zwischen Gebot und Rat entspricht nun aber nicht der zwischen Grundeinstellung und dem Vollzug der Grundeinstellung in verschiedenen Handlungen, sondern ist allein bezogen auf die möglichen Handlungen, von denen die einen geboten, andere nur geraten sind.

Das Doppelgebot der Liebe konfrontiert den Menschen mit dem Anspruch Gottes, der dem ganzen Leben Sinn, Richtung und Prägung gibt. Gebote zum Vollzug von Handlungen, wie Verbote zur Unterlassung von bestimmten Handlungen, sowie Räte zur Wahl bestimmter Lebensformen und Handlungen sind dann als Stützen und Hilfen für die Realisierung der Grundbeziehung zu Christus im täglichen Leben des Christen anzusehen. Ist nun die Forderung des Gewaltverzichtes eine konkrete Erscheinungsform des Willens Gottes, bliebe noch zu klären, ob Gewaltverzicht geboten, geraten oder erlaubt sei, ob der Wille Gottes in einem Rat oder in einer Empfehlung bestehe. Wendet man die traditionelle Lehre der Räte auf den Gewaltverzicht an, hieße dies, Gewaltverzicht sei zwar nicht geboten, aber dem Christen geraten und damit von Gott im Evangelium den Menschen empfohlen. Diesem sei es freigestellt, den Rat des Evangeliums anzunehmen oder nicht, er sündige nicht (ginge seiner Heiligkeit nicht verlustig), wenn er es nicht tue, aber er handele besser, der Botschaft Jesu gemäßer, wenn er den Rat annähme. Ist der Mensch überhaupt in diesem Falle frei?

Spricht man davon, der vom Rat des Evangeliums Betroffene dürfe wählen, so setzt dies Dürfen, ebenso wie das Wählensollen oder -müssen ein Wählen-Können voraus. Da nun das Geratene nicht eine konträre (gut – böse) Alternative zur Voraussetzung hat, sondern eine komparativische, ist zweifelhaft, ob in diesem Fall das liberium arbitrium als freies Wählen-können überhaupt gegeben ist. Denn wer etwas als gut erkennt, weiß, daß das als gut Erkannte bewahrt, ins Leben gebracht zu werden verdient, anders gesagt: daß es liebens-, achtens- und schützenswert ist. Wer dagegen etwas als besser als ein anderes erkennt, ist überzeugt, daß das Bessere im Konkurrenzfall mehr anerkannt, eher bewahrt, eher ins Dasein gebracht zu werden verdient, als das als gut Erkannte.

Wenn nun sittliches Gutsein in der frei eingenommenen Entschiedenheit für das Gute besteht, dann schließt dies die Bereitschaft ein, alles gemäß dem ordo bonorum zu lieben. Wer aber infolge der sittlichen Freiheit grundsätzlich willens oder entschieden ist, das Bessere mehr zu lieben, und das bedeutet für den Konkurrenzfall, es dem weniger Guten vorzuziehen, der kann als sittlich gut Handelnder immer nur das wählen, was er als das jeweils Bessere erkannt hat.

Angesichts der Entschiedenheit, das jeweils Bessere tun zu wollen, kann man ja nicht etwas als weniger gut beurteilen und dieses dann dem Besseren vorziehen. Dies wäre ein Widerspruch im Wollen, mit der Struktur des Wollens unvereinbar, da der Wille, das Gute zu tun, ja nur vorhanden ist, wenn man entschlossen ist, das jeweils als besser Beurteilte auch zu tun. Wenn durch Jesus also der Eigentumsverzicht, der Eheverzicht und der Gewaltverzicht als besser beurteilt werden, dann bedeutet dies, daß er selbst, sowie alle die, die sein Urteil als wahr erkennen, auch diese Handlungsweisen ebenso wie er vollziehen. Ein freies (im Sinne des liberum arbitrium) Wählenkönnens läge nicht vor.

Wenn der Mensch von den ihm möglichen Handlungen die jeweils als besser beurteilte wählt, kann auch von einer Überforderung des Menschen nicht gesprochen werden. So gesehen gibt es für das sittliche Handeln die Kategorie des Geratenen als das frei zu Wählende nicht[12].

Damit ist aber nicht gesagt, hinsichtlich der Frage: Ehe oder Ehelosigkeit, „legitime Gewaltanwendung" und Gewaltverzicht sei niemals ein freies Wählen-können möglich. Nehmen wir einmal an, jemand hätte die Überzeugung gewonnen, Ehelosigkeit, der Ordensstand oder Gewaltverzicht und Kriegsdienstverweigerung seien die jeweils besseren Alternativen, dann gehört zum sittlichen Gutsein sowohl die Entschlossenheit, den Willen Gottes zu tun, als auch die Bereitschaft, das jeweils Bessere dem weniger Guten vorzuziehen. Obwohl jemand sich zur Ehelosigkeit von Gott berufen und durch Gottes Gnade befähigt weiß, könnte er in einer solchen Situation schwankend werden und sich fragen, ob er überhaupt das, was er als Wille Gottes erkennt, zum Bestimmungsgrund seines Handelns machen soll. In diesem Fall ging es in der fraglichen Situation: Ehelosigkeit ja oder nein bzw. Gewaltverzicht ja oder nein, nicht mehr um die Erkenntnis des Besseren, sondern um die grundsätzliche Frage des Ja zur Gottes- und Nächstenliebe in ihrer konkreten Erscheinung oder um das Sich-Verweigern dem Willen Gottes gegenüber, um statt dessen die eigene Person, den eigenen Vorteil zum Maß aller Dinge zu machen. Wer beispielsweise als Kriegsdienstverweigerer in diesem Anruf den konkreten Willen Gottes an sich erfaßt hat, könnte aus seiner grundsätzlichen Entschlossenheit zum Guten herausfallen und angesichts der konkreten Situation seinen Lebensstandpunkt neu zur Disposition stellen. In diesem Falle ist in der Tat ein Wählenkönnen möglich, stünde der Mensch vor einer konträren Alternative, er wäre sich auch bewußt, daß das Ja zum Willen Gottes, zum Liebesgebot in dieser Situation ein unbedingtes, radikales oder absolutes Ja zu sein hat und das Nein zur Alternative ebenso, ohne daß dies bedeuten müsse, daß Wehr- und Kriegsdienst ausnahmslos mit dem Gebot der Liebe unvereinbar seien. Geht es anhand der Frage: Ehe oder Ehelosigkeit, Gewalt oder Gewaltverzicht nicht darum, zu beurteilen, ob die evangelische Weisung, ehelos zu leben oder Gewaltverzicht zu üben der für mich bessere, nachdrücklichere, sichtbarere Weg der Christusnachfolge ist, als der in der Ehe oder beispielsweise im Polizei- oder Militärdienst, sondern darum, ob die universale solidarische Liebe oder die selbstbezogene Liebe Bestimmungsgrund des Handelns sein soll, dann ist das Ja zum konkreten Anspruch immer auch ein Ja zum Willen Gottes.

Insofern kann auch das Ja zur Ehelosigkeit oder zum Gewaltverzicht unbedingte Pflicht sein und seine Verweigerung der Schritt in die Sündigkeit (Wurzelsünde). Von diesem Freiheitsverständnis aus gibt es also ebenfalls die Kategorie des Geratenen als eine Empfehlung des Evangeliums, die der Einzelne „frei“ annehmen oder ablehnen könnte, nicht.

Wenn es das Geratene sowohl für den Gläubigen, der sich im Zustand sittlicher Freiheit befindet, als auch für den noch nicht Entschiedenen, der von seinem liberum arbitrium Gebrauch machen muß, nicht gibt, kann man auch nicht von Werken der Übergebühr oder einer vollkommeneren Weise der Christusnachfolge sprechen, in dem Sinne, als ob der Mensch aus freien Stücken mehr geben könne, als von ihm sittlich gefordert wäre (als Gott ihm gebiete) oder als ob der Mensch aus freien Stücken Gottes Weisung (Rat) zurückweisen könnte, ohne Gott etwas schuldig zu bleiben und ohne dadurch schuldig zu werden.

Will man die Vorrangigkeit oder Vorzugwürdigkeit des Gewaltverzichts vor der „legitimen“ Gewaltanwendung vom Evangelium oder vom Glauben her begründen und soll dies auch moraltheologisch begründet werden, ist das traditionelle Lehrstück von den „evangelischen Räten“ ungeeignet. Denn entweder wird die göttliche Weisung mißverständlich im Sinne des menschlichen Gesetzes verstanden oder es wird zwischen der Freiheit, sich zwischen gut und schlecht entscheiden zu können, und dem Wählen des Vorzugswürdigen nicht unterschieden, oder das zu Beweisende, das „Mehr“ wird bereits als bewiesen vorausgesetzt.

„Gewalt“ – ein sittliches Wertungswort

Eine weitere Schwierigkeit hängt damit zusammen, daß man sich keine Rechenschaft über die mit einem Wort verbundene Wertung macht. Häufig kann man aus dem Zusammenhang der Ausführungen zur Gewaltlosigkeit und zum Gewaltverzicht erkennen, daß man den Gewaltverzicht als ein moralisch gutes Verhalten ansieht und dann das Wort ‚Gewalt' als sittliches Wertungswort gebraucht.

Dies wird meist dann offensichtlich, wenn man nach dem Gegenteil von Gewaltverzicht fragt. In der Umgangssprache sprechen wir immer dann von Gewaltanwendung, wenn jemandem Unrecht geschieht, ihm eine Ungerechtigkeit oder ein sittlich nicht zu billigendes Übel zugefügt wird, sei es, daß er widerrechtlich verletzt oder getötet wird, sei es, daß ihm durch ein Tun oder Unterlassen unberechtigterweise Grundrechte vorenthalten werden. Gebraucht man das Wort „Gewalt" im Sinne von sittlich nicht gerechtfertigter Gewalt, versteht sich von selbst, daß eine solche Gewaltanwendung ausnahmslos sittlich verboten ist. Dann erscheinen allein die Gewaltlosigkeit und der Gewaltverzicht als konträrer Gegensatz zu den sittlich schlechten Gewalttaten.

Spricht jedoch der Ethiker und Moraltheologe von rechtmäßiger oder legitimer Gewalt, meint er gewöhnlich jene Gewaltanwendungen, die sich juristisch, philosophisch und moraltheologisch rechtfertigen lassen. Dieser Sprachgebrauch der normativen Wissenschaftler unterscheidet sich vielfach vom umgangssprachlichen Gebrauch des Wortes „Gewalt". „Gewalt" wird ähnlich wie „Lüge", „Mord", „Betrug" als Kurzform für ein sittliches Werturteil gebraucht. Die als Lüge, Mord, Betrug bezeichneten Handlungen sind infolge der semantischen Bedeutung der Wörter schon als sittlich unerlaubt qualifiziert. Die Frage, ob ein Mord sittlich zulässig sein kann, läßt sich allein dadurch klären, daß man jemandem die Bedeutung und den Gebrauch des Wortes „Mord" erläutert. Als normative Frage ist sie sinnlos. Soll nun die Aussage „legitime Gewaltanwendung" nicht ein Widerspruch in sich selbst sein bzw. ein Verstoß gegen die Wortbedeutung, dann muß das Wort „Gewalt" noch in einer anderen Bedeutung gebraucht werden, bei der die sittliche Verurteilung des Handelnden noch nicht durch den Wortgebrauch vorgenommen wird. Um Fehlschlüsse in einer normativen Diskussion zu vermeiden, empfiehlt es sich, möglichst sittlich wertfreie bzw. deskriptiv gebrauchte Wörter zu verwenden. Für „Lüge" – „Falschaussage"; für „Mord" – „Tötung" usw. Dann kann man untersuchen, ob jede Falschaussage eine Lüge ist oder jede Tötung ein Mord ist und ob jede „Gewalttat" „Gewalt" (im Sinne eines unsittlichen Handelns) sei.

An einem Beispiel aus der medizinischen Ethik wird dies noch klarer. Der chirurgische Eingriff ist für einen normativen Wissenschaftler eine erlaubte (gebotene) Körperverletzung[13]. Auch wenn sich die Art der Körperverletzung, die ein räuberischer Messerstecher einem Menschen beibringt, nicht von der des Arztes, die dieser seinen Patienten zufügt, unterscheidet, fällen wir gegensätzliche sittliche Urteile über das jeweilige Verhalten. In beiden Fällen ist die Körperverletzung als reiner Tatbestand in sich betrachtet ein Übel (malum physicum bzw. nicht sittliches Übel). Da wir voraussetzen, daß der Messerstecher für seine Gewalttat keine sittliche Rechtfertigung hat, handelt er sittlich schlecht, und wir verabscheuen seine unsittliche Verhaltensweise. Beim Arzt dagegen nehmen wir an, er handele aus sittlich höchst respektablen Gründen, weswegen wir sein Tun anerkennen und ihm dankbar dafür sind.

Bringt man infolge des eigenen Sprachverständnisses die Körperverletzung ausschließlich in Verbindung mit einem unerlaubten Handeln, kann nicht mehr aufgezeigt werden, unter welchen Voraussetzungen eine Körperverletzung durch einen Arzt sittlich gerechtfertigt ist. Folglich müßte man sich zunächst darauf einigen, das Wort „Körperverletzung" in einer normativen Auseinandersetzung als eine bestimmte deskriptive Verhaltensweise zu sehen, die es sittlich zu beurteilen gilt. Ist dies geklärt und teilen wir die Ansicht, daß die geplanten oder vollzogenen Eingriffe des Arztes sittlich richtig sind, dann ändern wir häufig wieder die Sprache. Wir sprechen nicht mehr beschreibend von einem den Körper verletzenden ärztlichen Eingriff, sondern von der Heilungs- und Rettungstat des Chirurgen. Das Wort „Heilungstat" wird dann positiv sittlich wertend gebracht. Die Frage, ob eine Heilungstat sittlich zulässig ist, ist ebenfalls sinnlos, weil die sittliche Wertung des Verhaltens im Wort selbst enthalten ist.

In ähnlicher Weise versucht man den gezielten polizeilichen Todesschuß auf Geiselnehmer als Rettungsschuß, die Tötung des Kriegsgegners als Verteidigung des Vaterlandes zu bezeichnen. Durch die Verwendung solch positiver Wertungswörter wird ebenfalls als bewiesen vorausgesetzt, was in der normativen Ethik erst noch zu beweisen wäre. Wähle ich aber die Wertungswörter, um eine Diskussion der sittlichen Zulässigkeit der fraglichen Handlungen zu vermeiden, handelt es sich um eine Verschleierung.

Fasse ich nun Gewaltanwendung zunächst einmal als deskriptiv gebrauchtes Wort, z.B. in der Bedeutung, daß Menschen ohne ihre Zustimmung in ihren Grundrechten beschnitten werden, dann läßt sich prüfen, ob überhaupt, und wenn ja, unter welchen Umständen diese Taten der Gewalt, Übelzufügungen, sittlich erlaubt sein können. Kann diese Frage positiv beantwortet werden, ist eine Anwendung von Gewalt nicht schon von vornherein ein sittlich schlechtes Verhalten.

Füge ich aber in die Nominaldefinition von Gewalt „unnötig" ein, erübrigt sich die normative Frage. Eine unnötige Beschneidung der Grundrechte kann sittlich nicht legitim sein. Daraus folgt: Versteht man „Gewaltanwendung" als sittliches Wertungswort, kann es für den Christen nur eine absolute Forderung nach Gewaltverzicht geben. Gibt es aber Anwendungen von Gewalt, die sittlich legitim sind, stellt sich die Frage, ob ein Christ auf den Vollzug einer sittlich legitimen Gewaltanwendung verzichten darf oder soll, neu.

Es wäre nun ein Mißverständnis anzunehmen, die deskriptiv gebrauchten Wörter wie Körperverletzung, Gewaltanwendung, Falschaussage, Tötung etc. wären völlig wertfrei. Sie alle bezeichnen Handlungen, die als Unwert oder Übel anzusehen sind. Allerdings ist ein unmittelbarer Schluß von der Übeltat (Untat) auf die sittliche Schlechtigkeit des Täters nicht möglich. Sittlich schlecht handelt, wer ohne sittliche Berechtigung diese Handlungen ausführt. Es fehlt ihm dann bei seinem Handeln die sittliche Entschlossenheit zum Guten, er handelt aus einer selbstsüchtigen und damit sittlich schlechten Grundeinstellung. Unterscheidet man aber zwischen Täter und Tat, Gesinnung und Handlung, und wählt man zur Beurteilung des Handelnden und seines Handelns die Werturteile sittlich gut oder sittlich schlecht und für die Beurteilung der Handlungen die Werturteile sittlich richtig oder sittlich falsch, dann muß nicht nur gefragt werden, ob jemand, der auf Gewaltanwendung verzichtet, sittlich gut oder sittlich schlecht handelt, sondern auch, ob der Verzicht auf Gewalt sittlich richtig oder sittlich falsch ist. Und das gleiche gilt für die Anwendung von Gewalt. Eine solche Handlung könnte bei sittlich guter Grundeinstellung eine sittlich gute Handlungsweise sein, bei der auch die Tat selbst sittlich richtig oder sittlich falsch sein kann. Bei einer sittlich schlechten Grundeinstellung wäre das Handeln sittlich schlecht, doch die Tat selbst könnte ebenfalls sittlich richtig oder sittlich falsch sein:

Da idealtypisch sowohl bei dem Verzicht auf Gewalt als auch bei der Anwendung von Gewalt jeweils vier verschiedene Kombinationen möglich sind, bleibt es nicht aus, daß man oft nicht genügend differenziert. Wer beim Gewaltverzicht wegen der Vermeidung einer Übelzufügung einen Hinweis auf das Vorhandensein der biblisch geforderten Liebe sieht, übersieht leicht, daß dieser Hinweis für die Beurteilung des Handelns (des Handelnden) nicht ausreichend ist. Wer dagegen umgekehrt in der Anwendung von Gewalt wegen der Übelzufügung einen Beleg für ein sittlich schlechtes Verhalten zu haben glaubt, übersieht leicht, daß das Verhalten sittlich gut sein kann, nämlich dann, wenn der Handelnde sich bei seinem Urteil über die sittliche Richtigkeit der Handlung geirrt hat.

Anwendung von Gewalt und Gewaltverzicht als sittliche Forderung

Angenommen nun, es gäbe Situationen, in denen die Anwendung von Gewalt sittlich richtig (legitim) ist, möglicherweise als staatliches Tun gegen jene, die die Absicht haben, Bürgern des Staates Straftaten zuzufügen und die nur durch Gewaltanwendung daran gehindert werden könnten, noch „Schlimmeres" den Bürgern des Staates anzutun – ob ein solcher Fall in concreto vorliegt, darüber wird es sehr häufig Meinungsverschiedenheiten geben –. Gewaltverzicht wäre in einer solchen Situation die Inkaufnahme vermeidbaren Leidens. Ein Verzicht auf Verhinderung von strafbaren und auch sittlich nicht zu rechtfertigenden Handlungen bedarf in einer normativen Untersuchung selbst wieder einer ethischen Rechtfertigung.

Dabei ist zu berücksichtigen, daß durch die Anwendung von Gewalt beispielsweise gegen einen Geiselnehmer diesem wiederum Verletzungen oder der Tod zugefügt werden – fundamentale Übelzufügungen, die selbst einer sittlichen und gesetzlichen Rechtfertigung bedürfen. Ob und wie ein solcher Werte- und Güterkonflikt befriedigend gelöst werden kann, ob durch Güterabwägung (teleologische Normierung) oder durch Bezüge auf Prinzipien, wie z.B. Recht braucht Unrecht nicht zu weichen (deontologische Normierung), dies kann hier nicht erörtert werden. Entscheidend ist etwas anderes.

Die traditionellen normativen Überlegungen sind ergänzungsbedürftig. Wenn Christen aus sittlicher Überzeugung generell auf die Anwendung von Gewalt verzichten und damit auch inkauf nehmen, mögliche Formen des Widerstandes gegen Unrecht zu ergreifen, sie also auch bereit sind, vermeidbares Unrecht zuzulassen oder das schlimmere Übel (Unrecht) hinzunehmen, sind andere Kriterien für ihr Urteil ausschlaggebend als die, die in der traditionellen Argumentation verwandt werden. Wenn sie ihren Gewaltverzicht als Zeichen und Ausdruck ihres Glaubens an das Heil in Christus und an sein Wiederkommen und an die Vollendung des Friedens Gottes mit der Welt ansehen, kann ein solches eschatologisches Glaubenszeichen als Konsequenz des Glaubens zu Christus vollzogen werden[14].

Wie Christus als Verkünder der Friedensbotschaft und Vermittler des Friedens der Menschen mit Gott und untereinander auf die Anwendung von verletzender Gewalt grundsätzlich verzichtete, so wollen auch die, die ihm in diesem Punkte auch äußerlich nachfolgen, Zeugnis ablegen, daß den Menschen Frieden und Versöhnung mit Gott möglich sind und sie berechtigt in der Hoffnung leben, daß dieser Friede auch die Basis für einen irdischen Frieden bildet.

Der Gewaltverzicht wird zur Ausdruckshandlung[15]. Das besondere der Ausdruckshandlungen im Gegensatz zu den Wirkhandlungen, also jenen Handlungen, durch die man bestimmte intentierte gute oder schlechte Wirkungen erzielen möchte, liegt darin, daß der Mensch durch einige Verhaltensweisen auch seine innere Einstellung zum Mitmenschen, zu Christus oder zu Gott oder auch zu bestimmten guten oder schlechten Ereignissen (z.B. die Wiedervereinigung des deutschen Volkes oder der Einmarsch der Roten Armee in Prag) zum Ausdruck bringen kann. Die Anwendung von Gewalt ist nun ebenso wie der Gewaltverzicht eine Wirkhandlung, die folglich wie alle Wirkhandlungen auch nach bestimmten Kriterien als sittlich richtig bzw. sittlich falsch anzusehen ist.

Aber indem jemand auf Gewaltanwendung verzichtet und damit für sich und/oder andere ein vermeidbares Übel inkauf nimmt, ist sie entweder als Wirkhandlung sittlich falsch oder die Handlung selbst wird überformt, sie bekommt eine neue Bedeutung, insofern der Handelnde seine innere Einstellung, die sonst verborgen bliebe, gerade durch die freiwillige Inkaufnahme eines Übels bzw. eines Verzichtes auf ein erreichbares Gut sichtbar machen kann.

Janusz Korczak, der aus Solidarität mit den ihm anvertrauten Kindern die Möglichkeit, aus dem Warschauer Ghetto zu entkommen, ausschlug, und in Treblinka umgebracht wurde, bringt gerade dadurch seine selbstlos liebende Einstellung zu den Waisenkindern zum Ausdruck. Indem er für sich den Tod inkauf nimmt, legt er Zeugnis davon ab, daß es im Leben eines Menschen noch etwas Wichtigeres gibt, als sein Leben zu bewahren.

Die Bedeutung der evangelischen Räte, der Verzicht auf die Ehe, der Besitz und die Macht im Sinne von Herrschaft besteht nun darin, daß das, was gewöhnlich handelnd angestrebt wird, angesichts der eschatologischen Heilslehre Jesu relativiert wird. Vom Besitz dieser Güter hängt der wahre Lebenssinn nicht ab, dieser liegt vielmehr in der Beziehung zu Gott, Christus und zur Gemeinschaft der Gläubigen und zu allen Menschen. Auch der Gewaltverzicht kann z.B. dann, wenn er für den Verzichtenden äußerst kostspielig ist oder werden kann, zu einer solchen Ausdruckshandlung werden, durch die die innere Einstellung zum Straftäter oder Angreifer, zur Sicherheit und zum Schutz des Lebens, aber auch zur Botschaft Jesu zum Ausdruck gebracht werden kann, wenn man sie im Kontext der Gewaltlosigkeit Jesu versteht. Damit ist aber nicht behauptet, daß der Verzicht auf Gewalt auch als Wirkhandlung immer und ausnahmslos sittlich gefordert ist. Wenn H. Missalla also die theologische

Dimension der Gewaltlosigkeit und des Gewaltverzichts aufzuzeigen versucht, dann versucht er – genau besehen – den Gewaltverzicht als Ausdruckshandlung des christlichen Glaubens zu deuten. Dieses Glaubenszeugnis wird im Gewaltverzicht dann sichtbar, wenn er in diesem Kontext eingebunden ist und für den Gewaltlosen eine Verleiblichung seines Glaubens ist. Eine solche Ausdruckshandlung ist allerdings nur sinnvoll, wenn sie auch als Verleiblichung der inneren Einstellung verstanden werden kann. Aber selbst die Christen, die wissen, welche innere Einstellung zum Menschen, zu Christus und seinem Erlösungswirken durch einen ausnahmslosen Gewaltverzicht zum Ausdruck gebracht werden kann, so daß diese Handlung ihnen verständlich ist, wissen dadurch aber noch nicht, wer von ihnen oder unter welchen Umständen sie selbst eine solche Handlung zu vollziehen haben.

Damit ist eine der Ausgangsfragen, was ein Christ tun soll, der im Gewaltverzicht ein Zeichen seines Glaubens an Christus sieht und der zugleich in der Anwendung von Gewalt die einzige, notwendige und angemessene Handlung zur Bewahrung seiner Gesundheit oder seines Lebens oder des Lebens anderer sieht, inhaltlich noch nicht beantwortet. Es wurde aber deutlich, daß es sich hierbei nicht um einen Konflikt zwischen Glauben und Vernunft oder Theologie und Philosophie handelt. Auch wurde deutlich, daß die traditionelle Lehre des Geratenen als frei zu setzendes Werk, das über das Gebotene hinausgeht, keine akzeptable Lösung dieses Konfliktes bieten kann.

Wichtig ist aber zu beachten, daß der Christ sich hier in einer komparativischen Wahlsituation befindet, in der er die als besser beurteilte Handlung wählen wird, solange er entschlossen bleibt, das der Liebe Gemäße, soweit es ihm möglich ist, zu wählen. Da nun aufgrund bestimmter Kriterien der Gewaltverzicht und aufgrund anderer Kriterien die Anwendung der Gewalt als ultima ratio als besser beurteilt werden kann, wäre in einer normativen moraltheologischen Untersuchung noch zu klären, in welcher Beziehung diese dem Liebesgebot untergeordneten Kriterien zueinander stehen und ob es noch Kriterien gibt, die eine Lösung eines Konfliktes zwischen der vorzugswürdigen Wirkhandlung und der überformten Ausdruckshandlung ermöglichen. Aber vielleicht erübrigt sich diese Frage auch angesichts der realen Wahlmöglichkeiten, die jemand hat. Dennoch ist es vermutlich leicht zu zeigen, daß der Gewaltverzicht dann als die bessere Verhaltensweise anzusehen ist, wenn es darum geht, das Zentrale des christlichen Heilsereignisses sichtbar werden zu lassen. Fragt man dagegen, welche Handlungsweise zur Sicherung der menschlichen Rechtsordnung und damit zum Schutz des irdischen Lebens die geeignetere ist, werden sicherlich viele Menschen in Ausnahmefällen die Anwendung von Gewalt für die bessere Verhaltensweise ansehen.

Bei der Bestimmung des jeweils Besseren wäre auch auf das Fundierungsverhältnis und ebenfalls auf die Werthöhe und Bedeutsamkeit der Werte zu achten, wobei sicherlich in vielen Situationen das Urteil über die bessere Verhaltensweise Ermessenssache bleibt. Bei all diesen Überlegungen darf auch nicht übersehen werden, daß die legitime Gewaltanwendung häufig eine Folge von Versäumnissen und Fehlentscheidungen ist und daß viel zu wenig Phantasie entwickelt wird, um zu erkennen, daß vermeintliche unvermeidbare Gewaltanwendungen letztlich doch vermeidbar wären oder gewesen wären.

Von daher ist auch der generelle Gewaltverzicht eine Aufforderung an alle, die Anstrengungen zur Verhinderung von Gewalttaten zu verstärken.

Anmerkungen

1) Vgl. H. Missalla, „Ich sende euch wie Schafe mitten unter die Wölfe“ (Mt 10,16); oder: „Wem gehört unsere Loyalität?“ unveröffentlicher Vortrag aus dem Jahre 1988.
2) Vgl. K. Rahner, Über die evangelischen Räte, in: ders., Schriften zur Theologie VII, Köln 1966, 404-434.
3) Vgl. die traditionellen Lehrbücher der Moraltheologie, z.B. O. Schilling, Lehrbuch der Moraltheologie I, München 1928, 287-303; Mausbach/Ermecke, Katholische Moraltheologie I, Paderborn 1953, 287-303.
4) Vgl. B. Häring, Evangelische Räte, in: LThK III, Freiburg 1959, 1245-1250; vgl. ders., Das Gesetz Christi II, Freiburg i.Br. 8, 1967, 419-423.
5) ders., Evangelische Räte, in: LThK III, Freiburg 1959, 1247.
6) ebd., 1250.
7) ebd.
8) Vgl. E. Ranwez, Drei evangelische Räte, in: Concilium 1, 1965, 748-752.
9) Vgl. F. Lau, Evangelische Räte, in: RGG II, Tübingen 1985, 785-788.
10) Vgl. II. Vat. Konzil, Lumen Gentium, 39-47, in: K. Rahner, H. Vorgrimler: Kleines Konzilskompendium, Freiburg 1966, 169-180.
11) Vgl. B. Schüller, Gesetz und Freiheit, Düsseldorf 1966, bes. 61-75.
12) Vgl. ders., Zu den ethischen Kategorien des Rates und des überschüssigen guten Werkes, in: Testimonium Veritati, Hrsg. H. Wolter, (Knecht) Frankfurt 1971, 197-209.
13) Vgl. B. Schüller, Der menschliche Mensch, Düsseldorf 1982, 139-147.
14) Vgl. M. Scheurer, Die Evangelischen Räte: Strukturprinzip systematischer Theologie, Würzburg 1990.
15) Vgl. R. Ginters, Die Ausdruckshandlung, Düsseldorf 1976.

Ansgar Koschel: Kairos – das verbindend Neue – Entdeckungen im „Alten" und „Neuen Testament"

Kairos, ein durch deutsche Übersetzung nicht adäquat erfaßtes Wort, hat gerade Heinrich Missalla über die exegetische Fachdiskussion hinaus in den Mittelpunkt seiner Arbeit als praktischer Theologe gestellt; er hat es in seiner herausfordernden Charakteristik erklärt und auf die aktuelle ethische Friedensdiskussion bezogen.

Ich möchte ihm Dank sagen dadurch, daß ich versuche, ein anderes, in seiner Bedeutung und Wirkungsabsicht nicht adäquat erfaßtes Wort aus dem Hintergrund in den Vordergrund zu stellen. Es ist ein Wort, das wohl noch eher oberflächlich überlesen wird, da sich *keine* Übersetzungsschwierigkeiten ergeben; so wird auch sein herausfordernder Charakter übersehen. Ich spreche vom Wort *„neu"* . Die Rede vom „Alten Testament" und „Neuen Testament" verdeckt zudem die in den Büchern der hebräischen Bibel enthaltene Rede vom Neuen. Das „Neue" wird zu leicht mit „Erneuerung " gleichgesetzt, wie ein Blick in Gerhard von Rads „Theologie" des Alten Testamentes[1] oder auch in das Bibel-Lexikon[2] aufweist. Ist ‚neu' das Ergebnis von Erneuerung? Wäre dann ‚neu' wirklich neu?

Unter dieser Fragestellung möchte ich den Gebrauch des Wortes „neu" untersuchen, seine spezifische Charakteristik herausarbeiten und versuchen, gemeinsame Linien in der für Christen einen Bibel herauszuschälen.

Möglicherweise stellt sich heraus, daß es zwischen ‚Kairos' und ‚neu' durchaus Beziehungen gibt.

Die Schriften[3] sprechen von Erneuerung des Bundes aufgrund von Umkehr. Erneuerung bringt etwas bereits Gegebenes, Geschaffenes wieder zur Geltung. Kontinuität in der Sache herrscht vor, ein Abweichen von ihr soll (wieder) gerade gerückt werden.

Neu im strengen Sinne des Wortes dürfte dann etwas anderes, zumindest aber mehr meinen als Erneuerung.

1. Er-neuert ist nicht neu

In einem ersten Schritt soll deshalb gezeigt werden: Die Schriften gebrauchen zunächst in ganz und gar nicht theologischer Absicht das Adjektiv „neu" (chksch):

– Neues Getreide: in Lev 23,16 26,10; Nm 28,26;
– neue Weinschläuche: in Jos 9,13;
– neue Stricke: in Ri 15,13 16, 11.12;
– neuer Mantel: in 1 Rg 11,29f.;
– neues Schwert: in 2 Sm 21,16;
– neues Haus: in Dt 20,5 22,8 2 Makk 2,29;
– neues Gebälk: in 2 Chr 34,11;
– neues Tor: in Jer 26, 10 36, 10;
– neuer Altar: in 2 Kg 16,14 1 Makk 4,47 u.a.;
– neuer Vorhof: in 2 Chr 20,5.

Mag man bei einigen als ‚neu' bezeichneten Gegenständen auch daran denken, daß sie – losgelöst vom Kontext – als erneuert vorgestellt werden, so macht der Kontext deutlich, daß es darum nicht geht. Bei anderen Gegenständen – z.B. Getreide – wäre die Vorstellung von „erneuert" absonderlich. Wird also – in ganz und gar nicht theologischer Absicht – das Adjektiv neu in den verschiedensten Schriften der Bibel gebraucht, dann ist nicht daran gedacht, daß „er-neuert" gemeint ist.

Ex 1,8 spricht von einem „neuen König in Ägypten, ... der von Josef nichts wußte". Dieser „neue König" steht – so die Absicht von P bzw. des Redaktors[4] – dem sich seit Josef identisch gebliebenen „Volk der Israeliten" gegenüber (Ex 1,6 f. zu 1,8).

Da – so wie es heißt – der neue König nichts mehr von Josef wußte, gibt es für die ägyptische Seite keinen Grund der Verpflichtung, bzw. der besonderen Beziehung mehr zum Volk der Israeliten. „Der Verlust der Erinnerungen bedeutet das Ende der guten Beziehungen zwischen der Großmacht und dem Fremdvolk; so wird hier geradezu ein Traditionsbruch markiert."[5]

„Neu" markiert hier also eine grundlegend veränderte Situation und Beziehung zwischen dem Ägypter-König und den Israeliten. Vielleicht eignet dem Wort ein etwas negativer Beigeschmack, denn den neuen König charakterisiert ja ein Defizit, ein Nicht-Wissen.

Ähnlich, wohl noch negativer, erscheint der Wortstamm innerhalb des Mose-Liedes Dt 32,17:
„Sie opferten Geistern, die keine Gottheiten sind, und Göttern, die sie früher nicht kannten, Neulingen, die erst vor kurzem gekommen waren, vor denen Eure Väter sich nicht fürchteten."

Götter (der Völker) werden als (Chkschim), als ‚die Neuen' bezeichnet, weil sie ‚erst vor kurzem gekommen waren'; so werden sie im Mose-Lied (Dt 32) dem Gott Jakobs gegenübergestellt. Der Gott Jakobs erscheint als einziger Gott und – konsequenterweise – auch als Schöpfergott; damit sind die Götter (der Völker) ihm der Sache nach – ironisch – unterstellt.

Auf dem Hintergrund der im Dt beschriebenen Exoduserfahrung sieht sich Israel den Völkern überlegen; ein „geschichtsmächtiger Jahweglaube"[6] ist wirksam, der durch Kontinuität, noch nicht durch Brüche und Neuerungen gekennzeichnet ist. Für einen solchen Glauben kann ‚neu' deshalb kein positiv besetztes Wort sein, auch nicht i.S. von Erneuerung. Das Dt zentriert sich wohl nicht zufällig auf die ‚Verheutigung' des (am Horeb) gegebenen Bundesschlusses.

2. Neu, ein Wort mit dem Hintergrund exilischer Erfahrung

Die ‚großen' Propheten sprechen vom
– neuen Geist (Ez 11,19 18,31 36,26; außerdem Ps 51,2) (!);
– neuen Herzen (Ez 18,31 36,26);
– neuen Bund (Jer 31,31);
– neuen Namen (III-Jes 62,2);
– neuen Lied (II-Jes 42,10);
– neuen Himmel und neuer Erde (III-Jes 65,17 66,22).

Alle angeführten Stellen sind in Worten enthalten, die auf die Zeit nach der Zerstörung Jerusalems (nach 587) datiert werden. Das Attribut an ‚neu' wird mit Substantiven verbunden, mit denen sie zuvor *nie* verbunden waren. Verheutigung, Rückwendung/Umkehr zu dem gegebenen Bund war *bisher* geboten. So könnte man die Botschaft der vorexilischen Propheten und des Dt zusammenfassen. Am weitesten scheint vorexilisch Ez 16,60 gegangen zu sein, wo von einem „ewigen Bund" gesprochen wird, was wohl bedeutet: endgültig und unwiderruflich.[7]

Aber von Verheutigung, Umkehr, endgültigem Bund noch nach dem Bruch der Tradition – aufgrund der Zerstörung des Tempels und Jerusalems – zu sprechen, erscheint den exilischen (und nachexilischen) Propheten wohl weitestgehend als ungeeignet.

Geist, Herz, Namen und Bund sind Schlüsselbegriffe in der Theologie Israels vor dem Exil. Wenn sie nun mit dem Attribut ‚neu' versehen werden, geschieht damit einerseits eine Anknüpfung an die bisherige Tradition, besonders der deuteronomisch-deuteronomistischen [8], andererseits werden diese Worte – durch dieses Attribut bereichert – zu einer Hülle für etwas bisher nicht Gegebenes. Bezeichnend ist, daß Neues stets auf Seiten des Menschen liegt, das von Gott gegeben wird. Gott selbst wird nie das Attribut neu gegeben.[9]

Also: Gott qualifiziert das jeweilige Objekt als neu. Menschen können sich (selbst) nicht erneuern, bis sie (im strengen Sinne des Wortes) neu sein könnten. Ethisches Bemühen (allein?) kommt nicht zum Ziel einer grundlegenden Neuheit. Da das Volk Israel den Sinai-Bund gebrochen hat aufgrund der Nichtbefolgung und Übertretung der Gebote, setzt Gott von sich aus souverän einen neuen Bund, schenkt ein neues Herz usw.

Das soll in einer Übersicht verdeutlicht werden:

<u>Jer 31,31 f.:</u>

Israel hat den Bund Jahwe gebrochen; Jahwe verheißt den neuen Bund, der anderer Art ist als der bisherige.[10]

<u>Ez 11,19</u>

Israel ist aus Jerusalem vertrieben. Denn es hat dort mit seinem Herzen aus Stein gegenüber dem Bundesgott abscheulichen Götzen angehangen. Jetzt erfolgt das Gericht. Ein ‚anderes Herz', ein ‚neuer Geist' sind notwendig, damit sie Gottes Volk bleiben können. Nur durch die Gabe Gottes selbst, nicht durch eigene Taten, können sie Gottes Volk werden.

<u>Ez 36,26</u>

Auch diesem Text zufolge ist Israel aufgrund seines Ungehorsams gegenüber seinem Gott gescheitert. Nicht durch Gehorsam kann es selbst wieder den Bund herstellen bzw. erneuern, sondern nur Gott kann es, indem er dem Volk ein neues Herz und einen neuen Geist ins *Innere* legt. Die Satzungen/Weisungen bleiben, werden aber aufgrund des neuen Herzens und des neuen Geistes im Inneren befolgbar.[11] Die Subjekt-Objekt-Distanz wird durch dieses Handeln Jahwes völlig überwunden; die Thora als Gotteserkenntnis gefaßt. Diese neue Qualität kann in einer neuen Bezeichnung deutlich werden, die H. Gese gebraucht: Zions-Bund, nicht mehr Sinai-Bund.[12]

<u>Ps 51,12</u>

In die Zeit des Exils fällt wohl auch Ps 51[13]. In diesem Psalm sieht A. Weiser „die bittere Erkenntnis" ausgesprochen, daß der Mensch das Gute von sich aus allein nicht tun kann"; die Sünde gehöre ja quasi zur „Natur des Menschen".[14]

<u>Ez 18,31</u>

Diese Textstelle steht quer zu dem bisher Gesagten. Hier wird nicht – wie in 11,19 und 36,26 – ein „ind. verheißen", sondern ein „imp. geboten", der Mensch wird nicht als „lückenloses Objekt, sondern ... auch als das willenhaft zugreifende Subjekt der Gnade des Neuanfangs" gesehen. Es bleibt eine „logisch spannungsvolle Doppelung", die nur teilweise von der über alledem stehenden verborgenen Treue Gottes abgemildert werden kann.[15]

Abgesehen also von Ez 18,31 wird mit dem Attribut ‚neu' entsprechend dem unter 1. aufgeführten Wendungen ausgesagt, daß der bezeichnete Gegenstand tatsächlich „neu" und nicht bloß etwa „erneuert" ist. Das Substantiv wird durch das Attribut qualifiziert. Der so Qualifizierende ist Gott. Neu ist nicht – wie bei den exilischen Propheten – das Ergebnis menschlicher Erneuerung bzw. ihrer Umkehr. Vielleicht ist Ez 18,31 ein dem Denken dieser Propheten noch sehr verbundener Nachklang; dafür spräche der ganze Duktus des 18. Kapitels, in dem die persönliche Umkehr-Verantwortung der kollektiv übertragbaren Schuldvorstellung im Volk Israel korrektiv gegenübergestellt wird.[16]

3. Etwas ganz Neues!

II-Jesaja scheint – bei der Übernahme zweier Traditionsstücke (?)[17] – noch etwas weiter in seiner Vorstellung und Theologie zu gehen, wenn er neu nicht nur als Attribut benutzt, sondern auch das Substantiv „Neues":
Jes 42,9 f.: Neues kündige ich euch
Jes 43,19: Nun mache ich etwas Neues.

Die Möglichkeit des Neuen wird mit Früherem begründet, das eingetroffen ist (42,9), mit dem Exodus (Kapitel 43). Das Neue wird das Bisherige – den früheren Exodus oder die ganze Geschichte (23,16 f.) – so erstaunlich und gedenkens-wert es war (vgl. 43,18), qualitativ übersteigen.

In beiden Hymnen (42,5-9 43,16-21) ist Jahwe der Alleinhandelnde: Kein anderer Gott (42,8 43,12 b), auch kein mithandelnder Mensch (vgl. 43,16 f. mit Ex 14 f.!) haben das Ruhmreiche (42,8) bzw. den Exodus (43,16 ff) geschafft. Die Gemeinsamkeit unter diesen beiden Texten ist auffällig.

Weder die Umkehr des Volkes Israel noch eine eigenständige Tat des Israel beherrschenden Großkönigs Kyros wirken jetzt das angesagte Neue.
Worin besteht denn das Neue?

In 42,9 wird es nicht genannt. Doch dürfte die Befreiung Israels aus der Gefangenschaft Babylons gemeint sein, die anders bedeutet: Babylons Großkönig ist nicht Herr der Welt, nicht eigenständiges Subjekt. Somit wird er entthront durch das Handeln Jahwes. Israels Gott erscheint als universaler; Großkönige können höchstens eine unwillentliche dienstbare Funktion ausüben.

Diese Theologie ist grundsätzlich herrschaftskritisch, sie ist das Gegenteil von Hofprophetentum und Staatstheologie. Sie läßt sich m.E. im Sinne systemkritischer politischer Theologie verstehen: Aus der Hoffnung auf bzw. aus dem Glauben an das wirklich Neue nimmt diese Theologie den Impuls, sich aus dem Kreis von Herrschaft zu befreien, indem sie im auf Zukunft orientierten Bewußtsein Herrschaft entthront.

Zugleich wird aus der Erfahrung nicht erfolgter Umkehr des Volkes und der daraus resultierenden Katastrophe – Zerstörung Jerusalems und Exil – überhaupt nicht mehr auf vorlaufende Umkehr des Volkes gesetzt. Lediglich sinnhafte Wahrnehmung ist gefordert: „sehen“ (43,19), „hören“ (42,9), u.ö. Die sinnenhafte Wahrnehmung für das bereits Wirksame bzw. Gärende (Bloch) ist das einzige, was der Mensch tun kann. Wenn er sein Auge öffnet, bzw. wenn er ‚ganz Ohr' ist, dann ist er offen für das Neue, und es kann in ihn eindringen (Die Gefahr liegt allerdings nahe, an eine Prädestination zu denken, wenn die Vorstellung vorherrscht, es gebe nur eine bestimmte Gruppe von Menschen, z.B. ‚die Frommen' oder die Qumran-Mönche, die die Gabe hat zu sehen und zu hören. In der Nachfolgezeit wird diese Gefahr immer wieder sichtbar bzw. virulent).
Hören und Sehen treten an die Stelle der „Umkehr“.

Diese Wende in der Theologie dürfte gerade trotz ihrer Einseitigkeit in der Akzentuierung den Finger auf die unverzichtbare Realitätswahrnehmung legen, ohne die jegliches Umkehr-Bemühen aktivistischer oder ritualistischer Leerlauf bliebe. Es sei hier nur vermerkt, daß Hören und Sehen in den Evangelien eine auch wohl zu leicht übersehene Bedeutung haben.[18] Eine Warnung vor abgehobener Theorie!

4. Ein neues Lied

Die hymnische Aufforderung, Jahwe ein neues Lied zu singen, erscheint „emotional geladen“, zur Begeisterung mitreißend[19]. Doch ‚neu' nur als Ausdrucksform von Emotionalität und in einer Funktion von Begeisterung zu sehen, erscheint mir zu wenig. Denn der Kontext, in dem von einem ,neuen Lied' gesprochen wird, sagt mehr als das aus:

II-Jes 42,10

Die Aufforderung ergeht an die ganze Schöpfung (Enden der Erde, Insel und ihre Bewohner, Steppe, Gehege, Bewohner des Felsens); Jahwe soll als universaler Herr gepriesen werden, dem kein anderer, weder Gott noch Mensch, entgegen- oder gleichgestellt ist.

Ps 96,1

Diese Aufforderung ergeht an „alle Länder der Erde". Denn Jahwe ist Schöpfer der Erde und sogar des Himmels; die Götter sind nichtig. Ebenso wie in Jes 42,10 drückt dieser Psalm die Universalität Jahwes in seiner „weltüberlegenen Majestät" aus[20].

Ps 33,3

Der universale Schöpfungstag und die Herrschaft Jahwes – der Ohnmacht der Herrscher (V. 16 f) und Völker(V 10) entgegengestellt – erscheinen als Begründung für die Aufforderung, ein neues Lied zu singen.

Ps 98,1

Diese Aufforderung sieht Jahwe als in Gegenwart und Zukunft wirkenden universalen Richter wie zugleich als Wundertäter (V 1 f) und Heilbringer (V 3 f). Bei den Taten in der Vergangenheit ist wohl an den Exodus und an die Landgabe gedacht, die im nachexilischen Thronbesteigungsfest vergegenwärtigend erinnert werden.[21]

In Ps 149,1 wird die Aufforderung auf die „Gemeinde der Frommen" beschränkt. Jahwe bleibt hier zwar universaler Gott, doch sein Wirken wird nicht in dessen Universalität gepriesen, sondern auf die Bedeutung für Israel, die Frommen und die Kinder Zions beschränkt. Nicht zu Unrecht dürfte in PS 149 eine spätere, weil verengte Verwendung der in der Liturgie bekannten Aufforderung zum Lob des universal handelnden Gottes gesehen werden.

In den genannten hymnischen Aufforderungen bezieht sich ,neu' auf den bisher nicht in universaler Macht geglaubten Gott Israels, Jahwe. Israel kam zu dem Glauben, daß dieser den ersten Exodus (aus Ägypten) und auch den zweiten Exodus (aus Babylon) gewirkt hat; jetzt wird Israel aufgefordert, ihm auch noch Größeres zuzutrauen, da er zu verschiedenen Zeiten von den Enden des jeweils bekannten Erdkreises her sein Volk (wieder) zusammengeführt hat. Was von ihm geglaubt wird, übersteigt bisher Geschehenes. Von daher ist es neu. Ebenfalls nach-exilisch läßt in deutero-jesajanischer Tradition der Verfasser von III-Jes 65,17 Jahwe sprechen:

„Denn schon erschaffe ich einen neuen Himmel und eine neue Erde. Man wird nicht mehr an das Frühere denken, es kommt niemand mehr in den Sinn."

Es geht um neue Schöpfung (br – das bezeichnende Wort für Schöpfung in Gen 1 wie auch II-Jes 41,20 wird hier gebraucht!), deren Charakteristikum Nicht-Entfremdung/Versöhnung (V 20-25) ist. Wer die Sprache mit ihren das bisher Erfahrene überbietenden Bildern unvoreingenommen aufnimmt, wer hört und mit-sieht (vgl. 65,17), wird das Neue wohl nicht als „wunderbare Erneuerung"[22] verstehen, sondern eher als Einsetzung des Neuen in das Alte – und damit der qualitativen Überbietung des Früheren.
Eschatologisch, bzw. auch apokalyptisch werden diese Lieder genannt;
– eschatologisch, wenn sie eine allgemeine Hoffnung auf das Neue – von Gott kommend –, bzw. auch schon das Empfinden in dem anbrechenden/zukommenden Neuen sich zu bewegen, ausdrücken;
– apokalyptisch, wenn sie Ort, Raum und Zeit des bald und plötzlich erwarteten Neuen angeben.

Die Übergänge von eschatologisch und apokalyptisch in nachexilischer Zeit sind wohl fließend. Apokalyptisch sind vor allem die Reden in den Qumran-Texten.[23]

5. Kontinuität in den christlichen Schriften

Indem in verschiedenen Schriften des „Neuen Testamentes" (= die christlichen Schriften) das Wort ‚neu'[24] eine hervorragende Stellung besitzt, zeigen sie sich in die eschatologische bzw. auch teilweise apokalyptische Erwartung gestellt, die in der exilischen Hoffnung wie in der Erfahrung eines neuen, unerwarteten Exodus aus dem Exil gründet und von daher Jahwe etwas qualitativ Neues zutraut. Beispiel für den Gebrauch des Wortes im „NT":
Mk 2,21: neuer Stoff, neuer Wein, neue Schläuche;
Mk 1,27: neue Lehre
Mk 16,17: neue Zunge
Lk 22,20: neuer Bund
Joh 13,43: neues Gebot (vgl. 1 Joh 2,7 f und 2 Joh 5)
Apg 17,19: neue Lehre
Röm 5,4: Wir als neue Menschen (vgl. Eph 2,15, 4, 24; Kol 3,10)
Röm 7,6: Wir in der neuen Wirklichkeit des Geistes
1 Kor 5,7: Seid neuer Teig!
2 Kor 3,6: Diener des neuen Bundes

2 Kor 5,17: „Altes ist vergangen, Neues ist geworden."
2 Petr 3,13: Wir erwarten einen neuen Himmel und eine neue Erde
Apk 3,12: Neues Jerusalem, das vom Himmel herabkommt
Apk 2,17: Neuer Name für die Hörenden des Geistes der Gemeinde,
Apk 5,9: Neues Lied
Apk 21,1: Neuer Himmel und neue Erde, neues Jerusalem;
Apk 21,5: „Seht, ich mache alles neu."

Das Wort ‚neu' sagt einerseits aus: In und durch Jesus als dem geglaubten, gekreuzigten und auferweckten Messias geschieht das eschatologisch bzw. apokalyptisch erwartete qualitativ Neue, das universalen Charakter hat.

Andererseits teilen einige Aussagen die deuterojesajanische Sicht des noch erwarteten Neuen (Apk 2; Petr 3,13). Indem diese Aussagen auf Jesus bezogen sind, wirken sie nicht als Gegensatz zur ersten Position, sondern geben die eigen-artige christliche eschatologische Hoffnung wieder, nach der in Jesus die Verwirklichung der Eschatologie *beginnt*. Das Neue ist dann schon in die alte Welt eingebrochen/eingesetzt. Von der Struktur her ist diese Vorstellung analog der deuterojesajanischen.

So folgt ‚neu' im NT der exilisch-nachexilischen prophetischen und hymnischen Tradition mit seiner eschatologischen bzw. apokalyptischen Sicht. Das Neue im NT sollte daher nicht in Gegensatz gesetzt werden zum AT. Es geht um dasselbe Neue, nämlich Gottes universales Handeln und endgültiges Heil.

Vor allem aber der Hebr, wohl aber auch 2 Kor 3,6 ff, legen in ihrer Antithetik „alt-neu" eine Grundlage für die Entgegensetzung von „Altem" und „Neuem Testament".

In 2 Kor 3,6 ff (wie in 1 Kor 11,25) sollte jedoch die prophetisch-eschatologische Linie in der Rede vom Neuen gesehen werden, wie sie in Jer 31,31 begegnet. Dort wird der Sinai-Bund ebenfalls durch einen neuen Bund überbietend ersetzt, den Zions-Bund. Der von Jesus gestiftete Bund wäre eine weitere Überbietung.

Daß die endzeitliche Vollendung als eine in Christus gegenwärtig beginnende Erscheinung geglaubt wird[25], unterscheidet Paulus von den Propheten, unterscheidet Christen von Juden. Doch im „beginnend" liegt eine Brücke der Verständigung. Wer als Christ „sieht" und „hört", wird auch nicht mehr behaupten können, als daß die Verwirklichung der Eschatologie in Jesus *beginnt*.

Beginnend, das heißt allerdings – im Unterschied, nicht im Gegensatz zu den prophetischen Texten – Jesus als der Christus/Messias wird in der *Tat* als „Erstgeborener der ganzen Schöpfung" (Kol. 1,15) geglaubt, die prophetisch-eschatologische Hoffnung/Verheißung kommt an ihr erstes Ziel.

Hebr 8 erklärt den ersten, den Sinai-Bund (V 9) für „veraltet" und „dem Untergang nahe" (V 13), weil er „nicht ohne Tadel" (V 7, f) ist; die in Jer 31,31 - 34 angesagten „Tage" werden in Christus als „hohem Priester der künftigen Güter" (V 11) erfüllt gesehen.

In der schroffen Gegenüberstellung zum Alten Bund (bis Christus) wird das Neue allein auf Christus bezogen. Die der Eschatologie eigene Spannung bleibt aus; es scheint, als erwarteten Christen mit Juden nicht noch etwas Neues *gemeinsam*. Das führt zum Bruch und zur Verkennung der gemeinsamen jüdisch-christlichen, prophetisch-eschatologischen Tradition.

Der Inhalt dieser Tradition – das sei abschließend noch einmal festgehalten – ist:
Leben aus dem verheißenen Neuen, das schon sinnlich erfahrbar ist. Das Neue kann allein Gottes Tat sein, es ist *universales*,wie auch den Menschen von seinem Herrn her umfassendes Heil. Worte, wie „Himmel und Erde", „Herz", „Sprache", sagen dies aus.

Dem Menschen wird keine Möglichkeit der Erneuerung mehr zugetraut, es sei denn, er ist offen (hörend und sehend ‚sensibel') für die Zeichen des kommenden Neuen. Als solches Zeichen kann Jesus geglaubt werden. Er, seine Worte und seine Taten sind ein Kairos, als der/das von Gott her zukommende Neue, den/das man übersehen kann, wenn man seine Blickrichtung nicht ändern will. „Umkehr" in Mk 1,15, müßte dann wohl im Sinne von Änderung der Blickrichtung aufgefaßt werden, die aber nur möglich ist, weil Gott den Kairos gibt.

Umkehr kann also nicht ein vorlaufendes menschliches Werk sein, etwa damit das Neue geschieht. Es kann nur eine Konsequenz sein, wie der Mensch sich auf von Gott her zukommendes Neues adäquat verhält; er könnte sonst das Neue, das im Kairos Gottes gegeben wird, überhören/übersehen.

Wie weit „Umkehr"/Erneuerung auch eine geeignete Disposition dafür schaffen kann, daß das Neue ankommt, muß hier offen bleiben. Das Verhältnis von „Neu" und Umkehr dürfte aber durch diese Ausführungen frag-würdig geworden sein.

Diese theologischen Überlegungen dürften auch insofern für die gegenwärtige Situation von Belang sein, als sie mit Fragestellungen zusammentreffen wie:
– Sind Bedingungen für eine Revolution als etwas qualitativ Neues von Menschen etwa durch einen anderen Lebensstil einfachhin zu erreichen?
– Aufgrund welcher quantitativen Veränderungen kann ein qualitativer Sprung (etwas wirklich Neues) erfolgen?
– Lohnt sich überhaupt noch menschliches Handeln oder müssen wir auf eine Katastrophe warten, nach der – vielleicht – etwas Neues kommen kann? (ein Empfinden vieler in der Zeit „nach" der „Friedensbewegung").
– Läßt sich überhaupt noch etwas (Neues) erwarten?

Solche Fragen stellen sich Juden und Christen wie Menschen, die nicht an den in der Bibel bezeugten Gott als Schöpfer des Himmels und der Erde glauben. Die Erfahrungen, die in der Bibel schriftlich niedergelegt sind, sprechen zunächst von etwas unerwartet Neuem, das in der Reflexion „Gott" zugeschrieben wird, keiner menschlichen (Groß-)Macht. Darin liegt ein kritischer Impuls und eine Hoffnung. Läßt sich diese auch nicht-theistisch, in „atheistischer" Umwelt vermitteln? Am ehesten wohl dadurch, daß Sensibilität gegenüber kritischen Situationen gezeigt wird, die in einer solchen Hoffnung des Glaubens gründet, wie die in der Rede vom „Neuen" deutlich wird.

Anmerkungen

1) G. Biemer hat in den „Freiburger Leitlinien zum Lernprozeß Christen und Juden", Düsseldorf 1981, 230 f. mit Bezug auf zwei Zitate aus G. von Rads „Theologie des Alten Testaments II", München 21961, darauf aufmerksam gemacht; Biemer stellt m.E. zu Recht v. Rads Aussagen auf S. 283f. gegen S. 225.
2) Im Bibel-Lexikon, – Hrg. H. Haag, Einsiedeln 1968 – wird auf Sp. 1225 unter „neu" auf „Erneuerung" und „Neuschöpfung" verwiesen.
3) Ich beziehe mich hier auf den Artikel im o.g. Bibel-Lexikon, Sp. 422 wie auf die Darlegungen bei G. von Rad in seiner o.g. Theologie. „Schriften" meint hier die Bücher des „Alten Testaments", ein inadäquater Ausdruck!
4) vgl. W. Schmidt, Exodus, Biblischer Kommentar (= BK) II, 11 f.
5) W. Schmidt, BK II, 32.
6) G. von Rad, ATd 8, 141.
7) P. Buis, La nouvelle Alliance, in: VT 18 (1968), 6; zit. in: G. Biemer, Freiburger Leitlinien ..., 231.
8) vgl. H. Gese, Zur biblischen Theologie, München 1977, 74; G. Biemer, Freiburger Leitlinien ..., 234 (2.1.4.).
9) G. Biemer, a.a.O., 235 Punkt 5.
10) Jer 31,21 (Kehr um, Jungfrau Israel) gehört wohl nicht eng mit dem Abschnitt Jer 31, 31-34 zusammen.
11) vgl. W. Zimmerli, BK XIII 2, 878.
12) vgl. H. Gese, a.a.O., 74.
13) vgl. H.-J. Kraus, BK XV, 384, mit inhaltlichem Verweis u.a. auf Jer 31,31 und Ez 36, 26ff, wo die Rede vom neuen Bund und neuen Herzen ebenfalls mit einem Reinigungsakt, mit einem ‚rituellen Einleitungsakt' (W. Zimmerli, BK XIII/2, 879) verbunden ist.

14) A. Weiser, ATd 14/15, 275.
15) So W. Zimmerli, XIII/1, 414.
16) vgl. G. von Rad, Theologie ... II, 240.
17) K. Eltiger, BK XI/1, 230, vermutet, daß dieses Lied (42, 5-9) in einer „vorlaufenden Textsammlung" enthalten sei; von 43, 16-21 vermutet sie, daß es bereits ein „fertiges Gedicht" gewesen sei (a.a.O., 346).
18) „Wer Ohren hat zum Hören, der höre!" (Mk 4,9 parr; ähnlich Mk 4,23 u.ö.) vgl. J. Horst, in: ThW V, 551f. Zum „Sehen" – auch in Verbindung mit dem „Hören" – vgl. W. Michaelis, ThW V, 340 ff. (C).
19) K. Elliger, BK XI, 245.
20) H.-J. Kraus, BK XV, 666.
21) Kraus nimmt eine nach-exilische Verfasserschaft der hier behandelten Psalmen an, da sie auf II.-Jes 42,10 (exilisch) fußen, dessen Theologie nun in einem wieder möglich gewordenen Tempelkult weitergeführt werden kann.
22) so C. Westermann, ATd 19, 324.
23) Neue Schöpfung: S 4,25; neuer Bund: CD 6,19 8,21 19,33f 20,12); Festzeiten und besonders der Neu-Mond spielen eine Rolle; im Hitpeal wird auch vom Sich-Erneuern der Menschen und Zyklen gesprochen: S 10,4; H 11,13; Sb 3,26 5,5 ...
24) Dies trifft konsequenterweise wohl nicht auf das Mt-Evangelium zu, da es streng heilsgeschichtlich Kontinuität betont.
25) vgl. H.D. Wendland, NTd 7, 179.

Dorothee Pape: Angst als Erfahrung von Gnade

Von einer merkwürdigen Friedensarbeit möchte ich hier berichten, die mir für mich und für andere unverzichtbar erscheint: Vor einigen Jahren habe ich eine „Schwester im Glauben" gefunden, die mir seitdem zur Begleiterin geworden ist und die ich mir – wäre sie nicht eine fiktive Gestalt und hätte ich nicht schon einen Namen, in den hineinzuwachsen mir Aufgabe ist – zur Namensheiligen gewählt hätte.

Sie heißt Blanche de la Force, ist Karmelitin und eine Erfindung Gertrud von Le Forts, die ihren Charakter in der Erzählung „Die Letzte am Schafott" eindrucksvoll zeichnete, den Stoff der Handlung dabei historischen Quellen entnehmend. Georges Bernanos war es, der aus dieser Erzählung ein dramatisches Werk[1] gestaltete, dessen Hauptfigur Blanche ist, die nach der Aussage einer Mitschwester besser Blanche de la Faiblesse heißen sollte, weil Angst, Schwäche und Versagen ihr Wesen von Grund auf prägen. Bei Bernanos bin ich ihr begegnet, ist ihre Gestalt mir lebendig und plastisch geworden, Antwort gebend auf die Frage nach dem Ort, den Angst und Versagen im christlichen Glauben haben dürfen.

Doch bevor ich von der Erfahrung erzähle, die ich mit Blanche gemacht habe, muß ich begründen, warum ich glaube, daß diese Erfahrung verallgemeinerbar ist und vielleicht ein breiteres Interesse finden könnte, obwohl weder Gertrud von Le Fort noch Georges Bernanos zu den heute viel gelesenen Autoren gehören:

Das Grundbefinden unserer westlichen Gesellschaft scheint weithin durch eine tiefsitzende Unsicherheit, ein zum Zustand gewordenes Unbehagen, durch Mißtrauen und Friedlosigkeit – nach innen wie nach außen hin – gekennzeichnet zu sein. Die Gründe dafür liegen in einer Gesellschaftsstruktur und Lebensweise, die von der technologisch geprägten und instrumentalisch verwalteten Welt bestimmt sind, in ihren Zwängen und den abnehmenden Gemeinschaftsbindungen, haben aber sicher ihre tieferen Wurzeln in dem Wert- und Weltanschauungspluralismus dieser Gesellschaft, der es sehr schwer macht, eine Erfahrung von Sinn oder gar das Bewußtsein von etwas bleibend Gültigem und Wahren zu bekommen, das den Tod überdauern kann. Der Blick in die Zukunft wird verstellt durch die überall in apokalyptischer Weise erscheinenden Zeichen, die vom Sterben der Natur und von der Verwüstung unserer Welt sprechen.

Diese Situation der Verunsicherung und der Friedlosigkeit wird natürlich vielfach überspielt und verdrängt – durch die tausend Möglichkeiten des Konsumverhaltens und der Freizeitgestaltung, durch das Bemühen, sich so lange wie möglich jung und aktiv zu erhalten, vor allem aber durch den immer höher geschraubten Anspruch, sich durch Leistung – auf welchem Gebiet es auch sei – wichtig und unentbehrlich zu machen.

Ich bin nun in den letzten Jahren mit einigen Menschen in Kontakt gekommen, denen diese Möglichkeiten der Verdrängung – hauptsächlich durch Krankheit bedingt – aus der Hand genommen worden waren. Im Zusammenleben mit ihnen wurde immer wieder deutlich, daß auf dem Grund all dieser Bemühungen, letztlich auf dem Grund unseres ganzen gesellschaftlichen Lebens und Leistens die Angst sitzt. Die Angst scheint tatsächlich eine „Krankheit zum Tode" (S. Kierkegaard) unserer Zeit zu sein, die sich heimtückisch in immer neue Formen verkleidet, je mehr der Tod in der Umwelt und in unserem eigenen Leben, je mehr die Angst vor diesem überall lauernden Tod verdrängt werden.

Dieses Phänomen bringt Menschen dazu, sich blindlings in einen Sog hineinzuwerfen, der sie geradewegs dem Tod entgegenführt, vor dem sie in die Verdrängung geflohen waren. Damit meine ich nicht die dem Menschen wie allen Lebewesen existenznotwendige Furcht. Im Gegensatz zur Angst ist die Furcht ja gerade dazu da, in Situationen der realen Gefahr und unmittelbaren Bedrohung Alarm zu schlagen, damit das Leben gerettet und erhalten werden kann.

Vor der weiteren Aufrüstung, der trotz aller gegenteiligen Beteuerungen nicht zum Stillstand kommenden Produktion von chemischen, biologischen und atomaren Massenvernichtungswaffen, vor dem uns zum Bumerang gewordenen Umgang mit der Natur, vor den Folgen der atmosphärischen und klimatischen Veränderungen kann man wohl nicht genug Furcht haben – wenn denn Furcht zu einer Handlung führt, die das Eintreten des Gefürchteten verhindern will.

Die Angst dagegen tritt unabhängig von einer konkreten Gefahrensituation auf; sie überfällt den Betroffenen im Gegenteil oft bei vollkommen nichtigem Anlaß und wird erlebt wie eine Erstarrung, wie ein Beengtsein mitten im unendlich leeren Raum.

Auch wenn sie nach außen hin wie ein Unruhezustand wirkt, wie höchste Aktivität, so wird man doch im Innersten durch sie gelähmt und aufgelöst – unfähig, etwas zu unternehmen, um den Gegenstand der Angst zu beseitigen.

In eindrucksvoll bildhafter Redeweise werden die Phänomene der Angst und des Gelähmtseins in den Psalmen beschrieben, und es kann einem sich Ängstigenden schon wohltun, dort die sprachlichen Ausdrucksformen für seine Not zu finden. Der Beter fühlt sich von Gott und den Menschen verlassen – so, als ob er schon tot wäre und niemand sich ihm mehr helfend zuzuwenden bräuchte (vgl. Ps 88,5). So preisgegeben ist er den Angriffen der Angst, daß er sich vorkommt wie „dem Wasser gleich hingeschüttet“, das Herz wie Wachs zerschmolzen in der Brust (vgl. Ps 22,15). Wie das Kaninchen vor der Schlange, steht der sich Ängstigende einer dunklen, nicht benennbaren Gefahr gegenüber, die ihn gerade wegen ihrer Unbekanntheit und Uneinschätzbarkeit so bannt und lähmt, daß er keinerlei Initiative ergreifen kann, sich ihr zu entziehen, sondern im Gegenteil genau das tut, wodurch er sich ihr nur noch mehr aussetzt.

Wie das Kaninchen vor der Schlange … oder: wie die Frau der jahwistischen Urgeschichte (Gen 3,1-7) vor der Schlange, durch deren List sie so gebannt wird, daß sie genau das tut, wodurch sie diejenige Konsequenz auf sich zieht, der ihre größte Angst gilt. – In vielen und ausführlichen Publikationen[2] hat Eugen Drewermann zu zeigen sich bemüht, wie Angst, Schuld und Tod zusammenhängen. Für ihn beschreibt die jahwistische Erzählung vom „Anfang“

der menschlichen Schuld kein Geschehen der Prähistorie, sondern das Wesen der Sünde, wie es sich in jedem einzelnen Menschen und in der gesamten menschlichen Geschichte zeigt[3]: Der „Sündenfall" stellt die Art und Weise dar, in der der Mensch lebt und leben muß, ehe sich ihm der Sturz in die Bodenlosigkeit der Angst wandeln darf zum Sich-Fallenlassen des Vertrauens in die bedingungslose, Angst, Schuld und Tod aufhebende Güte Gottes.

E. Drewermann macht darauf aufmerksam, in welcher Hilflosigkeit der Jahwist in seiner Erzählung von Gen 3,1-7 die Menschen schildert, um damit um Verständnis für ihre Verstrickung in das Böse zu werben[4]: Im Umschlichensein von der Schlange Angst wird das Gebot Gottes, das eigentlich zum Schutz und Wohl des Menschen bestimmt ist, zu einer tödlichen Bedrohung (vgl. Gen 3,3). Um dieser Todesangst zu entgehen, muß der Mensch an die „Mitte des Gartens" rühren und sich so einen Standpunkt suchen, der ihm eine eigene, gottähnliche Absolutheit verspricht, nachdem er das Vertrauen in das Wohlwollen Gottes und die Einigkeit mit ihm verloren hat. Das Einzige, was er nach diesem Fall aus der Einheit mit Gott, aus der Mitte seines Daseins heraus noch mit Gott gemeinsam haben wird, ist das Wissen um „Gut und Böse": die Erkenntnis, daß alle Geschöpfe nur gut sind, wenn sie auf Gott hin leben, daß ihnen aber alles zum Fluch wird, wenn sie dieses Gerichtetsein auf ihren Schöpfer hin verlieren. Genau vor dieser Erkenntnis, die nur im Wegsturz vom Schöpfer zu gewinnen war, hatte Gott den Menschen durch sein Gebot bewahren wollen.

Mit dieser Deutung der jahwistischen Sündenfallgeschichte vor dem Hintergrund der Angst, die den Menschen dazu zwingt, selber „wie Gott" sein zu müssen, ist eine Möglichkeit gegeben zu begreifen, wieviel Angst und Not in allem Bösen stecken und zu verstehen, was in den Menschen vor sich geht, die sich selbst und anderen so viel Leid zufügen. Vom Scheitern der Beziehungen und der Ohnmacht des guten Willens in so vielen unlösbar scheinenden Lebenskonflikten bis zur Umweltzerstörung, Aufrüstung und zum Krieg – überall hat die Angst an den Wurzeln des Daseins gefressen, bevor der Keim des Bösen aufgehen und wuchern konnte.

Woher aber kommt die Schlange „Angst" in den Garten Eden – wie kann es ihr gelingen, sich zwischen Gott und den Menschen zu drängen und den Menschen aus der Gottesgemeinschaft herauszustürzen?

Wie kann – was die christliche Lehre von der „Erbsünde" aussagt – der Abfall von Gott konstitutiv zur Existenz eines jeden Menschen gehören und trotzdem die Sünde einen Akt seiner personalen Freiheit darstellen?

Beide Seiten des Paradoxons müssen miteinander gedacht werden – die eine Seite erfahren wir immer wieder in unserem persönlichen wie gesellschaftlichen Hineingeflochtensein in die Verstrickungen des Bösen und des Unfriedens, die andere Seite zu leugnen würde bedeuten, das Ausgerichtetsein des menschlichen Wesens auf Transzendenz und damit auf Freiheit und Verantwortung zu verneinen und den Menschen zu einem „findigen Tier" (K. Rahner) zu degradieren.

Das berühmtgewordene Wort Blaise Pascals behält seine Wahrheit: „Mensch übersteigt um ein Unendliches den Menschen"[5]. Das meint: als geistbegabtes Wesen gehört der Mensch nicht im gleichen Sinn in die endliche Weltwirklichkeit hinein wie alles übrige Geschaffene, sondern er steht gleichsam auf ihrer Grenze – er ist mit seiner ganzen leibhaftigen Existenz in sie eingeordnet und überschreitet sie zugleich, indem er sich durch seinen Geist und seine Freiheit ihr urteilend und verfügend gegenüberstellt. So ist ihm die Verwirklichung seines Lebenssinnes nicht von der Natur her vorgegeben, sondern nur erreichbar in der Selbstüberschreitung auf ein Absolutes und Unendliches hin, das den ermöglichenden und tragenden Grund seiner personalen Freiheit und Selbstgehörigkeit darstellt.

Dieser absolute Grund, auf dem die Freiheit des Menschen und seine personale Würde beruhen, ist also der menschlichen Verfügungsmacht entzogen; der Mensch kann beides nur entgegennehmen – in der Sprache des christlichen Glaubens: als Geschenk, als Gnade aus der Hand seines Schöpfers[6].

In diesem Moment des Sich-Entgegennehmens aus der Hand Gottes, in dem gleichzeitig die Aufforderung zum Sich-Entwerfen auf die unverfügbare Geheimnishaftigkeit und Heiligkeit Gottes enthalten ist, in diesem Moment der freien Entscheidung für oder gegen den „Sprung" in die vertrauensvolle Übergabe an die Liebe des Schöpfers – schleicht sich die Schlange „Angst" ein, die in den alten Mythen zugleich das Nichtsein, die Ver-Nichtung, verkörpert[7]. Denn in diesem Akt der Freiheit tut sich vor dem Menschen der Abgrund der Möglichkeit auf, sich selbst vollkommen zu verfehlen und in die Vernichtung zu stürzen.

Ob der Mensch sich dessen reflex bewußt ist oder nicht: in seiner Hoffnung auf ein geglücktes Leben ist die Angst vor dem Scheitern immer mit enthalten, die Angst davor, angesichts der Chancen und Aufgaben, die sich seiner Freiheit stellen zu versagen. Und diese Angst bringt ihn dazu zu versagen, sich selbst und seinem Schöpfer den eigentlichen „Entwurf" seines Lebens schuldig zu bleiben.

Sören Kierkegaard war es, der um 1840 als erster diesen Zusammenhang von Freiheit, Angst und Schuld analysierte und der in seinen Werken „Der Begriff der Angst“ (1844) und „Die Krankheit zum Tode“ (1849) einige der tiefsten Entdeckungen der Psychoanalyse wie auch der Existenzphilosophie um ein Jahrhundert vorwegnahm[8].

Für Kierkegaard ist der Mensch als zugleich geistiges und körperliches Wesen zwischen Endlichkeit und Unendlichkeit, zwischen Notwendigkeit und Möglichkeit gestellt, und er hat die Aufgabe, kraft der Freiheit seines Geistes zwischen diesen Daseinspolen eine Synthese zu setzen, indem er in der Wirklichkeit des Augenblicks zu allem Endlichen Stellung nimmt und diese seine Entscheidung angesichts seiner Bestimmung auf das Unendliche hin verantwortet[9]. Statt dessen drängt ihn aber die in der Bewußtwerdung seiner selbst als Freiheitswesen liegende Angst dazu, diese Entscheidung fordernde Daseinsspannung aufzulösen, indem er einen ihrer Pole absolutsetzt: sich in den Zwang der Notwendigkeit flüchtet oder in ein phantastisches Spiel der immer offenen Möglichkeiten ausweicht, indem er sich verzweifelt nur an der Unendlichkeit mißt oder sich von der Vielheit des ihn umlagernden Endlichen erdrükken läßt[10].

In diesen vier Formen des Mißverhältnisses zu sich selbst, die Kierkegaard unter den Begriff der „Verzweiflung“ faßte[11], lassen sich die vier Grundformen der das individuelle wie soziale Leben der Gegenwart vergiftenden Angstneurosen erkennen: die Zwangsneurose als Krankheit der Notwendigkeit, die Hysterie als Flucht in die Möglichkeit, die Depression als Verzweiflung der Unendlichkeit und die Schizoidie als Neurose der Endlichkeit[12].

Dadurch bestätigt sich der Eindruck, daß es die Angst sei, die in der Gegenwart an den Wurzeln des Daseins frißt und dieses immer kränker werden läßt, je mehr – nicht erst die Freiheit, sondern schon die Angst vor der Freiheit verdrängt wird.

Was sich aber der modernen Psychoanalyse als zu therapierende Neurose darstellt, das ist in den Augen Kierkegaards „Krankheit zum Tode“ – Verfehlung des von Gott gegebenen und aufgegebenen Daseins in Freiheit und damit der eigentliche Inbegriff der Sünde[13]. Für ihn, den christlichen Philosophen, der selbst unter dem Bann der Verzweiflung stand, gibt sich diese angesichts der Tatsache, daß der Ursprung der Freiheit die den Menschen „freiende“ Liebe Gottes ist, als Schuld zu erkennen.

Den Gegenbegriff zur Sünde bildet daher für ihn nicht die Tugend, sondern der Glaube bzw. das Vertrauen in die Gnade Gottes[14]. Erst indem Angst und Verzweiflung sich vom Glauben schuldig sprechen lassen, kann die Heilung durch die Vergebung Gottes an ihnen wirksam werden.
- Ob Kierkegaard selber durch diese Gedanken, die er sich von der verzweifelten Seele schrieb, heil geworden ist?

Was können sie einem Menschen bedeuten, der sich als gläubiger Christ versteht und der grundsätzlich in das Vertrauen zum Gott der Gnade und des Heils eingewilligt hat – der aber trotzdem bald von der Angst umhergetrieben wird bis in die äußersten Ecken seiner Existenz, bald gelähmt wird in einer tiefen Resignation und Verzweiflung „bis zum Tod"?

Muß also ein Christ, der immer wieder dieselbe Versagensangst hat – und der darum tatsächlich oft scheitert –, sich als ein im Glauben Versagender bleibend schuldig wissen vor Gott?

Ist Angst tatsächlich die „Sünde wider den Heiligen Geist", Verzweiflung die einzig unvergebbare Schuld gegenüber dem Geist des Trostes und der Gottesgemeinschaft? Die an Depressionen erkrankten Menschen, deren Zahl immer größer wird, erleben ihre Angst und Verzweiflung so und treiben sich selber in einem Teufelskreis der Selbstbeschuldigung und der erneuten Verzweiflung herum[15]. In einer Zeit, in der dem Menschen von allen Seiten die Botschaft übermittelt wird, daß der Inbegriff des Lebenssinnes die Leistung sei und in der er darum in jedem Scheitern seiner Leistung die Sinnlosigkeit seines ganzen Daseins aufgähnen sieht, muß fast zwangsläufig dem Glaubenden auch das zur Überwindung der existentielle Angst notwendige Vertrauen in die Gnade Gottes als Leistung erscheinen.

Aber Vertrauen als Leistung stellt einen Widerspruch in sich dar. – Hier ist die Stelle, an der ich wieder von Blanche de la Force sprechen möchte, der Hauptgestalt des zu Beginn vorgestellten Dramas „Dialogues des carmélites" von Georges Bernanos, das in der deutschen Übersetzung den mir sehr lieben Titel „Die begnadete Angst" trägt.

Denn Blanches Lebensweg scheint beweisen zu können, daß auch die Angst – selbst als bleibende Grundbefindlichkeit eines Lebens – „begnadet" sein kann und daß wirkliches Vertrauen in Gotte Güte, ein echtes Heilwerden vor Gott durch das Wirken seines Geistes sich vielleicht gerade in der Bereitschaft zeigen kann, die existentielle Angst vor der tödlichen Daseinsverfehlung zu übernehmen und auszuhalten.

Den historischen Hintergrund der Dramenhandlung bildet das Martyrium von sechzehn Karmeliterinnen aus Compiègne bei Paris, die im Jahre 1794, ganz am Ende der Schreckensherrschaft des Robespierre, durch die Guillotine hingerichtet wurden. Das eigentliche Motiv des Stückes aber ist eben die „begnadete" Angst des jüngsten Mitglieds dieser Schwesterngemeinschaft, Blanches, deren Gestalt und Charakter allerdings eine literarische Fiktion darstellen.

Über dem Leben der Blanche hat von seinem Beginn an die Angst gestanden: ihre Mutter entkam bei einem Feuerwerk nur mit knapper Not einem panikartigen Volksaufruhr; sie brachte Blanche zur Welt und starb. Als einziges Vermächtnis der Mutter blieb dem Kind das Gezeichnetsein durch Angstzustände gleich dem, in dem es geboren worden war. Ihrer Angst, von der Blanche oft grundlos überfallen wurde, begann sie sich schon früh zu schämen; sie lernte es immer mehr, sich ihr zu entziehen, indem sie vor den Anforderungen des Lebens in die Frömmigkeit entfloh, von ihr Schutz und Kraft erhoffend. Dieser Wunsch ist es auch, der sie schon früh in den Karmel führt, wo sie lernen möchte, durch den Glauben und durch Askese „die Natur zu besiegen"[16] – eben die in ihrer Natur angelegte Angst zu bewältigen. Trotz grundsätzlicher Bedenken nimmt man sie in das Noviziat auf. Blanche gibt sich alle erdenkliche Mühe, ihre Schwäche zu verleugnen und dem Geist ihrer Novizenmeisterin zu folgen, die vom Feuer des Martyriumswunsches brennt. Aber die Angst bleibt an ihr haften. Blanche entfernt sich immer weiter von dem Geist des Martyriums, der auch ihre Mitschwestern ergriffen hat. Darum soll sie wieder fortgeschickt werden, weil das Kloster nun nicht mehr Schutz vor den Unruhen der Revolution bieten kann, sondern ihnen im Gegenteil unmittelbar ausgesetzt ist. Vor dem Gespräch, in dem die Priorin, Mme Lidonie, ihr diesen Beschluß mitteilen will, spricht sie mit Blanche das Gebet der hl. Teresa von Avila: „Was verfügst Du zu tun mit mir? Gib mir Reichtum oder äußerste Armut. Gib mir Trost oder Traurigkeit", und Blanche fährt fort, als habe sie es nie anders gebetet: „Gib mir Zuflucht oder tödliche Angst. Wie verfügst Du über mich?"[17]. In diesem Moment wird beiden, der Priorin und Blanche klar, daß es gerade die tödliche Angst ist, die für Blanche verfügt ist; und sie tritt ganz ein in das Geheimnis des Ordensnamens, den sie sich bei ihrer Einkleidung gewünscht hatte: Soeur Blanche de Jesus au Jardin de l'Agonie. Sie lernt es, kein anderes „Heilmittel gegen die Angst"[18] zu suchen, als sich „willenlos in den Willen Gottes hineinzuwerfen"[19], wie es Jesus in Gethsemane tat.
– Aber gibt es das wirklich: Angst und Versagen, tödliche Schwäche als Verfügtsein, das im Glauben anzunehmen ist? Wird damit nicht einer einseitigen

„Mystik der Angst und des Versagens“ das Wort geredet und die schöpferische Kraft des Gottesgeistes mißachtet, die das wirkliche Heil- und Glücklichwerden der Menschen wirken will?

Sicher ist, daß die Angst und das Versagen im Vertrauen dem zur Schuld werden können, der sich ihnen bewußt nicht stellt in der Hoffnung auf das Geschenk eines Glaubens, der die Angst auf dem Grund der Existenz beruhigt und in die Gelassenheit des Erlösten umwandelt[20].

Aber Blanche lernt die Angst erst dann als Verfügung Gottes zu bejahen, nachdem sie erkannt hat, daß sie diese Angst nicht bewältigen kann durch die üblichen Formen und Übungen des klösterlichen Lebens im Karmel.

Für sie beginnt ein Weg der Treue zur Angst und des Selbstopfers im Scheitern; er führt sie in den Garten der Angst, nach Gethsemane und weiter, bis in die letzte Erniedrigung und Entäußerung ihrer Würde hinein. Denn während einer Meßfeier, in der alle anderen Karmelitinnen unter Führung der Novizenmeisterin Sr. Marie de l'Incarnation ihr Leben Gott zum Opfer weihen, flieht Blanche aus dem Kloster in das nun von Jakobinern besetzte ehemalige Herrschaftshaus ihres Vaters, des Marquis de la Force, zurück, wo sie ganz zum Spielball der Revolution wird, bis zum äußersten entehrt und der Verachtung ausgesetzt. Aber sie nimmt es an: „Ich bin in die Angst hineingeboren worden, ich lebe noch darin. Jeder verachtet die Angst. So ist es nur recht, daß auch ich in der Verachtung lebe.“[21]

Am Ende des Gartens von Gethsemane mit seiner Angst und Schmach steht auch für sie der Tod. Freiwillig aus der Zuschauermenge der Hinrichtung durch die Guillotine entgegengehend, stirbt sie als „Letzte am Schafott“[22], das „Veni Creator“, das ihre zum Tod verurteilten Mitschwestern unter der Guillotine anstimmen, zu Ende singend. Während das Lebensopfer des Martyriums, das Sr. Marie de l'Incarnation gelobt hatte, nicht angenommen wird – sie ist während der Verhaftung abwesend und bleibt die einzige Überlebende –, beendet Blanche, die Schwester von der Angst Jesu, mit dem „Deo patri sit gloria“ ihr Leben.

Sie erweist damit als das eigentliche Opfer das der Angst, in der jede äußere Ehre und jede menschliche Glorie abgelegt wird, das „Opfer des Opfers“. Sie ist nichts als Hingabe – bis zur Anheimgabe an die Todesangst.

Mitten in dieser Todesangst erwächst Blanche die Freiheit, ihren Schwestern aus der Zuschauermenge heraus zur Guillotine zu folgen und mit der letzten Strophe des „Veni Creator“ Zeugnis zu geben von einer Macht, die die Angst vor Tod und Daseinsverfehlung durchbricht und Raum schafft für ein neues Leben. Ihr freies Hineingehen in den Tod zeigt, daß das Geheimnis der Erlösung immer Mysterium bleiben wird, in jedem Leben neu auf geheimnisvolle Weise geschehend. In ihm ist auch das Mysterium bleibend enthalten, dessen Namen Blanche trägt: die Todesangst Jesu Christi. Gottes begnadigende Liebe hat die Gestalt der Dahingabe, die bis in den Tod führt – erst jenseits seiner öffnet sich der Durchgang zu neuem Leben.

So aber ist es möglich, daß Blanches Gesicht in dem Moment, als sie auf die Guillotine zugeht, „von jeglicher Angst befreit“[23] erscheint: den Tod der Angst ist sie schon tausendmal vorher in ihrem Leben gestorben, auf ihn antwortet Gott am Ende dieses Lebens durch seinen Schöpfer-Geist, der Frieden schafft. Frieden kann also, wenn man Blanches Lebenszeugnis Glauben schenkt, nur gefunden werden im Sich-Lassen, in der Anheimgabe an die Bewegung des Gottesgeistes, die eine Bewegung der Selbstentäußerung und der Selbstentleerung ist. Auch dann, wenn sich diese Selbstübergabe an den Geist Gottes nicht in einer Erfahrung der Gelassenheit und Gelöstheit äußert, so liegt in ihr doch immer die Freiheit, die Authentizität des eigenen Daseins zu bejahen – mit aller Angst und Verzweiflung. Irgendwann, glaube ich, wird auch die Gelassenheit als Empfindung sich durchsetzen und ein innerer Friede sich erfahrbar machen, der als Grundvertrauen in das Heil schaffende Wirken Gottes zugleich die Voraussetzung für allen äußeren Frieden in der Welt ist. Menschen, die diesen Frieden der Ge-lassenheit ausstrahlen, können mit ihm ansteckend wirken und anderen helfen, sich auf die Bewegung des Sich-Lassens einzulassen – einfach im täglichen Leben, durch die Art des Miteinander-Umgehens und Einander-Raumgebens. Das durfte ich erfahren und bleibe dankbar dafür. Nur so – das ist meine Überzeugung – kann sich das Vertrauen gegen die allgegenwärtige Angst der Menschen durchsetzen und „Reich Gottes“ sich, zunächst in den engen Grenzen menschlichen Daseins, mehr und mehr verwirklichen: als guter Grund der Friedensarbeit heute.

Anmerkungen

1) Georges Bernanos, Dialogues des carmélites, dt. Die begnadete Angst, Olten-Köln 1951.
2) Vgl. v.a. E. Drewermann, Strukturen des Bösen. Die jahwistische Urgeschichte in exegetischer, psychoanalytischer und philosophischer Sicht, 3 Bde, Paderborn 1977-1978 u.ö.; ders., Psychoanalyse und Moraltheologie, Bd. 1: Angst und Schuld, Mainz 1982.
3) Vgl. ders., Strukturen des Bösen I, a.a.O., S. XVIII-XXXI.
4) Vgl. ebd., S. 48ff.

5) Blaise Pascal, Pensées et Opuscules Ausg. L. Brunschwicg, Paris 1961, Fragment 434, S. 531.
6) Vgl. K. Rahner, Angst und christliches Vertrauen in theologischer Perspektive, in: F. Böckle u.a. (Hrsg.), Christlicher Glaube in moderner Gesellschaft, Bd. 9, S. 86-100, bes. S. 90ff.
7) Vgl. E. Drewermann, Strukturen des Bösen III, a.a.O., S. 236-237.
8) Vgl. Art. Begrebet Angest, in: Kindlers Literaturlexikon Bd. 4, München 1974, S. 1424.; und: Art. Sygdomen til doden, in: Kindlers Literaturlexikon Bd. 21, a.a.O., S. 916f.
9) Vgl. S. Kierkegaard, Die Krankheit zum Tode, übers. v. E. Hirsch, Gütersloh 1982 (GTB 620), S. 8ff.
10) Ebd., S. 25-39.
11) Ebd., S. 13ff.
12) Vgl. F. Riemann, Grundformen der Angst und die Antinomie des Lebens, München 1961.
13) S. Kierkegaard, Die Krankheit zum Tode, a.a.O., S. 75ff.
14) Ebd., S. 81.
15) Vgl. G. Hole, Der Glaube bei Depressiven, Stuttgart 1977. Hole gibt an, daß im Mittelalter – so bei Thomas von Aquin – die Schwermut zu den Todsünden gerechnet wurde (vgl. ebd., S. 18f).
16) Georges Bernanos, Die begnadete Angst, Köln 1951, S. 33.
17) Ebd., S. 128f.
18) Ebd., S. 135.
19) Ebd.
20) Vgl. K. Rahner, Angst und christliches Vertrauen, a.a.O., S. 93.97.; P. Schoonenberg, Der versagende Mensch und sein Gott, in: Concilium 12 (1976) H. 11, S. 185-188.
21) Georges Bernanos, Die begnadete Angst, a.a.O., S. 183.
22) Vgl. die gleichnamige Novelle von Gertrud von Le Fort, die Bernanos zur Vorlage diente.
23) Ebd., S. 203.

KAPITEL 3: „GEFÄHRLICHE ERINNERUNG“ FÜR GEGENWART UND ZUKUNFT: WARUM WIR NICHT VERGESSEN DÜRFEN

Karlheinz Koppe: Der Tod im Süden

Von der Skrupellosigkeit derer, die es besser wissen[1]

Die Problematik Krieg und Frieden beschränkt sich längst nicht mehr auf die Frage, ob es sittlich zulässig sei, Konflikte mit Waffengewalt auszutragen, oder was geschehen könnte, um Millionen Menschen namenloses Leid und vielfachen Tod durch Waffengewalt zu ersparen. Spätestens seit Erfindung, Herstellung, tausendfacher Erprobung und (zweimaligem) Einsatz von Atombomben wissen alle, daß es nicht nur um das Leben einzelner (seien es auch 50 Millionen Tote wie im Zweiten Weltkrieg) geht, sondern um die Existenz der Menschheit und ihrer Zivilisation insgesamt. Bis dahin hatten zwar Kriege und Bürgerkriege den betroffenen Bevölkerungen auch immer Hunger, Not und Tod gebracht (in der Zweidrittelwelt[2] der Armut ist das weiterhin der Fall), aber die Regenerierungsfähigkeit der Natur und der Gesellschaft blieben davon unberührt. Selbst die Ausrottung ganzer Völker, wie in den beiden Amerikas (diesen verbrecherischen Aspekt einer europäischen „Glanzleistung“ sollten wir nicht vergessen, wenn wir 1992 des 500. Jahrestages der Entdeckung Amerikas gedenken), oder die Vernichtung der Juden unter Hitlers Terrorherrschaft haben darin im Prinzip nichts geändert, von der immer noch nicht geleisteten und nach wie vor gebotenen Aufarbeitung von Schuld einmal abgesehen.

Aber auch die potentielle Fähigkeit des Menschen, mit Massenvernichtungswaffen sich selbst und seine Zivilisation, die Natur und das Leben auf der Erde auslöschen zu können, ist zum Ausgang dieses Jahrtausends nicht mehr das zentrale Problem, auch wenn durch die anhaltende Entwicklung und – auf dem Wege des Rüstungsexports – Verbreitung immer tödlicherer und wirksamerer Waffen diese Gefährdung fortdauert, wie die Krise im Nahen und Mittleren Osten zeigt. Andere Gefährdungen sind auf den Plan getreten, die die Menschheit nachhaltiger bedrohen, Gefährdungen, die auf ein tödliches Zusammenwirken von Erfindungsgeist und Profitsucht zurückzuführen sind. Laufen wir, ähnlich wie mit Blick auf die Entdeckung und Eroberung Amerikas, Gefahr, über die Glanzleistungen technologischer Entwicklungen und den Luxuskonsum einer kleinen Minderheit der Weltbevölkerung erneut die unsittlichen, verbrecherischen Aspekte dieser Leistungen zu vergessen? Eben jene offensichtlich unaufhaltbare Verelendung der Zweidrittelwelt und die nicht weniger offensichtlich unaufhaltbare Zerstörung der Umwelt, die Grundlage jeglicher menschlicher Existenz ist.

Gefährdungen durch die Natur und Gefährdungen durch den Menschen

Der Verweis darauf, daß im Laufe der Geschichte schon immer Naturkatastrophen das Antlitz der Erde und die Lebensbedingungen der Menschen verändert haben und schon immer Zivilisationen vergangen und neue entstanden seien, ist wenig hilfreich und überdies irrig. Das erstere ist unabänderlich und kann auch heute über uns hereinbrechen. Doch während es sich in der Vergangenheit um Naturereignisse ohne Mitwirkung der Menschen handelte, ist die Zerstörung der Umwelt (Atmosphären-, Luft-, Wasser- und Bodenverschmutzung) heute ohne jeden Zweifel in einem hohen Maße Menschenwerk.[3] Und was den Niedergang vergangener Zivilisationen angeht, so sind diese in der Regel befruchtend in neuen Zivilisationen des Mittleren Ostens, der Griechen und der Römer in der Zivilisation Europas, des Westens, ja letztlich in der Weltzivilisation unserer Zeit. Wenn aber unsere Zivilisation, sei es durch den Einsatz von Massenvernichtungswaffen oder durch einen Umweltkollaps, zugrunde gehen sollte, zeichnet sich keine neue Zivilisation ab, in der sie aufgehen könnte.

Wer dieses Szenario als zu pessimistisch, als Schwarzmalerei, als Kassandraruf (immerhin hatten sich Kassandras Ahnungen stets bewahrheitet!) verwirft, übersieht einen weiteren, entscheidenden Unterschied zwischen vergangenen und heutigen Situationen: in früheren Zeit konnten sich Menschen immer wieder in Zivilisationsnischen zurückziehen und dort überleben. Ganze Völkerschaften verließen unwirtlich gewordene Gebiete und fanden unbewohnte Gegenden (überzogen freilich auf der Suche nach besseren Lebensbedingungen auch andere Völker mit Krieg oder rotteten sie einfach aus – wie im Falle der „Eroberung" Amerikas oder auch im Falle der Kolonialisierung Australiens). Als im vergangenen Jahrhundert in Irland Hungersnöte wüteten, wanderten Menschen nach Amerika und in andere Erdteile aus (was allerdings nicht die Ausrottung der dort lebenden Ureinwohner rechtfertigt; es gibt genügend Beispiele dafür, daß selbst große Wanderungsbewegungen nicht zur Ausrottung der vorgefundenen Bevölkerung führten). Heute sind mehr Menschen denn je in der Geschichte auf der Flucht vor Hunger und Not, Unterdrückung und Krieg, vor allem in Afrika. Wohin sollen und können sie flüchten? Es gibt keine Nischen mehr. Die meisten finden Zuflucht in Ländern, in denen ebenfalls Not herrscht. Die reichen Staaten wehren sich zunehmend gegen den Zustrom solcher Flüchtlinge, sehr oft aus Eigennutz, sie fürchten um ihren Wohlstand, aber nicht nur aus Eigennutz, denn ihre Aufnahmefähigkeit ist objektiv begrenzt. Es geht nicht, wie vor, während und kurz nach dem Zweiten Weltkrieg um einige wenige Millionen, es geht um mindestens zweihundertfünfzig Millionen, um eine viertel Milliarde, wenn nicht mehr. Schätzungsweise ein Mensch von zwanzig befindet sich in unseren Tagen auf der Flucht.

Eine Besserung dieses Elendes ist nicht in Sicht, vor allem nicht mit Blick auf das wichtigste Eckdatum der kommenden Jahrzehnte: In weniger als vierzig Jahren wird sich die Weltbevölkerung erneut verdoppelt haben. 90 Prozent dieses Zuwachses wird in den heute bereits bekannten Armutsregionen Afrikas, Asiens und Lateinamerikas zu verzeichnen sein. Zugleich werden sich dort die klimatischen Bedingungen wegen des Treibhauseffektes und der Zerstörung der Ozonschicht zuerst drastisch verschlechtern. Die reichen Regionen, in denen zur Zeit 20 Prozent der Weltbevölkerung fast 80 Prozent der weltweit erzeugten Energie für sich verbrauchen, werden unter einen ungeheuren doppelten Druck geraten, einmal unter den Druck der ökologischen Belastung, die mit dem Wachstum der Weltbevölkerung zunimmt, und zum anderen unter den wachsenden Druck der Menschen in den Armutsgebieten, die einen gerechteren Anteil an den Ressourcen und am Reichtum der Menschen im Norden fordern werden.

Der Krieg der Reichen gegen die Armen

Solches festzustellen hat nichts mit Pessimismus oder Katastrophenangst zu tun. Es ist dies zunächst nichts weiter als eine Situationsbeschreibung unserer Erde und der auf ihr lebenden Menschen. Nichts hindert uns daran, eine optimistische Perspektive zu entfalten. Denn wo steht geschrieben, daß wir menschlichen Erfindungsgeist, Technologie und industrielle Produktionskräfte nicht auch in ganz anderer Weise einsetzen können: zur Überwindung von Hunger und Not, zu natürlicher Geburtenkontrolle und zur Regenerierung der Natur, zumindest in einem ersten Schritt zum Stop weiterer Zerstörungen. Weit mehr als die zu erwartenden zehn Milliarden Menschen könnten mit Nahrungsmitteln und anderen Gütern zur Deckung ihrer Grundbedürfnisse versorgt werden, aber nicht unter den heutigen Wirtschaftsbedingungen, die auf eine Entkapitalisierung des Südens (was anderes bedeutet denn die Verschuldung der Zweidrittelwelt?) und durch Ressourcenentzug auf eine Zerstörung der Selbsthilfekräfte hinausläuft. Es mangelt an Transportwegen und Transportmitteln, um Reis und Getreide zu den Hungernden zu schaffen. Ein großer Teil der Ernte 1990 ist deswegen auf den Feldern, an Hafenquais oder einfach am Straßenrand verfault. Ein Viertel der heute lebenden Menschen ist unterernährt, eine halbe Milliarde leidet an Hungerschäden und ist zur Eigeninitiative nicht mehr fähig. Die Hälfte davon könnte von dem satt werden, was ein anderes Zehntel überkonsumiert. Und selbst wenn Klimaveränderungen natürliche Ursachen haben sollten, so kann dies nicht als Argument verwandt werden, um die vom Menschen verursachte Zerstörung der Umwelt, die solche Klimaveränderungen in ihrer Wirkung noch verschärft, zu verharmlosen. Denn abgesehen davon, daß die massive vom Menschen bewirkte Freisetzung von CO_2 im Zusammenwirken mit der Zerstörung der Ozonschicht in der Atmosphäre diese Veränderungen beschleunigt, sollte doch der Mensch alle seine Fähigkeiten und technologischen Kenntnisse nutzen, um sich, so weit diese möglich ist, gegen die Gewalten der Natur zu sichern.

An dieser Stelle setzen meine Beobachtungen und Zweifel an, die in der These gipfeln, daß die in unserer Welt herrschenden Eliten zwar alle diese Vorgänge und Entwicklungen kennen, aber ganz andere Schlüsse daraus ziehen, die wiederum darauf hinauslaufen, aus dem Elend und aus der Zerstörung noch Vorteile – Profit – zu ziehen. Sie führen einen „unerklärten Krieg der Reichen gegen die Armen“, so der Titel einer Dokumentation in der Frankfurter Rundschau 1985.[4] Mit anderen Worten: sie nutzen ihr Wissen, um eine Politik fortzusetzen, die das Überleben einer wohlhabenden Minderheit zu Lasten einer wachsenden hungernden Mehrheit sichern soll. Ich habe für das Vorhandensein einer solchen Strategie keine Beweise, denn die Verantwortlichen werden sich hüten, solche Pläne offenzulegen, geschweige denn schriftlich festzuhalten. Ich kann nur auf Indizien verweisen, die freilich eine deutliche Sprache sprechen.

Stutzig wurde ich, als Präsident Reagan kurz nach seiner Amtsübernahme die Wissenschaftlerkommission auflöste, die den von seinem Vorgänger Jimmy Carter in Auftrag gegebenen und bisher umfassendsten Bericht zur

Lage der Menschheit – Global 2000 – vorgelegt hatte.[5] Die in diesem Bericht niedergelegten ökonomischen und ökologischen Fakten sind nicht strittig, sie wurden in den Folgejahren fast ausnahmslos bestätigt. Was also konnte der Grund sein, die weitere Arbeit der Kommission einzustellen? Es gibt nur eine Erklärung: die Öffentlichkeit sollte nicht weiter durch Fakten beunruhigt werden. Zwar konnten dadurch weitere Forschung und Veröffentlichung von Forschungsergebnissen nicht verhindert werden, auch nicht Mutmaßungen im Gefolge feststellbarer Ereignisse, doch läßt sich seitens der Administration und der einflußreichen industriellen Lobby mit Einzelberichten und Spekulationen einfacher umgehen als mit einem konzentrierten, konkreten und quasi regierungsoffiziösen Gesamtbericht, an dem sich das gegenläufige Handeln der Verantwortlichen messen und nachweisen läßt.

Eliten und die Macht des Wissens

Ein Merkmal der Eliten der Gesellschaft ist, daß sie Zugang zu Daten und Fakten haben. Je mächtiger diese Eliten sind, um so größer ist ihr Wissen um die Vorgänge in der Welt, ganz gleich ob es sich um Krieg, Industrie und Wirtschaft oder Umwelt handelt. Vor allem die Manager von Großunternehmen, insbesondere der Multinationalen Konzerne, und Großbanken, akkumulieren – oft dank eigener Forschungsinstitute – Kenntnisse, die einen Minister vor Neid erblassen lassen, von Abgeordneten ganz zu schweigen. Allenfalls die Regierungen der Großmächte verfügen über ähnliche Kenntnisse. Die eigentliche Macht der Vereinigten Staaten ist nicht in ihrem wirtschaftlichen Reichtum und auch nicht in ihrer militärischen, weltumspannenden Stärke zu sehen, sondern in Qualität und Quantität (und erforderlichenfalls auch Verschweigen oder gar Verfälschung) der ihnen zur Verfügung stehenden Daten, vor allem wenn Administration, Industrie und Finanzwelt so eng miteinander verfilzt sind, wie dies in den USA der Fall ist. Die Bündnispartner, einschließlich der Bundesrepublik, hängen allen denkbaren unterschiedlichen Interessen zum Trotz, wenn immer es um globale Entscheidungen geht, von den Einschätzungen und den Strategien dieser Großmacht ab. Konflikte, wie die hohen Überschüsse der Bundesrepublik im Handel mit den USA oder selbst die Frage des Anschlusses der DDR an die Bundesrepublik, sind demgegenüber zweitrangig. Sollten freilich solche Konflikte in der Einschätzung der herrschenden Kräfte globale oder strategische Bedeutung erhalten, dann würden diese sich durchsetzen, ganz gleich wer in Bonn regieren mag.

Die zweite Großmacht, die Sowjetunion, und auch die dritte Großmacht, China, konnten sich bislang dank der Abkopplung ihrer Gesellschafts- und Wirtschaftssysteme vom Weltmarkt dem Sog der USA entziehen, wenn auch zu Lasten ihrer industriellen und wirtschaftlichen Leistungsfähigkeit. Ihre Größe – die Sowjetunion vor allem hinsichtlich ihres Territoriums und ihrer natürlichen Ressourcen, China in erster Linie dank seines Bevölkerungsreichtums – wird es ihnen auch in Zukunft ermöglichen, eigene, von den USA unabhängige Strategien zu verfolgen, vor allem wenn sie ihrerseits Wissen akkumulieren, das heißt, Daten über den Zustand der Welt erarbeiten und einzuschätzen lernen. Es kann aber auch geschehen, daß sie im Zuge der Öffnung ihrer Länder westliche Denkschemata und damit westliche Strategien übernehmen. Dann würde der Krieg der Reichen gegen die Armen vom Krieg der Mächtigen gegen die Schwachen abgelöst werden.

Die Zweidrittelgesellschaft im Norden

Die Schwachen sind übrigens keineswegs mehr allein in der Zweidrittelwelt der Armut zu verorten, sondern auch innerhalb der mächtigen und reichen Gesellschaft selbst. Ein Hinweis darauf ist die inneramerikanische soziale Entwicklung. Unter Reagans Administration hat sich die Zahl der amerikanischen Bürgerinnen und Bürger (mehrheitlich Schwarze und lateinamerikanische Einwanderer), die unter oder knapp an der Einkommensgrenze leben, die offiziell als Armutsgrenze bezeichnet wird, der 30-Prozent-Marke genähert. In Großbritannien hat sich unter der Regierung von Margret Thatcher eine ähnliche Entwicklung ereignet. Im übrigen Europa der Gemeinschaft ist dieser Prozentsatz dank des dichteren sozialen Netzes zwar noch geringer, nimmt aber ebenfalls zu. Das Wort von der westlichen Zweidrittelgesellschaft, in der zwei Drittel in Wohlstand leben und ein Drittel in (relativer) Armut, ist im Begriff, Wirklichkeit zu werden. In dem Maße, in dem in der Sowjetunion und in Osteuropa (und eines Tages in China) die freie Marktwirtschaft Fuß faßt, werden sich dort ähnliche, wenn nicht noch nachteiligere Verhältnisse einstellen, nicht zuletzt, weil das Korrektiv des sozialen Ausgleichs (der Begriff „soziale Gerechtigkeit“ wäre völlig fehl am Platze) mehr und mehr entfällt. Die Menschen in der ehemaligen DDR spüren das in besonderer Weise: während die einen ihre Chance in der Bundesrepublik suchen und wissentlich das Risiko auf sich nehmen, dort der Arbeitslosigkeit und Armut anheimzufallen, kämpfen die in den fünf neuen Bundesländern verbleibenden Menschen verzweifelt und – wie zu vermuten ist – chancenlos um die Wahrung wirtschaftlicher Eigenständigkeit.

Sie müssen befürchten, daß sie nur als billige Arbeitsreserve Verbraucher ausgenutzt werden, die aus Mitteln der Renten- und Arbeitslosenversicherung und der Sozialfürsorge ausgehalten werden. Die Wohlstandsgarantie der freien Marktwirtschaft gehört zu den hartlebigsten, aber verlogensten Legenden. Immerhin haben sich drei Viertel aller Entwicklungsländer dieser Wirtschaftsordnung unterworfen (unterwerfen müssen). Die Folge war keineswegs soziale Entwicklung, sondern eine im letzten Jahrzehnt unaufhaltsam wachsende Verelendung der Bevölkerungen. Die Kluft zwischen reich und arm hat sich im letzten Jahrzehnt keineswegs verengt, sie ist vielmehr noch weiter und tiefer geworden. Die Gefahr ist groß, daß Osteuropa oder Teile dieser Region in ähnlicher Weise vom Wohlstand abgehängt werden wie die Länder der Zweidrittelwelt.

Die Lage der Welt ist in großen Zügen bekannt. Als Faustregel kann gelten, daß ein Fünftel der Weltbevölkerung vier Fünftel des Welteinkommens (Bruttosozialprodukt) erarbeitet und auch darüber verfügt. Vier Fünftel der Weltbevölkerung (also noch mehr als die Zweidrittelwelt der Armut) müssen sich in den Rest, das fünfte Fünftel, teilen. 20 Prozent der Menschheit, das reiche Fünftel der Weltbevölkerung, verfügen über 80 Prozent der weltweit erzeugten Energie und verbrauchen 80 Prozent der Weltrüstungsausgaben. Von den weltweiten Ausgaben für Erziehung nehmen sie 85 Prozent in Anspruch, von den weltweiten Ausgaben für Gesundheit sogar 93 Prozent! Die Zweidrittelwelt der Armut leidet nicht nur an dieser extrem ungleichen Verteilung des Welteinkommens, sondern überdies noch an ebenso extrem hohen Schulden, die inzwischen 10 Prozent des Weltbruttosozialprodukts erreicht haben und wertmäßig fast doppelt so hoch wie die Weltrüstungsausgaben sind. Die Zinsen kommen wiederum der reichen 20-Prozent-Gesellschaft zugute. Gleichzeitig schlägt die jährliche Belastung der Umwelt wertmäßig mit etwa 10 Prozent des Weltbruttosozialprodukts zu Buche, für Umweltvorsorge und Umweltreparaturen werden aber nur 0,5 Prozent des globalen BSP aufgewandt. Diese Datenbeispiele könnten schier endlos fortgesetzt werden, laufen jedoch immer auf das gleiche hinaus: sie belegen den Profit der reichen Minderheitsgesellschaft, die Ausbeutung der Zweidrittelwelt der Armut und die zunehmende Zerstörung der Umwelt.

Wie die Reichen von den Armen profitieren

Den Menschen der Ein-Fünftel-Gesellschaft wird geschickt eingeredet, daß dies der natürliche Lauf der Dinge sei, denn schließlich seien es ja sie, die dank ihres Fleißes jene 80 Prozent des Welteinkommens verdienen und folglich berechtigt seien, dieses Einkommen für eigene Zwecke auszugeben. Im übrigen werde Entwicklungshilfe geleistet, obschon die Menschen im Süden eben nicht mit Geld umgehen können, wie schon die sattsam bekannte Korruption in diesen Ländern beweise. Gelegentlich wird auf „Umschuldungsmaßnahmen" oder „Schuldenerlasse" verwiesen. Die Mehrheit der im Wohlstand lebenden Bürgerinnen und Bürger greifen diese Argumente dankbar auf, sie brauchen sich dann den Armen gegenüber nicht schuldig zu fühlen, auch wenn sie ahnen, daß diese Darstellung nicht ganz richtig sein kann. Einem deutschen Kardinal wird das Wort zugeschrieben: Gott werde wohl wissen, warum es uns so gut und den Menschen im Süden so schlecht gehe; einem anderen das Wort: kümmern wir uns lieber mehr um unsere Nachbarn in der DDR und weniger um die Fremden. Auf solche simplen und überdies falschen Sachverhalte wird die komplexe Lage der Menschheit nach wie vor oft reduziert. Falsch deshalb, weil die andere Hälfte der Wirklichkeit verschleiert oder verschwiegen wird, etwa die ebenso nachweisbare Tatsache, daß der Wohlstand jener 20 Prozent in einem hohen Maße eine Folge der jahrzehntelangen und andauernden Ausbeutung der Zweidrittelwelt ist, daß die Kredite zum Teil längst wieder hereingewirtschaftet wurden und schon seit einigen Jahren mehr Kapital aus dem Süden in die Industriestaaten als umgekehrt fließt, daß Korruption zum einen eine üble Begleiterscheinung armer Gesellschaften ist, zum anderen von westlichen Firmen aktiv praktiziert wird, um letztendlich noch höhere Gewinne zu erzielen, indem in den Ländern der Dritten Welt kleine Eliten gefördert werden, die oft in – selbst für westliche Vorstellungen – sagenhaftem Luxus leben und bereitwillig die eigene Bevölkerung zugunsten der reichen Industriestaaten unterdrücken und ausbeuten. Die Manager einer Großbank oder eines internationalen Konzerns machen sich ihre Hände nicht schmutzig. Im Zweifelsfalle werden sie erklären, daß solches Gebaren nun einmal zum weltweiten Wettbewerb gehöre – freie Marktwirtschaft!

Wenn aber die herrschenden Eliten diese Situation und diese Zusammenhänge genau kennen, genauer als jeder Staatsmann, genauer als jene vereinzelten Wissenschaftler, die immer wieder warnen, dann müssen wir fragen, warum so wenig geschieht, um Abhilfe zu schaffen, um zumindest die weitere Verelendung und die weitere Umweltzerstörung aufzuhalten. Ich lasse mir nicht einreden, daß die internationalen Großbanken nicht die hohe Verschuldung der Entwicklungsländer hätten verhindern können. Ebenso lasse ich mir nicht einreden, daß sie nicht den Zusammenbruch der Rohstoffabkommen hätten verhindern können. Als letzte dieser, dem Schutz der Entwicklungsländer dienenden Vereinbarungen ist das Kaffeeabkommen geplatzt, was unseren Kaffee zwar verbilligt (bei weitem nicht im gleichen Maße, wie die Preise gestürzt sind), aber vor allem Zehntausende von Plantagenarbeitern und ihre Familien ins Elend treibt. Was hindert Regierungen, Banken und Unternehmen daran, das abgasfreie Auto durchzusetzen, den Einsatz von FCKW-Produkten zu verbieten oder rigoros auf Produktionen zu beschränken, die solche Stoffe nicht in die Atmosphäre ablassen?

Die Marktwirtschaft ist die Planwirtschaft der Wohlhabenden

Das häufigste Argument, das mir vorgehalten wird, lautet, daß alles dies dem unabänderlichen Gesetz des Kapitalismus unterliege, dem Zwang zu Profit, Expansion und Investition. Dazu gehöre, daß Preise gedrückt, Produktionen so lange laufen, wie es nur immer gehe und im gnadenlosen Wettbewerb um Absatzmärkte gekämpft werde. Für Rücksichtnahme auf Mensch und Umwelt sei in diesem System kein Platz. Wenn aber Staaten wegen hoher Verschuldung zahlungsunfähig werden oder die Abholzung der Tropenwälder, die Überdüngung von Böden und die Verschmutzung von Gewässern zu Teilzusammenbrüchen des lebenserhaltenden Ökosystems führen und letztendlich auch die Existenz der Manager und Mächtigen gefährden, dann ist dieses Gesetz nicht mehr viel wert. Dann nutzt es auch wenig, im allerletzten Augenblick Schulden zu erlassen, den Autoverkehr zu verbieten oder chemische Produktionen einzustellen. Das Argument mit dem Gesetz des Kapitalismus reicht jedenfalls als Erklärung nicht aus. Es müssen andere Gründe sein, die die herrschenden Eliten veranlassen, so und nicht anders zu handeln.

Das Argument mit dem Kapitalismus reicht schon deshalb nicht aus, weil es die Erscheinungsformen des frühen Kapitalismus – von Ausnahmen abgesehen – nicht mehr gibt. Der pfiffige kleine Unternehmer, der eine Marktlücke entdeckt und dadurch zum Großunternehmer wird, ist inzwischen auch eine Legende und gehört zu den eher seltenen Blüten unserer Zeit. Neue Produkte und neue Märkte entstehen nicht zufällig, sie werden systematisch und wissenschaftlich geplant. Eben deshalb sorgen die Manager der Großbanken und Konzerne dafür, daß ihnen möglichst viele Daten zur Verfügung stehen, denen sie dann auch die Daten für Umweltzerstörungen und menschliche Existenzvernichtungen als Folgen ihres Handelns entnehmen können. Die deutschen Banken, allen voran die Deutsche Bank, lassen nichts zu, was nicht sorgfältig geplant ist. Die so hoch gelobte freie Marktwirtschaft entpuppt sich immer wieder als eine bis ins letzte verästelte Planwirtschaft der Finanzwelt. Auch diese Überlegung spricht dafür, daß die Eliten ganz andere Strategien verfolgen.

Könnte es sein, daß diese Eliten im Zusammenwirken mit den am Rüstungsgeschäft interessierten Konzernen und Militärkreisen sich auf einen Konflikt ganz anderer (und zugleich auch uralter) Art vorbereiten, nämlich auf einen Ressourcenverteilungskrieg zwischen Nord und Süd, der langfristig die Voraussetzungen für einen Fortbestand der Wohlstandszivilisation der Industriestaaten schaffen soll? So unwahrscheinlich das klingt, so sehr sprechen die Indizien dafür.

Führt Entwicklung zum ökologischen Kollaps?

Dafür ein Beispiel. Im Sommer 1989 wurde bei einer Anhörung in der regierungsnahen (katholischen) Georgetown-University in Washington ausgeführt, daß ein Erfolg der Reformen in der Sowjetunion und in Osteuropa, die zwangsläufig höheren Konsum (einschließlich verstärktem PKW- und LKW-Verkehr), höheren Energieverbrauch und zusätzliche Schadstoffemissionen zur Folge haben, das Ökosystem der Erde an den Rand des Zusammenbruchs bringen werde.[6] Dies läßt sich vielleicht noch durch den Einsatz neuer Technologien, vor allem durch Energieeinsparungen in den hochentwickelten Industriestaaten in den Griff bekommen. Eine Entwicklung der Zweidrittelwelt, so lange sich diese an Lebensstandard, Konsum und Energieverbrauch der Industriestaaten orientiert (und das ist nach wie vor die Regel), müßte in der Tat zu einem totalen Zusammenbruch führen. Fünf Milliarden Menschen heute, zehn Milliarden in vierzig Jahren, dazu etwa vier Milliarden Stück Großvieh, deren gemeinsame Ausdünstung, die Atmosphäre mehr als die KFZ-Abgase belastet, (zumal in tierische Organismen keine Drei-Wege-Katalysatoren eingebaut werden können) sind für das globale Ökosystem objektiv zu viel. Hinzu kommt, daß sich in den kommenden fünfzig Jahren die Wohngebiete der Erde, wenn sich der zur Zeit zu beobachtende Anstieg der Temperaturen fortsetzen sollte, auf den Norden der USA, auf Kanada, auf Europa nördlich der Alpen, auf Sibirien sowie die nördlichen Gebiete Chinas und auf Japan reduzieren werden.

Wäre es angesichts dieser Einschätzung denkbar, daß sich die internationalen Eliten längst darauf verständigt haben, den Bevölkerungsstand der Erde in dem gleichen Zeitraum drastisch zu verringern, um den Überlebenden auch für die Zukunft eine Existenz in einem relativen Wohlstand zu gewährleisten? Wie aber soll das geschehen? Wer „selektiert“ die zum Tode verdammten Menschen? Könnte das der Grund sein, weshalb seit vielen Jahren keine wirkliche Entwicklung gefördert wird, sondern immer nur solche Maßnahmen getroffen werden, die sich für den Norden rentieren? Das hieße Raubbau und Ausbeutung im Süden so lange und so viel wie möglich, aber Entwicklung so wenig wie möglich.

Das wichtigste Indiz scheint mir zu sein, daß die internationalen Finanzeliten zu informiert und zu klug waren und sind, um nicht schon vor zwanzig Jahren gewußt zu haben, wohin die Politik der Kreditgewährung führt, nämlich zur existenzbedrohenden (lebensvernichtenden) Verschuldung des Südens, wobei zugleich dafür gesorgt wurde, daß im Zusammenspiel mit den kleinen korrupten Eliten vor Ort ein Teil der Kredite sofort wieder im Norden reinvestiert wurde. Das erklärt auch die relative Gelassenheit der Großbanken angesichts des Risikos einer Zahlungsunfähigkeit der Schuldner, denn es wird geschätzt, daß bis zu 60 Prozent der ausgeliehenen Gelder längst wieder bei den Gläubigerbanken gelandet sind. Die Milliarden, die der gestürzte Staatspräsident der Philippinen, Marcos, ins westliche Ausland verschoben hat, dürften nur die Spitze eines Eisbergs gewesen sein.

Natürlich wissen auch die Eliten, daß die Verschuldung ein Ausmaß erreichen wird, das gewinnbringende Exporte ausschließt. Sie würden Milliarden armer, aber dennoch potentieller Käufer verlieren. Ihr Handeln dürfte deshalb zunächst von der Devise bestimmt sein: heute mitnehmen, was noch möglich ist. Wenn es dann zum Kollaps im Süden kommt, würde zwar der Profit, nicht aber die Substanz des Nordens gefährdet sein. Im Süden würde das Massensterben um sich greifen. Dank moderner Technologie aber würden auch in einem menschenleeren Süden die Rohstoffe weiter zugunsten des Nordens ausgebeutet werden können.

Zwischenzeitlich werden die hungernden Massen des Südens beruhigt, unter anderem mit dem Export von Unterhaltungselektronik, die oft einen der höchsten Importposten in den ärmsten Ländern ausmacht. Daß die Verschuldungsfrage gerade in Mexiko in Angriff genommen wird (nach mehrheitlicher Expertenmeinung handelt es sich nur um eine Scheinentlastung), ist verständlich: Mexiko ist das Land, das aufgrund seiner direkten Nachbarschaft die Vereinigten Staaten am ehesten bedroht. Deshalb sind auch im Pentagon Überlegungen im Gange, an der Grenze zu Mexiko Militärstreitkräfte zu stationieren, zum einen, um die illegale Einwanderung lateinamerikanischer Arbeitskräfte zu stoppen, zum anderen, um Vorsorge gegen einen Ansturm verzweifelter und hungernder Menschen zu treffen, die einen gerechten Anteil am Wohlstand des Nordens fordern.

Zu den Indizien für eine solche Strategie des Aushungerns der Zweidrittelwelt gehört auch die anhaltende Rüstungs- und Rüstungsexportpolitik des Nordens einschließlich der Politik des Schürens von Konflikten auf schwacher Flamme (Low Intensity Conflict) in den Armutsregionen[7]. Zunächst fällt auf, daß diese Politik trotz des Abbaus der Ost-West-Konfrontation in Europa anhält. Zwar hat das Argument, sich gegen die weltrevolutionäre Strategie Moskaus wehren zu müssen, seit Beginn der *Perestroika* an Gewicht verloren, aber es gibt genügend Kräfte in Washington, Bonn und anderswo, die das so nützliche Feindbild der aggressiven Kommunisten so lange wie möglich aufrecht zu halten versuchen, bis sie sich auf andere Feindbilder fixiert haben, beispielsweise auf die Befreiungsbewegungen in der Zweidrittelwelt und die bekannten radikalen Regierungen oder Diktaturen in Libyen, Syrien, im Irak und anderswo.Die Politik des *Low Intensity Conflict* wird deshalb nicht aufhören, auch nicht der Rüstungsexport, der die bewaffneten Konflikte in der Zweidrittelwelt anheizt. Die Überlegung, daß auf diese Weise der Norden die Waffen liefert, die der Süden eines Tages gegen die Industriestaaten einsetzen könnte, wiegt offensichtlich nicht schwer, denn der Norden achtet sehr wohl darauf, daß er seine Überlegenheit behält. Schon aus diesem Grund ist kaum damit zu rechnen, daß die Atomwaffen verschwinden, von der Schwierigkeit, diese Waffen zu verschrotten und die atomaren Sprengköpfe zu entsorgen, ganz abgesehen. Schon darum ist das Risiko künftiger militärischer Auseinandersetzungen nicht auszuschließen, das einerseits teure Rüstung – ganz gleich ob zur vermeintlichen Abschreckung oder zum geplanten Kriegsführen – nach wie vor legitimiert und millionenfachen Tod in sich birgt.

Die Risiken einer gegen den Süden gerichteten Strategie

Diese Strategie hat natürlich ihre Schwächen, Unstimmigkeiten und Risiken. Die Republik Südafrika war beispielsweise in dieses Konzept eingebunden, konnte es aber aus eigener Kraft nicht durchhalten. Um dieses Land, das für den Norden allein schon wegen seiner natürlichen Ressourcen von hoher Bedeutung ist, zu stabilisieren, mußte – sogar unter westlichem Sanktionsdruck – zunächst Namibia in die Unabhängigkeit entlassen und dann der Ausgleich mit der nationalen Befreiungsbewegung gesucht werden. Das Apartheidsystem geht sichtlich seinem Ende entgegen, mit ihm aber auch die Einbindung Südafrikas in die Strategie des Aushungerns der Zweidrittelwelt. Der gewaltfreie Regimewechsel in Nicaragua schlägt der US-amerikanischen Administration ein weiteres liebgewordenes Feindbild aus der Hand.

Vor allem aber die Reformen in Osteuropa und in der Sowjetunion setzen große Fragezeichen. Zwar kann das westliche Regime der Marktwirtschaft auf seine Ausweitung setzen, doch handelt es sich zugleich enorme Probleme ein, auf die ich bereits hingewiesen habe, in erster Linie die sozialen und ökologischen Folgen dieser Ausweitung. Überdies ist gar nicht sicher, ob eine reformierte Sowjetunion sich in eine Strategie einbinden läßt, die von Risiken nicht frei ist.

Zugleich wächst der Druck auf die herrschenden Eliten, unvermeidliche ökologische Reparatur- und Vorsorgungsmaßnahmen schneller und umfassender in Gang zu setzen, als noch vor einigen Jahren notwendig erschienen und geplant war. Noch zwei trockene Sommer wie 1988 und 1989 und die USA werden keine Nahrungsmittelüberschüsse mehr erzeugen. Das gleiche gilt für die Europäische Gemeinschaft. Das wiederum hätte zur Folge, daß die sowieso unzureichenden Hilfsmaßnahmen für Osteuropa, die Sowjetunion und die Zweidrittelwelt noch geringer ausfallen könnten, als sie es heute schon sind, falls Nahrungsmittellieferungen überhaupt noch möglich sein sollten. Die westliche Industriegesellschaft, allen voran die Vereinigten Staaten, stünde dann vor dem Dilemma, entweder die Rüstungsausgaben drastisch zu kürzen oder den eigenen Konsum zu senken und Sozialausgaben weiter zu beschneiden. Wahrscheinlich wird sogar beides notwendig sein, um die erforderlichen Mittel für eine zukunftssichernde Umweltpolitik und die Restrukturierung der Weltgesellschaft freizusetzen.

Entwicklung der einen heißt Einschränkung der anderen

Die Herausforderung, die das alles bedeutet, ist ungeheuer, aber dennoch die einzige und zugleich aussichtsreichste Chance. Der Krieg der Reichen gegen die Armen muß umgehend eingestellt werden. Die Gesellschaft der Reichen wird sich auf ein Wohlstandsniveau beschränken müssen, das ohne den heute üblichen und sogar noch steigenden Luxuskonsum auskommt. Diese Einschränkungen müssen durch andere Lebensqualitäten (vor allem im Bereich der Umwelt) und Neuverteilung von Arbeit (wegen des zu erwartenden

Abbaus von Arbeitsplätzen) spürbar kompensiert werden. Die Einsparungen müssen in Form modernster, das heißt umweltschonender und umweltfördernder Technologien kostenlos nach Osteuropa und in die Zweidrittelwelt geliefert werden. Nur so wird die dort notwendige Anhebung des Lebensstandards ökologisch zu verkraften sein, der wiederum – wie die Erfahrung lehrt – die Voraussetzung für eine humane Begrenzung des Bevölkerungswachstums ist. Hinzu muß eine intensivere und kulturell angepaßtere Aufklärung über Schwangerschaftsverhütung kommen, was eine besondere Herausforderung für die Kirchen (vor allem für die Katholische Kirche) und den Islam bedeutet, deren Ablehnung von Verhütungsmitteln (Kondome) der Ausbreitung von AIDS direkt Vorschub leistet und damit gewollt oder ungewollt Teil der Strategie zur gewaltsamen Reduzierung der Armutsbevölkerung wird.

Die herrschende Politik – ganz gleich ob es sich um eine durchdachte Strategie, wie ich es in meinem Beitrag unterstelle, oder nur um ein weitgehend unkontrolliertes marktorientiertes *laisser faire* handelt – dürfte kaum in der Lage sein, die notwendigen Veränderungen zu bewirken. Sie würde auf ein Sich-Einigeln der Wohlstandsregionen hinauslaufen. Milliarden Menschen in der Zweidrittelwelt würden dabei durch Hunger und Seuchen zugrunde gehen. Eine Rechtfertigung dieser Politik mit angeblicher Naturgesetzlichkeit und Aussicht der Überlebenden auf sichere Zukunft ist ethisch unannehmbar. Sie würde ein Art ökologischen Sozialdarwinismus vermischt mit archaischem Malthusianismus bedeuten, einen Ökofaschismus, der in einem gigantischen Überlebenskampf enden müßte, von dem keineswegs sicher ist, ob ihn die reichen Gesellschaften gewinnen können, vor allem im Hinblick darauf, daß der dann mögliche Einsatz von atomaren Waffen genau den ökologischen Zusammenbruch auslösen könnte, der ja gerade verhindert werden soll.

Bleibt eine weitere Frage, die schwer zu beantworten ist: Werden jene Bürgerinnen und Bürger in den Wohlstandsregionen, auch und gerade jene, die dort an der Armutsgrenze leben, eine solche Umorientierung der Politik und die dafür erforderlichen Opfer akzeptieren? Können demokratisch gewählte und von diesen Bürgerinnen und Bürgern abhängige Regierungen eine solche Politik überhaupt in Gang setzen, geschweige denn durchsetzen?

Umkehr der Eliten und öffentliches Bewußtsein

Entscheidend wird das Verhalten der herrschenden Eliten sein. Wenn diese sich an die Spitze einer Umkehr setzen und zugleich dafür sorgen, daß die

Einschränkungen nicht nur die Masse der kleinen Leute treffen, sondern gerecht verteilt werden, dann sind solche Veränderungen möglich. Es geht mir in diesem Zusammenhang überhaupt nicht darum, die Deutsche Bank oder Daimler-Benz (um nur zwei Großunternehmen zu nennen, denen ein Symbolwert zukommt) zu verteufeln. Die notwendigen Veränderungen bedürfen effizienter, ideenreicher und kapitalkräftiger Banken und Konzerne. Beispielsweise wären beide Unternehmen durchaus in der Lage, die Umstellung (Konversion) der Rüstungsproduktion bei MBB und bei Daimler selbst auf ökologisch und sozial nützliche Produktionen ohne allzu große nachteilige Auswirkungen zu realisieren und auch auf die Regierung in Bonn entsprechenden Einfluß zu nehmen, um die politischen und gesetzlichen Voraussetzungen für Konversion zu schaffen.[8]

Der andere entscheidende Faktor für die Durchsetzung einer ökonomisch und ökologisch zukunftsverträglichen Weltpolitik ist das öffentliche Bewußtsein. Immer mehr Menschen werden sich der Notwendigkeit einer neuen Politik bewußt, obwohl es auch gegenläufige Tendenzen gibt, die weit in die politische Mitte hineinreichen. Dem konziliaren Prozeß der Kirchen in Richtung weltweiter Gerechtigkeit, Frieden und Bewahrung der Schöpfung kommt dabei wiederum besondere Bedeutung zu. Dieser Prozeß kann einen Einbruch in solche konservative Kreise bewirken, die noch den alten Denkweisen verhaftet sind.

Das Wissen der Eliten um den Zustand unserer Gesellschaft und ein breites öffentliches Bewußtsein, daß eine sichere Zukunft den Preis selbst einschneidender Opfer wert ist, können gemeinsam den großen Herausforderungen unserer Zeit gerecht werden.

Anmerkungen

1) Dieser Beitrag ist ein Versuch, widersprüchliche Beobachtungen zu bewerten. Leserinnen und Leser, die ähnliche Beobachtungen gemacht haben und/oder andere Schlüsse daraus ziehen, sind eingeladen, meine Darlegungen der Kritik zu unterziehen.

2) Ich ziehe den seit längerer Zeit gebräuchlichen Begriff *Zweidrittelwelt* dem allgemein üblichen Begriff *Dritte Welt* vor, weil er deutlich macht, daß inzwischen zwei Drittel der Weltbevölkerung in den Armutsregionen des Südens leben.

3) Es scheint allerdings auch in der Vergangenheit bereits Umweltkatastrophen gegeben zu haben, die von Menschen verursacht wurden, etwa die massive Abholzung im Industal, in Mesopotamien, in Nordafrika, auch im östlichen Mittelmeerraum zum Zwecke der Ziegelbrennerei oder des Schiffbaus, und die dann zum Niedergang der dortigen Zivilisation geführt haben. Diese Annahme ist allerdings umstritten. Es gibt auch die These, daß diese Ereignisse auf globale Klimaveränderungen zurückzuführen gewesen seien, auf die der Mensch keinen Einfluß hatte, so wie es auch heute umstritten ist, ob die sich zur Zeit abzeichnenden Klimaveränderungen auf zerstörerische Eingriffe des Menschen in die Umwelt oder auf zyklische Naturvorgänge, wie sie über die Jahrhunderte hinweg zu beobachten sind, zurückgehen.

4) Kärner, Dr. Hartmut, Der unerklärte Krieg der Reichen gegen die Armen. Über die Zusammenhänge von Grüner Revolution, Hunger in der Dritten Welt und dem Export von Rüstungsgütern, Frankfurter Rundschau, 27. November 1985.

5) The Global 2000 Report to the President, deutsche Ausgabe: Global 2000 – Der Bericht an den Präsidenten, Frankfurt am Main, 1980.

6) Die Tatsache dieses Hearings wurde mir bestätigt, doch ist es mir trotz intensiver Bemühungen nicht gelungen, die Texte der Vorträge zu erhalten.

7) Vgl. hierzu: Duchrow, Eisenbürger, Hippler (Hg.), Totaler Krieg gegen die Armen. Geheime Strategiepapiere der amerikanischen Militärs, München 1989.

8) Natürlich setzt dies auch eine Abstimmung im Bündnis und mit den USA voraus. Dafür wäre ein abrüstungs- und konversionsfreundlicher Druck aus Bonn sicher hilfreich, zur Zeit aber allen öffentlichen Erklärungen zum Trotz noch nicht zu erkennen. Interessant ist in diesem Zusammenhang, daß der US-amerikanische Verband der Rüstungsproduzenten, der eigentlich dafür sorgen soll, daß Rüstungsproduktionen in Auftrag gegeben werden, seit einiger Zeit in Washington auch als Lobby für Rüstungskonversion tätig wird. Dies wiederum ist ein positives Indiz dafür, daß sich auch Rüstungsproduzenten auf neue Gegebenheiten umstellen können. Ihnen sollte dabei nach Kräften geholfen werden.

Gottfried Erb: Vaterlandsliebe

Was nur noch als altes Gespenst herumgeisterte, hat plötzlich Fleisch angenommen. Das Vaterländische geht um und beileibe nicht nur bei den Rechten, sondern schier überall.

Noch im letzten Einführungskurs zu den „Internationalen Beziehungen“ 1989 hatte ich wie sonst in all den Jahren große Mühe, den Studierenden klarzumachen, was das denn sein könnte eine Nation oder ein Vaterland. Die Gedanken mußten über die Grenzen wandern nach Frankreich, nach Polen oder ins Reagan-Amerika, um Gegenwartsmaterial für das so schwer greifbare Realphänomen zu finden. Und jetzt? Über Nacht ist all das wieder unter uns, was durch den verbrecherischen Gebrauch der Faschisten so endgültig diskreditiert schien, diese alle noch so harten gesellschaftlichen Gegensätze überspielende Gefühlsgemeinschaft. „Des Deutschen Vaterland“ materialisiert sich in einem konkreten politischen Projekt: In der „Wiedervereinigung“. Ganz verschwunden war's ja nie. Vor den Republikanern hatten wir die Wahlerfolge der NPD, und direkt nach dem Kriege tummelten sich einige Parteien, die Nationales unbekümmert in die neue Republik hinüber transportierten. Die alte Sprache tauchte auch hie und da noch auf. Einer besonders hoch geehrten Person attestierte und attestiert man noch immer: „Er/sie hat sich um das Vaterland verdient gemacht“. Und der von der „Gnade der späten Geburt“ gesegnete Helmut Kohl hat seit langem das Wort „Vaterland“ im Munde, übrigens wohl doch nicht nur, weil es für die Unionschristen überlebensnotwendig ist, nach rechts zu schielen, sondern aus deutsch-nationaler Gesinnung heraus. Doch, was sich jetzt breit macht, das hat es in der Nachkriegsgeschichte der Bundesrepublik Deutschland noch nicht gegeben. Die Revolution in der DDR hat es uns beschert. Der Jubel auf den Stadtplätzen und beim Abbruch der Mauer ging schnell über in ein nationales Getöse und in den üblichen Wettbewerb von Beschimpfungen im Wahlkampfgetümmel. Wer ist der Deutscheste unter den Deutschen? Wehe denjenigen, denen irgendeine Gegenrede über die Lippen kommt! Denen droht das politische Todesurteil: Vaterlandsverrat. Und auch das wiederholt sich: Die Verleumdung der SPD, die mal wieder als „national unzuverlässig" gebrandmarkt werden darf. Und wohl auch deswegen hält diese wacker mit bei der Konkurrenz um den besten Weg zur nationalen Einheit. Willy Brandt, revitalisiert zum nationalen Heros, gab das erste Stichwort: „Es wächst zusammen, was zusammen gehört". Besonnene Stimmen, sogar die, die zwar nicht gegen den deutschen Großstaat, sondern nur zur Ruhe, zu gründlicher Überlegung mahnen, wirken wie Kassandrarufe einsamer Propheten. Die Deutschen hat eine Welle erfaßt, die ungestüm aus deutschen Tiefen hervorgebrochen scheint und jetzt alles mit sich reißend nicht mehr einzudämmen ist. Da wird nachgeholt, was sich in anderen Staaten so unbelastet und so selbstverständlich ausleben konnte, auch nach dem zweiten Weltkrieg und trotz aller Supranationalität: In Frankreich, in Großbritannien, in den USA und jetzt in beinahe allen osteuropäischen Ländern. Dürfen die Deutschen jetzt auch national fühlen, denken und handeln? Sie dürfen, so sagen es ihnen rundum alle, wenn auch nicht ohne Bangen. Denn alle akzeptieren es als demokratisches Weltgesetz: Jedes Volk habe ein Recht auf Selbstbestimmung. Es scheint gleichgültig zu werden, ob Selbstbestimmung für oder gegen weitsichtige Humanvernunft, ob mit oder ohne, mit viel oder wenig Militär, das vor 45 Jahren noch alle Welt mit seinen preußischen Wurzeln für immer ausrotten wollte, ob an west-osteuropäischer Einigung gekoppelt oder nicht, egal: Selbstbestimmung für was und gegen wen auch immer. Daß die Deutschen die „deutsche Sache" im Kern allein entscheiden, das scheint allein maßgebend.

Man kann einwenden, daß doch alle davon reden, die Deutsche Einheit sei nur als Teil der europäischen Integration gedacht. „Ein europäisches Deutschland", so der Außenminister, habe man im Sinn und kein „deutsches Europa". Doch die Harmlosigkeit eines deutschen Großstaates wird verdächtig oft beschworen, als ob man ahnt, daß das Europäisierungsangebot nach Beschwichtigung riecht. Die Fusion der deutschen Staaten geschieht jetzt, die europäische Ost-West-Integration bleibt zunächst Zukunftsvision, die wie ein Luftgespinst zerstieben kann, wenn genau das weiterwächst, was schon bestens gedeiht: Der sich gegenseitig anfachende Nationalismus.

Mißtrauen gegenüber deutscher Politik wächst wieder, so daß jahrzehntelange schwierige Versöhnungsarbeit gefährdet ist. Unsere Rechten halten schon frohlockend dagegen. Umso mehr schielen andere nach rechts. Dort sind ja Wähler zu gewinnen. Die Politik kann so in immer kräftigere nationale Fahrwasser geraten. Dann aber zählt nationalstaatliche Macht doppelt, und deutsche Politik wird sich hüten, auf sie zugunsten irgendeiner internationalen Institution zu verzichten. Schon jetzt verschleppt ja die ökonomisch so mächtige Bundesrepublik Deutschland die Wirtschafts- und Währungsunion der westeuropäischen Gemeinschaft erfolgreich, um etwa das dicke Devisenpolster für die deutsche Integration zu nutzen.

So redlich manche antinationalistischen Reden auch sein mögen – am überzeugendsten wirkt immer noch Oskar Lafontaine – die Vereinigung der DDR und der BRD schafft ein Machtpotential, das so oder so sein Eigengewicht entfalten wird und erst recht zur großen Versuchung werden kann. Die Patrioten, die sich guten Glaubens als Gegner der Nationalisten wissen, bereiten also nolens volens den Boden für nationalistisches Natterngezücht. Es wäre nicht das erste Mal in der Geschichte.

Ich will die Unterschiede nicht verwischen. Mich hat die Gegenüberstellung der beiden Vaterländer und die grundehrliche Abrechnung mit dem chauvinistischen Part der polnischen Geschichte, die Jan Józef Lipski präsentiert hat, sehr beeindruckt.[1] Sie muß Polen, die so lange und so furchtbar geknechtet waren, besonders schwerfallen, weil in solcher politischen Lage das Wir-Gefühl, die nationale Einheit, der gemeinsame Kampf emanzipatorische Qualität besitzen und gerade der Konflikt um Nationales im eigenen Lager Sprengstoff erster Güte zu sein pflegt. Umso mutiger die Äußerungen Lipskis, die ihm in Polen viel Beifall, aber auch viel Ärger eingetragen haben. Er sieht einen wirklichen Antagonismus zwischen dem Chauvinismus, dem Größenwahn und dem Fremdenhaß auf der einen und einem „nationalen Ethos“, der „besonderen Liebe zu den Angehörigen derselben nationalen Gemeinschaft“ auf der anderen Seite. Nicht „die Liebe zu allem, was polnisch ist“ meint er – „patriotische Stupidität“ nennt er das –, sondern eine Zuwendung zu den „geistigen Gütern und Werten“, die sich „zum Begriff Vaterland zusammenfügen“: das seien die essentiellen christlichen Werte, die unseren Kulturkreis geprägt hätten, insbesondere das Gebot der Nächstenliebe. Und so verknüpfen sich dann die Orientierungen: „Patriotismus entspringt der Liebe und muß zur Liebe führen; jede andere Form des Patriotismus stellt eine ethische Deformation dar".

Das klingt respektabel. Eine tatsächlich so verankerte und so gerichtete „Vaterlandsliebe" würde vieles heilen in der Welt, das polnisch-deutsche Verhältnis etwa, das Jan Józef Lipski so sehr am Herzen liegt und zu dem er Kostbares gesagt hat. Dennoch verstummt mit solcher Markierung die kritische Frage nach den Effekten und auch nach den Quellen nationaler Identitätsstiftung nicht.

Vorweg noch eine wichtige Unterscheidung historischer Prozesse. Im Namen der Nation geschah ganz Gegensätzliches: Brutale Zwangsintegration ebenso wie Befreiung von imperialer Fremdherrschaft. Polen erlebt heute wieder die Befreiung zu nationaler Selbstbestimmung. Ganz gegenteilig entwickelten sich Italien, Frankreich und auch Deutschland zu nationalen Staatsgebilden. Herrschaftlicher Zwang, Machtinteressen der sich dominant gerierenden und dann durch kriegerische Gewalt dominant werdenden Potentaten haben diese Nationen zusammengezwungen. Das Erwachen der nationes, der Völker, fügte erst später die demokratische Dimension hinzu. Der moderne Nationalismus, wie er von Europa seit Ende des 18. Jahrhunderts praktiziert wurde und sich in der Welt verbreitete, entstand genau aus der verführerischen Mischung beider Grundströmungen: Der emanzipatorisch-demokratischen im Innern der Länder und der nationalistisch-imperialistischen nach außen. Mit der Französischen Revolution begann es in unserer Region: Der Aufstand gegen die totalitäre Herrschaft des Ancien Régime, des Volkes gegen die Fürsten, des Dritten Standes gegen die beiden ersten, das war die kontinentaleuropäische Geburtsstunde der Demokratie. Kein Zweifel! Da war die Nation noch das französische Volk mit seinem Anspruch auf Souveränität, repräsentiert in der „Nationalversammlung". Da war die neue Armee noch die „Nationalgarde", die sich nach und nach das alte Heer einverleibte und gegen die ausländischen Fürstenheere kämpfte, um ihre neue Republik zu verteidigen und nicht Frankreich schlechthin. Und da wollte man noch die anderen ebenso geknechteten Völker befreien. Mit den Siegen und erst recht mit den Eroberungen in Belgien, Deutschland, der Schweiz und Italien schlug diese Bewegung in die hergebrachte imperiale Politik um. Die Revolutionsheere wurden zur Besatzungsmacht des national auftrumpfenden Frankreichs.

Geschah und geschieht Ähnliches nicht allenthalben? In den USA etwa, die sich aus dem kolonialen Status befreiten? Gewiß, auch da gibt es keinen Automatismus, keine deterministische Gesetzlichkeit. Wo aber, wie in den USA, die Befreiung von externer Beherrschung selbst eine Machtdynamik in Gang setzte, entstand Gefahr für die Umwelt. Die Macht wurde bald zu aggressiver Außenpolitik genutzt.

Deswegen haben die Revolutionen in Polen und der DDR zwar ihren ersten demokratischen Impuls gemeinsam. Der nächste Schritt jedoch trennt sie bereits. Das „Wir“ in dem imponierenden und selbstbewußten „Wir sind das Volk“, das die Menschen auf so vielen Demonstrationen in die Welt riefen, geht über in das „Einig Vaterland“ oder schlimmer noch in das „Deutschland den Deutschen“ und wird zur Morgengabe für einen neuen großen deutschen Staat, der in seiner Machtfülle nicht nur Polen überragt und nicht nur dort mit gutem Recht Ängste hervorrufen muß. Und selbst die Domestikation deutscher Machtgelüste in einem integrierten europäischen Bundesstaat kann nicht beruhigen. Stünde uns damit nicht ein europäischer Nationalismus ins Haus, der, korrelierend mit der „Großmacht Europa“ noch Gefährlicheres in die Welt setzen würde?

Zurück zu der emotionalen Dimension bzw. zu den mentalen Kategorien. Dieses Deutschland vereinigt sich zunächst einmal zu einem Staat, dem politischen System eines Landes. Mit Vaterland ist wohl mehr gemeint als das politische System. Aber was? Das Land? Was ist ein Land? Die Bäume, Wiesen, Felder, Häuser, Tiere samt allen darin wohnenden Menschen? Kann ich das lieben? Mir ist das zuviel, zumal ich nur einen Bruchteil „meines“ Landes und „meiner“ Landsleute kenne. Was ich nicht kenne, kann und will ich nicht lieben. Der Gegenstand wird zu abstrakt. Und Liebe ist alles andere als abstrakt. Was wir Deutschen mit dem unnachahmlichen und in anderen Sprachen unbekannten Begriff „Heimat“ bezeichnen, das ist übrigens etwas anderes, das ist genau das, was ich kenne, wo ich wohne, meine mir bekannte Umgebung, das sind meine Leute, mein Haus und meine Stadt. Auch wenn es mir schwerfällt, da auch gleich wieder von Liebe, diesem kostbaren Lebenselixier, zu sprechen, da leuchtet mir der Begriff noch am ehesten ein. „Heimatliebe“, das mag angehen.

Aber dieses mikrosoziale Etwas „Heimat“ entspricht nicht dem, was Vaterland meint. Also ist etwa doch der Staat der Gegenstand der Liebe, zumal wir, wenn auch mit leichter Ironie, vom „Vater Staat“ reden? Die beste Antwort auf die Fragen: „Lieben Sie den Staat“, hat der frühere Bundespräsident Heinemann gegeben. „Ich liebe meine Frau“ hat er gesagt. Und das trifft's. Man ist versucht, weiter zu folgern: Am Ende lieben deswegen so viele ihr „Vaterland“, weil die Liebe zu den Mitmenschen so spärlich ausfällt, die Liebe, die sie geben und die sie erhalten, was oft einander bedingt. Könnte womöglich bei vielen die Vaterlandsliebe kompensatorische Funktionen haben und so neurotische Züge annehmen?

Dann aber könnte sie schnell in nationalistische Aggressivität umschlagen. Es bedarf nur der Anlässe, etwa wenn das „Vaterland in Gefahr“ ist, was ja von oben so leicht herzudeuten und nach unten zu indoktrinieren ist. Der Falkland-Konflikt zwischen Argentinien und Großbritannien war so ein Fall in letzter Zeit. Nichts oder doch fast gar nichts Englisches war wirklich in Gefahr, und doch konnte die inzwischen zurückgetretene „Eiserne Lady“ mit ihrer Mannschaft im Handumdrehen ein nationales Getümmel sondergleichen anfachen und so ihre auf dem Tiefpunkt angelangte Popularität wieder in beachtliche Höhen treiben. Menschen, die so ihr Vaterland lieben, sind offensichtlich leicht und in gefährlichen Ausmaßen verführbar. Die ethischen Schranken fallen schnell. Edler Patriotismus hält dem Ausbruch aggressiver nationaler Gefühle nicht stand.

Eine Gemeinsamkeit haben Patriotismus und Nationalismus ohnehin. Sie separieren beide das eigene Staatsvolk von anderen. Auch Jan Józef Lipski spricht von der „besonderen Liebe zu den Angehörigen derselben Gemeinschaft“. Die „Fremden“ sind gegenüber dem „eigenen Volk“ aus der Liebe zwar nicht ausgeschlossen, aber zu den Landsleuten gibt es eben eine „besondere Liebe“. Ich will nicht leugnen, daß die gleiche Liebe zu allen Menschen ebenso eine Fiktion ist wie die Liebe zu allen Angehörigen der eigenen nationalen Gemeinschaft. Liebe wird immer nur in großen Differenzierungen auftreten. Alle Gleichheitsnormen überfordern uns. Selbst das christliche Liebesgebot spricht von Feindesliebe, wobei ja der Feind durchaus Feind bleiben könnte und nicht per se zum Freund umgemodelt wird. Aber entspricht es funktionstüchtiger Humanität, wenn die Differenzierung entlang von politischen Grenzen erfolgt? Warum soll ich den Herrn Schönhuber mit anderer Liebe bedenken als meine polnischen, italienischen und französischen Freundinnen und Freunde? Weil er Deutscher ist? Die Formierung zu Gemeinschaften, zu Gefühlsgemeinschaften ist gerade in den nationalen Ausprägungen so gefährlich, weil sich im Nationalstaat immer noch die größte Macht konzentriert: Die Gestaltungsmacht nach innen und die ökonomische sowie die militärische Macht nach innen sowie nach außen. Tritt das Nationalgefühl hinzu, wird politische Herrschaft mit Sehnsüchten befrachtet, durch emotionale Strukturen legitimiert und gefestigt, ja gesteigert und womöglich erst richtig hochgetrieben, dann wird das zerstört, was Demokratie prinzipiell begründet: Die Orientierung an den Interessen aller. Das alles übertönende Nationalgefühl walzt die Widerstände im Innern nieder und bildet gerade damit ein besonderes Freund-Feind-Verhältnis aus. Der Staatsfeind, der Vaterlandsverräter entsteht. Die Harmonie der nationalen Gemeinschaft geht immer auf Kosten von Minderheiten, und nicht selten werden im Namen der nationalen Einigkeit ausgerechnet Nationalitäten diskriminiert. Auch wenn das alles nicht geschieht, so bleibt das Sortieren der Menschen. Wenn heute ganz deutliche Unterschiede zwischen Deutschen der ehemaligen DDR und Polen gemacht werden – man redet etwa von Hunderten von Milliarden DM, die von der BRD zur Sanierung der Wirtschaft in den „neuen" Ländern aufgebracht werden müßten, wogegen bei Polen nur Bruchteile davon im Spiel sind – wie soll eine derart massive Ungerechtigkeit delegitimiert werden, es sei denn, man hört endlich auf, die Menschen nach ihrer Nationalität zu trennen?

Sicher, wir wählen in unserem Land und werden hier regiert. Aber das findet nicht nur auf nationaler Ebene statt. Schon die Kommune, der Kreis, das Bundesland entsprechen anderer Einteilung und die europäische Gemeinschaft, ein späterer und jetzt so viel beschworener europäischer Bund? Weshalb soll ausgerechnet eines dieser politischen Systeme, der Nationalstaat, ein so hohes Maß unserer emotionalen Zuwendung beanspruchen dürfen? Wir haben schon lange mehrere kollektive Identitäten. Und es entstehen neue im werdenden Europa und auch auf Weltebene, allein schon wegen der globalen Gefahren. Andere politische Verankerungen, die in den Parteien, in diversen Grundrichtungen, auch in den grenzüberschreitenden, kommen hinzu, so daß diese mit Gefühlen so hochbesetzte Einbettung in eine Nation objektiv gesehen keine exklusive, auch nicht die erhabenste Identifikation sein muß. Die Vernetzungen, in denen wir leben, sind bei weitem komplexer.

Warum heißt das Liebesobjekt eigentlich Vaterland? Die Feministinnen unter uns werden zutreffend gleich sagen: „Mutterland? Das wäre ja noch schöner, wo diese politischen Konstrukte allesamt maskulin bestimmt sind." Für Katholiken ist der Mutterbegriff ohnehin schon lange für die eigene Kirche reserviert. Eine ganze Theologie steht hinter der Titulatur: „Unser Mutter, die Kirche", auch wenn die Amtskirche noch mehr als die modernen Staaten der Männerherrschaft ausgesetzt ist. Fügt sich da nicht alles zum Besten zusammen? Vaterland und Mutter Kirche? Das war einmal eine zwar höchst prekäre aber keineswegs illegale Verbindung. Heute freilich werden sich die Kinder solcher Eltern als Bastarde zu fühlen haben.

Aber belassen wir es bei der Vatermythologie. Das Wort Vaterland ist am verräterischsten. Es trifft den Mythos noch besser als das Wort Patriotismus, das distanzierter, cooler und auch vornehmer klingt. Obwohl das Vaterbild nun weiß Gott nicht nur positive Assoziationen enthält und viele an den allzu strengen, oder den interesselosen, den grausamen, den gefühlsarmen, den schwachen, larmoyanten Vater denken mögen und sich vielleicht an den schmerzvollen und konfliktreichen Trennungsprozeß erinnern, womöglich sogar den Vatermord durchlebt haben, dessen Erkenntnis uns Sigmund Freud eingebrockt hat. Das Wort strahlt auch anderes aus: Die Fürsorge, den Schutz, die Großzügigkeit, den Händedruck, die Umarmung, ja, von dorther gedacht, die Liebe. Und genau das ist das Vertrakte. Ein richtiger Vater liebt seine Kinder, und so kommt es jetzt nur noch darauf an, daß es sich um den richtigen Staat handelt, und schon kann er geliebt werden. Und wehe, er liebt nicht zurück. Das treibt in unseren Systemen Leute nach rechts.

Mein Verdacht hat noch andere Wurzeln: Gerade die Wortwahl kombiniert zwei Dinge, die viele von uns sich zusammenwünschen. Die emotionale Nähe des Liebesobjekts, das ja realiter ein gigantisches Ungetüm, ein Leviathan geworden ist. Das Wort Vater holt ihn aus seiner Unnahbarkeit in die Nähe, entkleidet ihn partiell seiner Gefährlichkeit, hängt dem Wolf den Schafspelz um. Zugleich muß aber dieser Vater so mächtig sein, wie es nur geht. In der bedrohten Welt, in den Konkurrenzen, die alle Lebensbereiche durchziehen, in der bei den meisten Angst und lähmende Ohnmachtsgefühle entstehen, nur bei den wenigen Siegern nicht, da suggeriert konzentrierte Macht Schutz und Sicherheit. Wo sonst in der Welt voller Gefahren soll dieses schutzlose Einzelwesen sich anlehnen, einen Ort der Geborgenheit finden als in dem starken Kollektiv Nation? Auch wenn gerade diese Schutzfunktion immer wieder verraten wurde und die Macht gerade zu solchem Zweck immer brüchiger geworden ist, ohne daß ihre Gefährlichkeit abgenommen hat, sorgt selektive Wahrnehmung für blindes oder halbblindes Vertrauen.

So enden diese Überlegungen resignativ; denn eine so festgefügte Struktur wie die Konkurrenzgesellschaft bietet einen sich immer erneuernden Nährboden für Aggressivität, Sicherheitsbedürfnisse und pathologischem Liebesbedarf.

Ich vermute, die christliche Botschaft stimmt: Daß die Liebe des Nächsten und des Ichs, dazu die Liebe der Feinde, die wenigstens das konflikteindämmende Arrangement gegenseitiger Duldung einzutragen hätte, Grundlage einer Gesellschaft wäre, in der die Pathologien soweit reduziert sein könnten, daß die unerhörten Gefahren, wie sie etwa im nationalen Großstaat lauern, zu bannen wären. Doch sie befindet sich nicht unter uns, diese Welt. Sie bleibt wie in den Jahrtausenden der Geschichte bisher an jenen Ort verbannt, dem so viel Verachtung zuteil wird, dem Nichtort, dem Utopos. Für Christen gilt diese Utopie als Verheißung des Menschenschöpfers, die bleibt, auch wenn wir Erdenbürger so wenig aus ihr gemacht haben.

Anmerkungen

1) Siehe seinen Artikel „Zwei Vaterländer – zwei Patriotismen". Mit einer Einführung von Gotthold Rhode, als Übersetzung erschienen in: Kontinent 22, Juli 1982, Seite 5-48.

Josef Stemmrich: Warum ich nicht vergessen kann – Zur Gegenwart der Vergangenheit

Ich bin Jahrgang 1917. Die Weimarer Zeit ist mir politisch kaum bewußt geworden. Während des Dritten Reiches gehörte ich zur katholischen Jugendbewegung. Ich war mehr verwurzelt in deren informellen Gruppen als in den offiziellen Gemeinschaften, aber freilich haben wir in diese kräftig hineingewirkt. Zwischen der Kirche, hier zu verstehen in der komplexen Bedeutung dieses Begriffs, unseren Gemeinschaften, und dem Nationalsozialismus entwickelte sich eine sich ständig verschärfende Spannung. Sie führte mich in einen Prozeß, der für mich bis heute nicht abgeschlossen ist. Diese Unabgeschlossenheit ist der erste Grund, dessentwegen ich nicht vergessen kann. Im folgenden soll fragmentarisch versucht werden, ein wenig zu verdeutlichen, wie ich in diesem Prozeß stand und wie ich heute darin stehe. In einem ersten Teil will ich versuchen, drei Punkte anzugeben, die vielleicht geeignet sind, die drei Fragen vorzubereiten, welche ich in meinem zweiten Teil etwas schematisierend erörtern möchte. Diese Fragen bewegen mich bis auf den heutigen Tag. Biographisch gehe ich im folgenden in einen bestimmten Abschnitt meiner Soldatenzeit, weil sie mir günstig erscheint, meine Probleme in der gebotenen Kürze darzustellen.

Weil ich bei meiner Musterung nur als bedingt tauglich eingestuft worden war, wurde ich erst im November 1941 zu den Landesschützen eingezogen. Ich war also kein sehr typischer Soldat. Schon kurz vor Weihnachten war ich an meinem ersten Einsatzort zur Gefangenenbewachung im Emsland nahe bei Lingen.

I.

1. Der Fahneneid

Die Vereidigung fand am frühen Abend statt. Am Nachmittag des betreffenden Tages saßen wir auf unseren Stuben und sprachen auch über den bevorstehenden Abend. Ich meinte, die Vereidigung sei ein großes Theater ohne jede Substanz und Verbindlichkeit. Ein verbindlicher Eid könne nur freiwillig geleistet werden; ein erzwungener Eid sei ein Widersinn in sich.Seitens meiner Kameraden fand ich einhellige Zustimmung.

Sachlich bin ich heute nicht mehr ganz meiner Meinung von damals. Ich bezweifle heute, ob man ein solches Eid-Theater einfach mitmachen durfte. Ich frage mich, ob nicht strikte Verweigerung des Eides das religiös und ethisch Gebotene war und ist. Ich halte aber auch das Verhalten der Kirche in dieser Sache für äußerst problematisch, da die Kirche, die ja immerhin in unserem Volk seit Jahrhunderten ein Öffentlichkeitsstatus besitzt, solche Eidesleistungen unwidersprochen geschehen läßt, ja sogar ausdrücklich unterstützt. Desgleichen halte ich es für problematisch, daß in der normalen kirchlichen Unterweisung mit keinem Wort darauf hingewiesen wird, daß der Eid nicht nur von dem gebrochen werden kann, der ihn schwört, sondern auch von dem, der ihn sich schwören läßt. Fordert dieser nämlich eine Gehorsamsleistung, die dem widerspricht, bei dem der Eid geschworen wurde – bei Gott –, dann ist der Eid gebrochen eben von dem, der diesen Gehorsam fordert.

Im Zusammenhang mit dem Problem des Fahneneides verstärkten sich bei mir Fragen, die wir in unseren Kreisen seit langem stellten. Sie kreisten um das Problem von Loyalität gegenüber der legalen Regierung, Recht auf Widerstand und der sich unter Umständen ergebenden Verpflichtung zum Martyrium. Zwei meiner Freunde, Otto N. und Walter K., erörterten sie im vertrauten Kreis um Professor Lützeler in Bonn. Er gab einen Rat, den wir auch von anderer Seite hören konnten. Man dürfe jetzt nicht ins offene Messer rennen, sondern müsse sich aufsparen für die Zeit, wenn der Nazi-Spuk vorbei sei. Dann werde jede zum Neuaufbau fähige Kraft dringend gebraucht. Die beiden

Freunde sind in Rußland gefallen. Seitens der Amtskirche wurde bis zum Ende versucht, eine Art Kongruenz von kircheninstitutioneller und staatsbürgerlicher, einschließlich militärischer Loyalität, zu behaupten. Ziemlich akrobatisch versuchte man zwischen nazistischer Weltanschauung und nazistischer Politik zu unterscheiden. Nahezu rührend war in dem Zusammenhang die Auseinandersetzung mit Alfred Rosenbergs Machwerk „Der Mythus des 20. Jahrhunderts“. Die in der gültigen moraltheologischen Tradition bereitliegende Lehre vom Widerstandsrecht wurde schlicht übergangen, gelegentlich auch ausdrücklich in Abrede gestellt. Die Frage des Martyriums wurde zumindest atmosphärisch unzulässig verengt. Einmal, indem man eine Mentalität zuließ, bei der das Blutzeugnis nur gefordert war, wenn die Leugnung definitiver Glaubenssätze abverlangt wurde, nicht aber wenn einem eine Mitschuld an Ungerechtigkeit und Unmenschlichkeit aufgezwungen werden sollte. Die zweite Verengung bestand in einer übermäßigen Akzentuierung des persönlichen Gewissens in dieser Sache, so daß dahinter zwei gravierende Sachfragen verschwanden, a) die Frage nach den objektiven Kriterien für den Eintritt einer Stunde des Martyriums, b) die Frage nach der Möglichkeit einer solchen Stunde, für die Kirche als solche und die Christenheit im Ganzen. Wie gesagt, dies alles wurde nicht expressis verbis gelehrt, aber es wurde atmosphärisch und mentalitätsmäßig derart nahegelegt, daß die Fragen nach den erwähnten Kriterien ernstlich in der kirchlichen Öffentlichkeit gar nicht auftraten. Einigermaßen klar gesprochen wurde nur über die Belange der kirchlichen Institution und deren Pastoral. Das ist weder unverständlich noch rundweg falsch. Falsch ist jedoch die Vorordnung dieser Pastoral vor das christliche Zeugnis in der realen Geschichte. Dabei degeneriert Pastoral unvermeidlich zu einer Art religiöser Domestizierung, und die Kirche verliert ihre genuine Präsenz.

2. Gefangenenwache

Es war, wie gesagt, nicht weit von Lingen. Dort befanden sich dicht nebeneinander zwei sehr große Gefangenenlager, eins für die Franzosen und eins für die Russen. Das Franzosenlager wurde nach den Regeln der Genfer Konvention geführt. Im Lager gab es Schul-, Lehr- ja sogar Universitätsbetrieb. Unwürdig behandelt wurden jedoch die französischen Juden. Sie waren dazu verurteilt, ohne jede Ablösung Tag für Tag, die Fäkalien wegzuschaffen.

Im Unterschied zum Lager der Franzosen war das der Russen ein reines Vernichtungslager. Die Gefangenen ließ man systematisch verhungern. Jeden

Morgen, wenn der wachhabende Offizier unsere Soldatenunterkunft betrat, war seine erste Frage: „Wieviel sind diese Nacht kaputtgegangen?“ Und wenn ihm die Zahl genannt wurde, war seine regelmäßige Erwiderung: „Was? Mehr nicht?“ Und es folgte ein Fluch oder eine entsprechende Bemerkung. Es war offensichtlich, hier wurden nicht Kriegsgefangene festgehalten, hier sollten sogenannte Untermenschen systematisch zugrundegerichtet werden. So mußte man sich die Frage stellen: Konnte, durfte man als Christ in einer Armee weiter dienen, die sich das Recht zu einer solchen Gefangenenbehandlung anmaßte? Mußten nicht selbst diejenigen, welche diesen Krieg für gerecht oder zumindest schicksalhaft hielten, unter allen Umständen gegen eine solche Vernichtungspraktik protestieren und darauf bestehen, daß hier eine grundlegende Änderung eintreten müßte? Ich weiß heute nicht, ob ich diese Frage in voller Schärfe und in vollem Gewicht bei mir zugelassen habe. Ich vermute, daß hier ein Verdrängungsmechanismus bei mir einsetzte. Was ich getan habe, ist folgendes: Ich hielt engsten Kontakt zu meinen Gemeinschaften in der Heimat. Ich führte ein intensives spirituelles Leben, hatte etliche ausgezeichnete Bücher bei mir, kurz, ich baute mir eine geistliche Welt als Gegenwelt zu der der Lager und des Kommiß auf. Aber was war das? Auf der einen Seite die Welt der Lager und unser Wachdienst darin, auf der anderen Seite die intensive Spiritualität. War ich schizophren? War die Spiritualität ein ähnliches substanzloses Theater, nur eben andersherum als der Fahneneid? Mindestens im subjektiven Aspekt kann die Echtheit der Spiritualität kaum bezweifelt werden, aber wie war sie in Übereinstimmung zu bringen mit diesem skizzierten Wachdienst? Konnte man hier vielleicht von einer Art Katakombenexistenz unter nazistischen Bedingungen sprechen oder macht man sich mit einem solchen Deutungsversuch schlicht etwas vor?

3. Die berüchtigte Kundgebung im Sportpalast in Berlin

Diese Kundgebung ist bekannt. Sie gipfelte in einem Frage- und Antwortspiel mit den Massen, in der äußeren Form nicht unähnlich der Erneuerung des Taufgelübdes in der Osternacht. Berüchtigt ist unter anderem die Frage „Wollt ihr den totalen Krieg? Wollt ihr ihn totaler und radikaler, als wir ihn uns überhaupt nur erst vorstellen können?“ Und bekannt ist das frenetisch ekstatische Ja-Gebrüll der aufgeputschten Massen. Das Ganze war ein Wahnsinnsexzess. Goebbels soll in sein Tagebuch notiert haben: „Das war die Stunde der Idiotie.“ Es ist ihm zuzutrauen. Ich bekam diese Kundgebung während einer Sonderausbildung in Bonn am Radio mit. Was empfand ich damals an dieser Kundgebung als Signal? Genau kann ich das nicht mehr sagen. Es ist eher wahrscheinlich, daß ich Empfindungen und Gedanken späterer Jahre mit denen von damals vermengt habe. Deutlich war vor allem das Empfinden, daß hier eine Grenze überschritten wurde, die auch von den Nazis in dieser Offenheit und Öffentlichkeit zuvor noch nicht überschritten worden war. Denn ein totaler Krieg, der zwangsläufig das, was verteidigt werden soll, zur Disposition stellt, ist nicht hinnehmbar. Es war die faktische Ermächtigung der Massen zu Repräsentanten für ganz Deutschland. Damit war die Entmündigung des Volkes quasi kultisch vor aller Augen und Ohren angesagt und vollzogen. Nicht umsonst hieß es in der Goebbels-Rede „und dann ziehn wir in die Schlacht wie in einen Gottesdienst". Schließlich muß man auch bedenken, in welcher militärisch-strategischen Situation diese Kundgebung stattfand: am 18.2.43, 2 Wochen nach Stalingrad. Nach dieser Katastrophe und der immer deutlicher werdenden Unmöglichkeit, Deutschland, die Heimat, vor den sich ständig steigernden Luftangriffen unserer Kriegsgegner zu schützen, konnte, rational betrachtet, der Kampf keinen anderen Sinn mehr haben, als durch hinhaltende Rückzugsbewegungen eine Situation anzustreben, in der Verhandlungen für einen halbwegs erträglichen Frieden für Deutschland eventuell möglich würden. Mit dieser Kundgebung begab sich die deutsche Führung jeder Friedens- und Verhandlungsfähigkeit und -willigkeit. Hitlers bei seiner Kriegserklärung am ersten September 1939 angekündigter Selbstmord für den Fall der Niederlage wurde in dieser Kundgebung gestisch und mental gewissermaßen auf das ganze Volk übertragen und diesem aufoktroyiert. Damit zeigt sich, daß der Frieden ohne die Entmachtung der evident verbrecherischen Führung nicht zu erreichen war. Immer wahrscheinlicher wurde, daß für diese Führung das Ziel der Fristverlängerung ihres eigenen Lebens, ihrer Machtausübung und ihrer Vernichtungsaktivitäten längst Vorrang vor der Verteidigung des eigenen Volkes erhalten hatte. Man mag einwenden, dies alles sei vor der in Rede stehenden Kundgebung auch schon gegeben gewesen, allein im Zusammenhang mit der inzwischen eingetretenen militärischen und politischen Situation erhielt es mit dieser Kundgebung doch eine neue Qualität schamloser Offenheit und brutal-zynischer Öffentlichkeit. Was war in einer solchen Situation militärisch, politisch, ethisch und religiös gefordert?

II.

Die folgenden Fragen sollen helfen, einen gewissen Durchblick durch meinen eingangs erwähnten Prozeß von der Nazizeit bis heute zu ermöglichen. Die drei Fragen lauten:

1. Welche Bedeutung hätte damals eine fundierte moral-theologische und ethische Information über das Widerstandsrecht gehabt?
2. Gab es Daten in der Entwicklung des Dritten Reiches, mit denen objektiv für die Kirche das Martyrium unumgänglich geworden war?
3. Gesetzt, es gab solche Daten, was bedeutet es dann, daß sie nicht wahrgenommen wurden für unser damaliges und unser heutiges kirchliches Leben?

1. Widerstandsrecht

Zunächst wäre es unmittelbar nach der sogenannten Machtübernahme gar nicht um die Inanspruchnahme des Widerstandsrechts gegangen. Es ging zunächst um Wahrnehmung der legalen Opposition. Schon daran hat es gehapert. Die unmittelbar nach dem 30. Januar 1933 einsetzenden Praktiken der neuen Herren stellten eben deren Legalität aufs eindringlichste wieder in Frage. Dies wurde überdeutlich in dem Wort, mit dem Hitler den Wahlkampf zu den Märzwahlen bestritt. Er sagte „gleichgültig, wie die Wahl ausfallen werde, er werde die Macht nie mehr aus der Hand geben“. Damit aber war der legitime Spielraum eines Wahlkampfes definitiv überschritten. Im Zusammenhang mit den eben angedeuteten Praktiken konnte kein Zweifel sein, daß Hitler gesonnen war, dieses Wort wahrzumachen. Hier letztlich nachzugeben oder zu widerstehen, war also keineswegs eine Zweckmäßigkeitsfrage politischen Ermessens. Hier ging es staatspolitisch, rechtspolitisch und personalpolitisch um radikale Grundsatzfragen.

Unter keinen Umständen hätte es dazu kommen dürfen, daß alle bürgerlichen Parteien einschließlich des katholischen Zentrums im neu gewählten Reichstag am 26. März 1933 Hitlers Ermächtigungsgesetz zustimmten. Gewiß konnte man den Hitler der Judenausrottung noch nicht kennen, aber was man von Hitler und seiner Partei kennen konnte, die Programmatik („Mein Kampf“), die Methodik („Terror kann nur durch Terror gebrochen werden“), reichte vollauf, Hitlers Begehren entgegenzutreten, selbst dann, wenn man bereit war, auf Frist einem wirklich qualifizierten und integren Mann eine solche Ermächtigung zuzuerkennen, und nach Ablauf dieser Frist wäre in verfassungsrechtlich einwandfreier Weise vor dem Reichstag Rechenschaft über die Handhabung dieser Ermächtigung gegeben worden. (Dabei muß in Rechnung gestellt werden, daß die Rechtskoalition, welche Hitler trug, bei der Märzwahl nicht einmal die absolute Mehrheit erreicht hatte.) Mit größter Wahrscheinlichkeit wäre insofern eine Verweigerung des Ermächtigungsgesetzes de facto doch auf eine Inanspruchnahme des Widerstandsrechts hinausgelaufen. Die entsprechende nazistische Drohgebärde war ja auch eindeutig genug. Nicht umsonst waren im und um den Reichstag SA-Leute zuhauf versammelt. Man kann die Zustimmung zum Ermächtigungsgesetz nur als Kapitulation der bürgerlichen Parteien vor Hitler bezeichnen. Sie läßt sich auch nicht in der Rubrik „Politischer Irrtum!" notieren. So bleibt zunächst festzuhalten, ohne Bereitschaft, notfalls das Widerstandsrecht in Anspruch zu nehmen, war bei einem Mann wie Hitler und seiner Partei, die Rolle einer demokratischen Opposition ernsthaft nicht durchzuhalten. Schon insoweit wäre eine moralisch-theologisch und ethisch fundierte Information über das Widerstandsrecht von größter Bedeutung gewesen. Nun ist ein ethisches Implikat des Widerstandsrechts die Erfolgsaussicht des Widerstands. Konkret bedeutete das unter anderem, daß der Widerstand keinesfalls eine rein katholische Sache hätte sein können. Notwendig gewesen wäre vielmehr eine fundierte und breitestmögliche Kooperation mit allen human gerichteten und auf Rechtsstaatlichkeit bestehenden Kräften. Daß diese Kooperation und der betreffende Widerstand nicht zustande kamen, hatte einen Grund darin, daß ein Großteil der politischen Gruppierungen und Kräfte einschließlich des Zentrums kein substantielles Verhältnis zur Weimarer Demokratie hatte. Es rächte sich speziell, daß die Kirche sich in der Irrmeinung verfangen hatte, sie könne und dürfe sich gegenüber den Entwicklungen der Neuzeit einigeln und sich auf lehrmäßige und organisatorische Abgrenzungen beschränken. Übersehen hatte sie ihre Pflicht, einerseits den Wahrheitsgehalt der neuzeitlichen Entwicklungen eindringlich zu erfragen und anzuerkennen, andererseits ihre Mitschuld an den Irrtümern dieser Entwicklungen zuzugeben. Schließlich wäre es darauf angekommen, alle Kommunikations- und Kooperationsmöglichkeiten einzuüben und auszuschöpfen, die sich aus fundiert theologischen Gründen nicht definitiv verboten. Das hätte auch für Zusammenarbeit gegolten, die nur partiell möglich gewesen wäre. Diese Defizite hatten schon die bittere Folge gehabt, daß das große Menetekel des ersten Weltkrieges nicht wirklich begriffen worden war. Dabei dürfte kirchlich betrachtet in diesem Krieg nicht weniger zusammengebrochen sein als fast die geschichtliche Relevanz der gesamten Pastoral. Bei der Blindheit vor diesem Menetekel des ersten Weltkrieges kann es kaum verwundern, daß beide christlichen Kirchen nach 1933 geschichtlich und existentiell gesehen so gut wie gar nicht präsent waren. In jüngerer Zeit hat man gelegentlich speziell der damaligen katholischen Jugend den Vorwurf gemacht, daß sie dem Nationalsozialismus politisch nicht widerstanden habe. Obwohl die Tatsache unbestreitbar ist, halte ich diesen Vorwurf nicht für berechtigt. Aufgrund der genannten kirchlichen Defizite stand diese Jugend unter theologischen und kirchlich-strukturellen Prädefinitionen, die ihr die Möglichkeit zu politisch verantwortbarem Widerstand versperrt hatten. Im übrigen muß der, der diesen Vorwurf gegen die katholische Jugend erhebt, präzise sagen, was diese Jugend unter diesen Prädefinitionen konkret hätte tun können und tun müssen. Nach meinem Dafürhalten hat sich die Frage, ob die katholische Jugend zum Widerstand fähig und bereit gewesen wäre, konkret nie gestellt. Nach einiger Wahrscheinlichkeit hat für längere Zeit eine vorerst letzte Widerstandsmöglichkeit im Zusammenhang mit dem Röhm-Putsch 1934 bestanden. Nachdem auch diese Möglichkeit verpaßt worden war, kamen Jahre, in denen der Rat, den unter anderem Professor Lützeler gegeben hatte, nämlich sich aufzusparen, zu befolgen war. Dennoch wirkte sich das Fehlen der moraltheologisch zureichenden Information auch in dieser Zeit noch schlimm genug aus. Dieser Ausfall hatte unter anderem zur Folge, daß in unseren Köpfen und Herzen eine Ideologie Platz griff, welche die Wahrnehmung der tatsächlichen Realitäten weitestgehend verstellte. Ich meine die Ideologie, daß der Nationalsozialismus und sein Krieg ein uns auferlegtes Schicksal gewesen seien, innerhalb dessen wir uns zu bewähren hätten. Diese Ideologie hinderte uns zu begreifen, daß, wenn schon von Schicksal die Rede sein sollte, es nur darum gehen konnte, sich an diesem Schicksal zu bewähren und intensiv Ausschau zu halten nach allen Möglichkeiten, es zu wenden. Hätte sich dabei herausgestellt, daß diese Möglichkeiten verpaßt waren, so wäre die rückhaltlose Gewissenserforschung der hier ursächlichen persönlichen und strukturellen Sünde die vordringliche Aufgabe gewesen. Und der Sache nach wäre es darum gegangen, die hier fällige Analyse radikal in Angriff zu nehmen und sie in angemessener Weise zu ermitteln. Diese Bemühung hätte uns eine informatio geboten, in der wir eine zugleich spirituelle und politische Daseinsform als auch eine Einsichtigkeit gewonnen hätten, die uns geholfen hätten, den kommenden Entwicklungen zu begegnen. Diese Arbeit hätte unserer befristeten binnenkirchlichen Konzentration nicht im Wege gestanden. Im Gegenteil, sie hätte ihr den Realbezug gegeben; die in Rede stehende Ideologie aber machte objektiv gesehen unsere Kirchlichkeit zum Kompensationsmittel für die notwendige Arbeit der Analyse. Ideologisch gesehen trennte sie den neutestamentlichen Ruf in die Nachfolge von der neutestamentlichen Aufforderung ‚Betet ohne Unterlaß'. Nachfolge aber geht in solchem Beten nicht auf, sondern erst die Bemühung um die Nachfolge gibt dem Beten einen Sinn. Es ist also wohl schwerlich zu bestreiten: illegitim wurde die Ausschöpfung der Möglichkeiten legaler Opposition preisgegeben. Die mit der Zustimmung zum Ermächtigungsgesetz gegebenen politischen Fundamentalfragen wurden zu reinen politischen Zweckmäßigkeitsfragen denaturiert. Und die Frage der Inanspruchnahme des Widerstandsrechtes wurde nicht einmal in angemessener Gründlichkeit und Breite erörtert. Die Gewissenserforschung der diesen Versäumnissen zugrundeliegenden Schuld und eine sachgemäße Analyse dieses Versagens wurden im katholischen Raum durch binnenkirchliche Konzentration und entsprechende Spiritualität kompensiert. Kirchenpolitisch war man offenbar fixiert auf die Möglichkeit, durch einen baldigen Konkordatsabschluß die Institutionsrechte und -interessen wasserdicht zu sichern. Damit war die Vorordnung einer Domestizierungspastoral vor eine Pastoral des christlichen Zeugnisses in der Geschichte besiegelt. Ein Einwand muß hier noch kurz zur Sprache kommen: Es gibt den neutestamentlichen Ruf zum Verzicht auf jede Gewaltanwendung. Wie verträgt sich diese mit dem Widerstandsrecht? Diese Frage kann hier nicht ausführlich erörtert werden. Ein einziger Punkt sei herausgestellt. Der Weg zum völligen Gewaltverzicht ist immer der bessere. Dieser Weg kann legitim nur gegangen werden, wenn der, der ihn geht, zu dem Unrecht, welches den Widerstand erlaubt, unmißverständlich offen und öffentlich spricht. Wer diesen Weg geht, muß bereit sein, die ungerechte Gewalt, der er seinerseits die Gewalt des Notstands nicht entgegensetzen will, demonstrativ auf sich selbst zu ziehen und so an dem, was ihm auf diesem Weg widerfährt, das Unrecht öffentlich zu machen.

2. Das Martyrium

Spiritualität und binnenkirchliche Konzentration auf der einen Seite und die skizzierte Ideologie auf der anderen lebten und wirkten miteinander. Dennoch war die intendierte und geübte Kirchlichkeit nicht einfach sinn- und bedeutungslos. Wie im persönlichen Leben, so nagelt uns Gott auch hier nicht einfach auf unser Versagen fest. Freilich darf hinterdrein dieses Versagen nicht mit dem kompensiert werden, was dessen ungeachtet an Möglichkeiten eröffnet wurde. Immerhin dürfte auf der Hand liegen, daß unter anderem von wesentlichen Kräften der Jugendbewegung und darüberhinaus der katholischen Jugend insgesamt dieser Weg in produktiver Weise gegangen worden ist. Daß dieser Weg unter anderem auch mit Trivialitäten, theologischen Kurzschlüssen und nicht zuletzt mit kompensatorischem Imponiergehabe gegenüber den Nazis durchsetzt war, war beim Fortbestehen der genannten Ideologie unvermeidlich. Man darf schließlich nicht vergessen, daß die Pastoral nicht nur unter dem geschichtlichen Defizit stand, sondern daß sie darüberhinaus mühsam genug von liturgischer Bewegung und Bibelbewegung aus den neuscholastischen Verengungen und deren kitschig-sentimentaler Kompensation, zum Beispiel in Herz-Jesu und Herz-Mariae-Verehrung etc., herausgeholt werden mußte. Was von diesen genannten Bewegungen unter dem intensiven Einfluß Romano Guardinis, der Oratorianer aus Leipzig und anderen geleistet wurde, ja, was in dieser Beziehung nicht zuletzt auch ungeachtet aller notwendigen Einschränkungen und Bedenken von Ludwig Wolker und dem Jugendhaus Düsseldorf an fundierter Popularisierung geleistet wurde, kann so leicht nicht überschätzt werden. Ich kann hier nicht auf Einzelheiten eingehen, aber genannt werden muß ‚Der Herr' von Guardini. Natürlich ist auch ‚Der Herr' theologisch inzwischen überholt. Aber damals bedeutete er für uns einen völligen Neuzugang zu Jesus von Nazareth und seiner Befreiung aus der unterschwelligen monophysitischen Gefangenschaft, in die hinein ihn die Normalverkündigung und die Normalunterweisung der Kirche gebracht hatte. Insgesamt darf man hier wohl Karl Rahner recht geben, der meinte, ohne die Arbeit Romano Guardinis wäre das II. Vatikanische Konzil undenkbar gewesen und es dürfte kaum eine Anmaßung sein zu meinen, daß in zahlreichen informellen Gruppen und Kreisen aller Altersschichten existentiell wichtige Teile des II. Vatikanums vorweg genommen worden sind. Schließlich muß in diesem Zusammenhang auch bedacht werden,daß wir alle in einem doppelten Ghetto saßen. Einmal in der kirchlichen, oben angedeuteten, Einigelung gegenüber der Neuzeit, sodann in dem nazistischen Ghetto, wodurch wir von der gesamten politischen und kulturellen Weltentwicklung abgeriegelt waren. Man kann die hier angesprochenen Bemühungen nicht gerecht beurteilen, wenn man dieses zweifache Ghetto nicht in Rechnung stellt. Nun zu der Frage, ob es Daten gab, die ein längeres Verharren in der spirituellen Binnenkonzentration und der Position des sich Aufsparens nicht länger gestatteten. Das Wort ‚Datum' meint hier einen Entwicklungs- und Sachkomplex, der sich jeweils in einem kalendarischen Datum zuspitzt, aber nicht unbedingt isoliert auf dieses fixiert werden darf. In diesem Sinne ist das erste Datum die sogenannte „Reichskristallnacht" im November 1938, das zweite Datum ist Hitlers „Kriegserklärung" am 1. September 1939. Man hat gesagt, katholische Jugend habe sich dem Nazismus verweigert. Das ist nicht ohne weiteres abzustreiten, aber bei der Reichskristallnacht konnte bloße Verweigerung nicht genügen, hier war von der Kirche öffentlicher Protest gefordert. Und als es darauf ankam, nämlich als Hitler seine „Kriegserklärung" abgab, wäre strikte Gehorsamsverweigerung geboten gewesen. Eine Begründung dieser Überzeugung kann hier nur knapp angedeutet werden. Bei der Reichskristallnacht hatte man es nicht nur mit einer Aktion des ‚üblichen Antisemitismus' zu tun, sondern hier wurde die Sphäre des öffentlichen Rechts im Prinzip, und zwar nicht nur mit Worten, sondern in exzessiver Massenaktion zerstört. Sodann wurde die Dimension der Ethik im Kern verletzt; an die Stelle des eigentlichen Ursprungsortes des Ethischen, der personalen Freiheit, wurde eine Rasse gesetzt: die Juden als Inkarnation alles Negativen und Bösen schlechthin. Daß diese personale Dimension zugleich die anthropologische Ursprungsdimension des Glaubens sowie des Religiösen überhaupt ist, wäre ebenfalls zu beachten gewesen. Darüber hinaus hatten Kirchen und Christenheit mehr als genug Grund, durch ihre bleibende Verwiesenheit auf die Juden zu erinnern und zu begreifen, daß dieser Anschlag auf diese Menschen spirituell unmittelbar zugleich ein Anschlag auf sie selbst war. Schließlich war damit der Weg in eine Ausrottungsaktivität vorgezeichnet, die uns mindestens dazu hätte zwingen müssen, auf kontrollierbare Auskunft darüber zu bestehen, was jetzt mit den Juden geschehen solle. Nichts von all dem ist seitens der Kirchen und von unseren Gemeinschaften geschehen. Ungeachtet so mancher persönlichen Hilfsaktion, die in aller Stille geleistet wurde, fehlte der recht verstandene politische Einspruch, das Zeugnis in der politischen Dimension. Was nun den Krieg anbetrifft, so steckt man den Kopf in den Sand, wenn man sich damals wie heute darauf versteift, man habe den Unrechtscharakter dieses Krieges nicht erkennen können. Diese Einstellung verwechselt mögliche Erkenntnis mit nicht-möglicher Akteneinsicht. Wer das Verhalten der Nationalsozialisten in der Zeit vor ihrer sogenannten Machtübernahme im Blick hatte, wer Hitlers Politik seit der Machtübernahme beobachtet hatte, wer diese Politik im Licht der nazistischen Grundprogrammatik überdachte und diese Programmatik wiederum im Lichte der Praktik und wer dann die Kriegserklärung selbst hörte, in der nicht weniger angekündigt wurde, als die potentielle Vernichtung der jüdischen Rasse in Europa und Hitlers Selbstmord für den Fall der Niederlage, der konnte ethisch, moralisch und politisch nicht im Zweifel darüber sein, daß es strikt unerlaubt sei, diesem Führer in einen Krieg zu folgen. Hier ging es nicht mehr um politischen Widerstand, hier ging es unmißverständlich um Martyrium. Beim Martyrium geht es zumindest unmittelbar nicht um die Beseitigung zeitlich irdischer Übel. Es geht um die Bezeugung einer bestimmten Glaubenswahrheit durch die unausweichlich gewordene Hinnahme von Unrecht, Verwundung oder gar Tötung. ‚Gott ist die Liebe' heißt die Wahrheit, die behauptet wird und die bezeugt wird bis zur letzten Konsequenz, bezeugt vor dem und für den, der diese Wahrheit verneint, so weit, daß er den Zeugen zu vernichten trachtet. Der Märtyrer vollzieht diese Wahrheit. Das Grundmodell des christlichen Märtyrers vollzieht diese Wahrheit. Das Grundmodell des christlichen Martyriums ist das Martyrium des Stephanus.

Solange noch rational argumentiert werden kann in einer entsprechenden Auseinandersetzung, muß argumentiert werden und solange hat die Stunde des Martyriums nicht geschlagen. Es ist auch strikt geboten, sich dem Martyrium zu entziehen, also zu fliehen, solange dies möglich ist. Bei den anstehenden Daten war ein solche Flucht objektiv nicht mehr möglich, da man aus einer volkhaften und staatsbürgerlichen Mithaftung nicht heraus konnte. Nun gibt es hier einen ernstzunehmenden Einwand. Er besagt, das Martyrium ist eine Sache des Gewissens. Aber hier ist sorgfältig zu differenzieren:

a) Selbstverständlich ist das Martyrium eine Sache des Gewissens, aber es ist nicht das Gewissen, welche diese Stunde des Martyriums heraufführt; es ist das Gewissen, welches das Gekommensein einer solchen Stunde zu erkennen und dieser Erkenntnis zu folgen hat. Man kommt an der sachgemäßen Prüfung der Frage, ob eine solche Stunde damals gekommen war, keineswegs mit Berufung auf sein Gewissen vorbei. Wer mit Berufung auf sein Gewissen die sachgemäße Prüfung der Gebotenheit des Martyriums umgehen würde, gliche einem Menschen, der mit Berufung auf die Sehfähigkeit der Augen eben diese schlösse und dann folgerte, er habe nichts gesehen.

b) Selbstverständlich gibt es das Gewissen, das die objektiv gegebene Gebotenheit des Martyriums relativ schuldlos nicht erkannt hat. Aber ich meine, man darf sich auf diese relativ schuldlose Blindheit des Gewissens nicht zu intensiv berufen und nicht zu beruhigt verlassen. Wir müssen der Frage nachgehen, woher diese Gewissensblindheit kam und was wir zu tun hätten, um sie für Gegenwart und Zukunft nach Möglichkeit zu überwinden. Man kann schließlich mit Berufung auf sein irriges Gewissen selbst dann nicht einen Freibrief für Gegenwart und Zukunft im Namen dieses irrigen Gewissens ausstellen, wenn faktisch auch künftig oft genug mit solchem Irren zu rechnen sein wird.

c) Unter keinen Umständen können wir uns dahinter verstecken, daß das kirchliche Amt damals nicht so gesprochen habe, wie es sein Auftrag gewesen wäre. Das Martyrium steht nicht in der Verfügungsmacht des Amtes. Es ist unmittelbar Sache Gottes selbst, der durch die geschichtlichen Konstellationen spricht. Im übrigen stünde ein solches Sich-Verstecken denen besonders schlecht an, die damals unter dem Motto ‚Junge Kirche' dabei waren zu begreifen, daß sie nicht in erster Linie zur Kirche gehörten, sondern daß sie selbst Kirche sind und daß die Kirchenzugehörigkeit im Kirche-Sein als solchem fundiert ist. Man kann allerdings auch das kirchliche Amt nicht dadurch in Schutz nehmen, daß man meint, dieses habe aus pastoralen Gründen zu der objektiven Gebotenheit des Martyriums geschwiegen. Solche Gründe sollen wahrhaftig nicht bagatellisiert werden, aber man kann schließlich für keine noch so wertvolle pastorale Praktik und Intention den Preis des Evangeliums selbst zahlen. Das konkrete geschichtlich gebotene christliche Zeugnis hat Vorrang vor allen noch so hohen pastoralen Intentionen; auf einem anderen Blatt steht freilich die Frage, ob das kirchliche Amt nicht verpflichtet ist, alles in seiner Möglichkeit Stehende zu tun, um das Heraufkommen einer solchen Stunde des Martyriums zu vermeiden.

Damit sind wir unter anderem wieder beim Problem der rechtzeitigen Information über das Widerstandsrecht und darüberhinaus der angedeuteten kirchlichen Defizite bei der Auseinandersetzung mit der Neuzeit. Einer eigenen Prüfung bedürfte die Frage, was nach der Sportpalastkundgebung in Berlin geboten gewesen wäre. Nach meinem Dafürhalten war jetzt sowohl die Stunde des eigentlich geforderten generellen Widerstandes als auch die Stunde eines für die Kirche generell gebotenen Martyriums vorbei. Die für halbwegs normale Zeiten geltende weitgehende Übereinstimmung von personal verantwortetem Gehorsam mit Loyalität gegenüber den Institutionen löste sich zwangsläufig mehr und mehr auf. Der Staat war in der Hand von Verbrechern, die militärische Führung, soweit sie an jenem Verbrechertum nicht teil hatte, versagte vor der Aufgabe, zugleich jene Staatsführung zu entmachten und hinhaltend mit den Kriegsgegnern zu kämpfen, um so die Möglichkeiten eines erträglichen Friedensschlusses anzustreben. Die Großkirchen vermochten offenkundig nicht, das Evangelium richtig in die geschichtliche Situation zu stellen, sie vermochten es allenfalls noch zu zitieren. Das war zwar nicht wenig, aber dennoch hatten sie im Grunde nichts mehr, was sie sagen konnten: sie hatten buchstäblich nichts mehr zu sagen. Der Einzelne war auf sich selbst geworfen. Die entgegengesetztesten Verhaltensweisen konnten geboten sein. Das reichte vom vorläufigen Weiterkämpfen in der eigenen Truppe bis zum Desertieren zum Kriegsgegner, um der Entmachtung der Nazis dienen zu können. Was konkret geboten war, konnte nur an Ort und Stelle entschieden werden. Vielleicht darf man das Wort wagen, es sei die Stunde einer unvermeidlichen und insoweit legitimen Anarchie gewesen. Verpaßt war die Stunde der Kooperation im legitimen Widerstand. Verpaßt war die Stunde des an sich generell aufgegebenen Martyriums für die Kirchen. Ich meine, es sei eine Hauptaufgabe unserer Geschichte, als Deutsche, als Christen und als Kirche, ob wir verstehen und begreifen, warum wir diese zwei aufgegebenen Stunden verpaßt haben und ob wir daraus die richtigen Folgerungen ziehen. Für die deutschen Christen meiner Generation hängt von der Antwort auf diese Frage ab, ob unsere Bitten um die Barmherzigkeit Gottes privatistisch verengt bleiben und zu leeren Ritualen verkommen oder dieser Geschichte wirklich angemessen sind. Zum Abschluß dieses Punktes noch eine kurze Anmerkung.

Ich halte nun dafür, daß der ausschlaggebende Vorwurf, der uns gemacht werden kann und muß und den wir uns selbst machen müssen, nicht in erster Linie der ist, daß wir das damals objektiv gebotene Martyrium nicht geschafft haben. Für wirklich gravierend und ausschlaggebend halte ich, daß wir auch heute noch nicht wahrhaben wollen, daß wir über dieses Versagen mit allzu gutem Gewissen hinweggehen, daß wir nicht die Kraft aufbringen zu dem schlechten Gewissen, das uns gebührt. Nach wie vor hält uns dieses „gute Gewissen" unter dem ideologischen Bann, unter dem wir bereits damals standen. Dieser Bann wirkt sich in der Imagination aus, wir könnten uns in einer geschichtslosen Enklave um unser Heil bemühen. Die faktische Nachordnung des sogenannten konziliaren Prozesses unter alle möglichen Kirchenbelange ist meines Erachtens dafür ein deutliches Indiz.

3. Konsequenzen und Bewertung

Wie ist die von uns intendierte und geübte Spiritualität nach der faktischen Ignorierung der oben erörterten Daten zu beurteilen? Welche Konsequenzen sind in diesem Zusammenhang hier und heute zu ziehen? Es muß die objektive von der subjektiven Sphäre unterschieden werden. Objektiv war durch die faktische Ignorierung der genannten Daten die ganze Spiritualität uneigentlich geworden. Vielleicht darf man sie mit einer Art ‚Trockenschwimmen' vergleichen. Sie stand, so gesehen, unter dem Verdikt des Herrenwortes „nicht wer zu mir sagt ‚Herr, Herr', sondern wer den Willen meines Vaters tut, wird in das Himmelreich eingehen." Subjektiv sieht es ein wenig anders aus. Subjektiv dürfte diese spirituelle Intention und Übung nicht wenigen ermöglicht haben, unter den Bedingungen des Nazismus und des Krieges ein christliches Leben mindestens zu intendieren und sich vor direktem Abfall zu bewahren. Außerdem sind sie durch eine Gemeinschaftlichkeit bewahrt worden, die unter den gegebenen Verhältnissen wahrhaftig nicht wenig bedeutete. Nun schlägt die objektive Sphäre immer auf die eine oder andere Weise auf die subjektive Sphäre durch. Das zeigt sich unter anderem darin, daß es auch in aufgeschlossensten Kreisen nicht gelungen ist, sich dem wirklich zu entwinden, was Karl Amery in seinem Buch „Die Kapitulation" als katholisches Milieu diagnostiziert hat. Mindestens ist es nicht gelungen, diesem Milieu eine Kirchlichkeit entgegenzustellen, die in der Lage gewesen wäre, dieses Milieu sukzessive zu transformieren. Anders gesagt, die Tatsache, daß die Transformierung unserer Volkskirche in eine Kirche des Volkes hierzulande so schwer vorankommt, dürfte einen Grund in der angedeuteten objektiven Uneigentlichkeit unserer Spiritualität in der Nazizeit haben. Ein Indiz dafür ist die weitreichende Folgenlosigkeit der doch wahrhaftig nicht revolutionären Synode der Bistümer der Bundesrepublik 1971-1975. Im Zusammenhang damit steht ein schwerwiegendes Defizit der deutschen Kirche auf dem II. Vatikanischen Konzil. Offensichtlich ist es den deutschen Bischöfen und ihren Periti auf diesem Konzil nicht in den Sinn gekommen, eben in dieses Konzil ein Schuldbekenntnis, eine fundierte Analyse des Versagens der Kirche im Dritten Reich einzubringen. Wäre das von der deutschen Kirche geleistet worden, so wäre das Konzil nicht daran vorbeigekommen, diese deutsche Erfahrung und ihre Analyse auf maßgebliche Weise in ihre Arbeit aufzunehmen. Ich will versuchen, im folgenden stichwortartig an vier Punkten zu verdeutlichen, worum es dabei meines Erachtens unter anderem gegangen wäre.

a) Man hätte es zu tun bekommen mit der Ausarbeitung des Unterschiedes zwischen einer Pastoral der Erfassung und der Einordnung in primär binnenkirchliche Funktionszusammenhänge – und einer Pastoral der genuin kirchlichen Präsenz in der Geschichte, also der Vorordnung des christlichen Zeugnisses in der Tagesordnung der Geschichte vor die möglichst breite Erfassung von Menschen durch die kirchliche Institution.

b) Man hätte es zu tun bekommen mit dem Problem des Zusammenhangs von drei Dingen: der Tradition des Glaubens, einer existentiell aufrichtigen, analytisch harten und kontinuierlichen Revision der Hauptfehler der eigenen Geschichte und dem hör- und lernbereiten Dialog mit der nicht mehr gläubigen Moderne. Wohlgemerkt, um den inneren Zusammenhang dieser drei Aufgaben wäre es gegangen. Es genügt keineswegs, sie gewissermaßen mehr oder weniger unverbunden nacheinander oder nebeneinander anzugehen.

c) Eben dieser Zusammenhang hätte deutlich machen können, daß die damit gegebene Aufgabe überhaupt nicht erfüllt werden kann, solange die Kirche nicht daran geht, die verfassungsphilosophischen und verfassungsrechtlichen Einsichten der Neuzeit zu rezipieren und sie mit ihrer überkommenen hierarchischen Struktur so zu vermitteln, daß die konstitutive Bedeutung der personalen Freiheit für Glauben und für Sein, Leben und Wirken der gesamten kirchlichen Gemeinschaft eingesetzt wird. Man wäre so nicht daran vorbeigekommen, die entsprechenden strukturellen und kirchenrechtlichen Konsequenzen daraus zu ziehen. Damit im Zusammenhang wäre deutlich geworden, daß jede Beeinträchtigung dieser wesenhaften Freiheit und der ihr gemäßen

kirchlichen Struktur auf der Stelle eine Beeinträchtigung der Kirche selbst und ihrer Zeugniskraft bedeutet.
d) Schließlich hätte der Name ‚Auschwitz', das, was er sagt, und das, war er symbolisiert, Konsequenzen für die tradierte Gotteslehre bzw. für deren Verkündigung haben müssen. Schwerlich hätte man es gewissermaßen eindimensional beim allmächtigen Gotte belassen können. Dieser Begriff ist ja schon insofern nicht unproblematisch, als er nahelegt, die Macht Gottes zum All zu messen und dadurch von vornherein einzuschränken. Wichtiger aber dürfte es sein, daß das Infernalische in der Geschichte mit dem Konstrukt einer Zulassung durch Gott kaum noch verständlich zu machen sein dürfte. Es scheint so etwas zu geben wie eine innergeschichtliche Ohnmacht Gottes. Wichtig dürfte sein zu bedenken, ob sich bei einem Gott, der gerade nicht der aristotelische unbewegte Beweger ist, sondern die Liebe, ob sich bei diesem Gott alles Leid und aller Schmerz der Welt und der Geschichte sammeln muß. Wichtig dürfte sein, daß das dunkle und geheimnisschwere Wort „Eschatologie" auf eine Gottesmacht hinweist, die all unsere Vorstellungsmöglickeiten und Kategorien nicht nur quantitativ, sondern qualitativ weit hinter sich läßt. Denn Gott, der dann jede Träne abwischen wird, kann das ja wohl nicht tun in der Weise von Eltern, die mit guten Gründen ihren Kindern sagen: „Es war ja alles nicht so schlimm." Es war schlimm, und es ist schlimm, und der Gott, der in seinem tiefsten Zentrum diesem Schlimmen nichts anderes entgegenzustellen hat als seine geschichtlich quasi verspätete Allmacht, ist wahrhaftig nicht der Gott der biblischen Offenbarung und der jüdisch-christlichen Tradition.

Ich breche hier ab. Mein ganzer Versuch steht unter der Frage „Warum ich nicht vergessen kann". Ich habe versucht, einen Einblick in einige Reflexionen zu geben, die mich seit der Nazi-Zeit und in den Jahrzehnten danach über diese Zeit bewegen. Offen gestanden ist aber wichtiger als solche Überlegungen die Erinnerung an konkrete Menschen, die zum größten Teil seit langem, ja zum guten Teil bereits während des Krieges gestorben sind. Jeder von ihnen hat seinen Zeitzoll an Irrtum und Ungenügen gezahlt. Dennoch, wenn ich die Fähigkeit dazu besäße, hätte ich viel lieber als die vorstehenden Reflexionen einige von diesen damaligen Freunden und Freundinnen vorgestellt und ihren Weg nachgezeichnet. Sie haben ein ebenso seltsames wie wichtiges Zeugnis gegeben, sie haben gezeigt, wie man einen falschen Weg richtig gehen kann. Sie waren trotz allem Frauen und Männer des aufrechten Gangs.

Herbert Froehlich:
Drei Katholiken, ihre Kirche und der Friedenspfad

Der, dem gratuliert werden darf, gehört dem Jahrgang 1926 an. Das Thema Krieg und Frieden ist ein Teil seiner Jugend, er hat daraus für sich einen Lebensbegleiter gemacht.

Ein anderer, von dem mehr als 40 Jahre geschwiegen wurde, Angehöriger des Jahrgangs 1916, beendete sein Leben 1943 im Krieg, jedoch nicht auf kriegerische Weise. Es darf als Segen für uns gelten, daß die Erinnerung an ihn wieder erwacht ist.

Der schreiben darf, ist weitaus jünger. Geboren im Kriege, aufgewachsen in der Zeit der Wiederaufrüstung, in der Zeit der atomaren Bewaffnung der BRD, ohne davon Kenntnis zu nehmen. Ich bin Katholik wie der Professor Heinz Missalla, der uns bekannt ist, und der Malergeselle Hermann Keller, von dem zu erzählen ist.

Mich unterscheidet von beiden: diese haben ihr Lebensthema aus der direkten Leidenserfahrung des Krieges, mein Zugang ist diesem entgegengesetzt. Die Frage nach Krieg und Frieden, näherhin die Frage nach der Erinnerung an den Krieg und nach den Bedingungen, unter denen die katholische Kirche in der BRD an einem Frieden teilhat, wird in der Nachkriegszeit verschwiegen – wie die Namen der Menschen, die zur Wahrnehmung dieses Lebensbereichs Wesentliches beizutragen hätten.

Daß junge Männer zum Wehrdienst müssen, habe ich als Abiturient 1964 nur am Rande erfahren. Klassenkameraden betraf es, mich nicht. Zur Musterung, ja, aber dann schicke ich Semester um Semester den Schein, der ausweist, daß ich als kommender Religionsdiener zu den Wehrdienstausnahmen gehöre. Solche wie ich sind schon etwas Besonderes, das weiß auch der Staat. Ich bin nur unangenehm berührt, weil die ehemaligen Klassenkameraden jetzt so großspurig, so laut lärmend daher kommen, vom ‚Bund' reden und Maßbänder schwingen, mit denen sie jedem ihre Tage vorzählen. Ich war Mitglied eines katholischen Jugendverbandes, höre inzwischen Kirchengeschichte, Einführung in Philosophie, geistliche Vorträge, lebe in Vollpension. Nein, betroffen von irgendetwas bin ich nicht, Krieg, Wehrdienst, Verweigerung ..., für den Theologen kein Problem.

Gelegentlich spüre ich das Bedürfnis, diese Sonder-Welt der Nicht-Betroffenen zu durchbrechen. Moderne Literatur, Kontakte zu Studentengemeinde und Studentenparlament, erste diffuse Informationen von „Dritte Welt" weisen daraufhin. Den Vikar suchen einige Jahre später junge Männer auf, die darum ringen, als Kriegsdienstverweigerer staatlich anerkannt zu werden. Die Beratertätigkeit führt mich nach und nach ins Thema ein. Die Chance habe ich noch: ich verweigere ausführlich, als Mobilmachungspfarrer registriert zu werden. Militärpfarrer reisen von Vikar zu Vikar, um im „V-Fall" auch die Reservisten seelsorgerisch betreut zu wissen.

Die der Vikarzeit folgende Seelsorge für Zivildienstleistende führt mich einen guten Schritt weiter. Auf der Suche nach (katholischen) Anknüpfungspunkten für die jungen Kriegsdienstverweigerer im Zivildienst stoße ich auf die sorgsam gemiedene und verschwiegene Minderheit katholischer Pazifisten. Ein Freund hilft mir, die vielen Einzelkämpfer und kleinen Grüppchen zu entdecken, die nicht bereit waren, die Kultur des ungerührten Nicht-Wissens zu pflegen. Briefe von Reinhold Schneider an Georg Heidingsfelder lesen wir. Aus Angst vor dem katholischen Milieu blieben sie unveröffentlicht. Die greise Christa Thomas erzählt uns vom Friedensbund Deutscher Katholiken, der nach '45 nicht mehr erstehen sollte. Da wäre noch manche Biographie zu schreiben.

Katholische junge Christen, die als Kinder gelernt haben, das Leben zu teilen und eben nicht den Fremden auszugrenzen, die auf diesem Wege zu Verweigerern des Kriegsdienstes mit der Waffe werden, *sehen* das katholische Milieu, das sich in dieser Republik wohlfühlt, sich anpaßt, Verweigerer als Ruhestörer empfinden. Wohin können die sich wenden? Es gibt, wenn auch klein und wenig bekannt, die katholische Friedensbewegung Pax Christ. Sie ist damals in ihrer Mehrheit nicht pazifistisch orientiert. Immerhin werden da interessante Themen erarbeitet: Versöhnung mit Frankreich, mit Polen, mit Israel, Friedenspädagogik, neu ist: „Abrüstung und Sicherheit". Eine Reihe interessanter Persönlichkeiten arbeitet da mit, der Name Missalla wird mir das erste Mal genannt, im Zusammenhang mit dem Bensberger Kreis.

In dem Maße aber, in dem ich mit dem Friedensthema Lebenswirklichkeit hinter dieser unbetroffenen Kirche entdecke, läßt sich eine Fremdheit überwinden. Es gibt eine Alternative zum Auswandern: die Frage nach der Gerechtigkeit, dem Frieden hier stellen.

So kann ich als Kirchenmann in diesem Land leben. Es wird jetzt darauf ankommen, inwiefern eine Kirche wie die katholische die Fragen, die so aus der Sicht des Evangeliums immer wesentlicher erscheinen, die angesichts der wachsenden Weltarmut bedrängen müssen, inwiefern meine Kirche die Eigen-

art dieser Fragen zulassen kann. Daß in Münster J.B. Metz politische Theologie lehrt, plagt hierzulande das katholische Milieu kaum. Aus der Ferne höre ich von der Theologie der Befreiung reden. Das betrifft die Slums von Lateinamerika. Wer es heiß genug verträgt, geht dorthin.
Und hier? Wird hier nichts?

Pax Christi hat den Anspruch, Friedensbewegung auch in die Kirche hinein zu sein, aber viele Berichte teilen mir mit: Mach das mal! Kämpf' um die Berechtigung einer Pax-Christi-Gruppe in einer katholischen Ortsgemeinde, Du wirst schon sehen! Also Ortsgemeinde, geh in die Aufgabe eines Gemeindepfarrers hinein. Es bedarf der Autorität des Pfarrers, der Schulung (Training) in gewaltfreiem Denken und Handeln, es bedarf der Freunde, die Mut machen, aber immerhin: es kann gehen. Eine katholische Ortsgemeinde kann die Botschaft Jesu als des Friedensfürsten wohl verstehen und mit Gewinn für das eigene Leben aufnehmen.

Die Zeit der Gemeinde-Erfahrung wird ungefähr gleichzeitig bereichert durch zwei Botschaften. Sie sind in der Art völlig verschieden. Sobald sie sich begegnen, verstärken sie sich gegenseitig.

Die eine Botschaft ist die Einladung, die 1983 aus Vancouver vom Ökumenischen Rat an alle christlichen Kirchen geht:
sie sollten sich in einen konziliaren Prozeß gegenseitiger Verpflichtung (Bund) für „Gerechtigkeit, Frieden und Bewahrung der Schöpfung" einbinden lassen. – Über evangelische Pfarrer, über ökumenische Gruppen kam diese Botschaft an, sie entzündete unmittelbar die Sehnsucht: das wäre etwas, wenn auch unser katholische Kirche auf diese Weise erkennen könnte, was der Weg der Gerechtigkeit und des Friedens für sie selbst bedeuten müßte. Eine Einladung, gerichtet an Kirchenleitungen, ebenso wie an Gruppen und Gemeinden, das bedeutete eine formulierte Hoffnung: das Friedenszeugnis aus dem Glauben, nicht nur für engagierte Gruppen, die in der Großkirche auch ihren Platz am Rande haben, wie eben Pax Christi, sondern als Weg, zu dem Gemeinden eingeladen sind! Das könnte bedeuten: die belastende Erfahrung – ‚ich bin nicht betroffen, nicht gemeint' – könnte überwunden werden:
„Freude und Hoffnung, Trauer und Angst der Menschen von heute, besonders der Armen und Bedrängten aller Art, sind auch Freude und Hoffnung, Trauer und Angst der Jünger Christi" (GS 1).

Dieses kostbare Stück Bekenntnis und Programm des Vaticanum II könnte endlich ein Stück Wirklichkeit werden. Unglücklicherweise bietet sich die

Einladung des Ökumenischen Rates gerade zu einer Zeit an, da die Fortführung dieses Konzils so weit wie möglich verharmlost wird.

Die andere Botschaft kommt per Brief – von einem guten Menschen, mit dem ich gelegentlich in Konferenzen für Berater von Kriegsdienstverweigerern zusammengetroffen bin. Er schickt mir, was er über einen jungen Mann zusammengetragen hat, bei dessen Hinrichtungs-Tod im Juni 1943 er Zeuge war, als Kriegsarzt sein mußte.

Hermann Keller, Jahrgang 1916, geboren und aufgewachsen in dem Dorf Malsch bei Heidelberg, Malergeselle, einberufen an die Westfront.

Nach seiner ersten direkten Erfahrung mit dem Unrecht des Krieges an der Westfront desertiert er. Er findet Arbeit auf einem französischen Bauernhof, wo er nach dem späteren Zeugnis der Bauern lediglich Kost und Logis annimmt, keinen Lohn. Wie lang er dort arbeitet, um zu zeigen, daß er in den Franzosen keinen Feind sieht, ist uns nicht bekannt. Er wird entdeckt, eingefangen, kommt nach Fulda ins Militärgefängnis. Ein letztes Mal in seinem Leben trifft er die Mutter und die Schwester, geht mit ihnen zur Kirche, dann ins Kino (‚Schenkt man sich Rosen in Tirol'), empfiehlt die Mutter in ihrem Schmerz der Muttergottes auf dem Letzenberg nahe seinem Heimatdorf. Dies wird der Abschied vor dem Tode sein. Einem Einsatzbefehl in der Ukraine sucht er erneut durch die Flucht zu entkommen. Er wird gestellt, verurteilt, hingerichtet. Aus allen seinen Briefen geht die grundsätzliche Weigerung zu töten hervor. Weder seine Kirche noch sonst eine Autorität hatte ihn gelehrt, dem Kriege zu mißtrauen. Wohl pflegte die „Badenwacht", eine katholische Jugendorganisation, der er angehörte, eine Antipathie gegen die Hitlers. Auch wird berichtet, daß seine Mutter dem Dritten Orden des heiligen Franz von Assissi angehörte. Aber es ist nicht anzunehmen, daß sie davon wußte und ihrem Sohn weitergab, was diese fromme Vereinigung zu Lebzeiten ihres Gründers auszeichnete: die Mitglieder dieses Bundes verpflichteten sich in ihrem Gelübde, keine todbringenden Waffen zu tragen und halfen damit, die unseligen Städtekriege Italiens im Hochmittelalter zu beenden.

Die Geschwister des Hermann Keller verstehen seine Haltung nicht. Der Kriegspfarrer in der Todeszelle sucht ihm noch ein Schuldgefühl beizubringen. Er steht allein.

Die Dorfbewohner kennen seine Familie, kennen ihn, aber von seinem Tod, seinem Zeugnis, wird auch nach dem Kriege nicht gesprochen. Das Tabu wird ebenso durch den Schwager bestärkt, der selbst Soldat war, wie durch den späteren Ortspfarrer, der sehr unwillig reagiert, als ihm der Wunsch vorgetragen wird, daß für Hermann Keller oben vor der Wallfahrtskapelle auf dem Letzenberg ein Gedenkgottesdienst gehalten werden soll. – Der Respekt vor der Obrigkeit, vor der Pflicht, das Feindbild ‚Kommunismus', wie soll eine Kirche mit solchem Gepäck den Weg des Schalom entdecken?

Zunächst gilt es, diese Entdeckung zu wahren: es gab, es gibt Menschen wie Hermann Keller, die ihre Einsicht finden, wo ihre Lehrer erblindet sind. Die Chance, sein Gedenken dem von den Nazis verordneten und von der christlichen Ortsgemeinde sorglich gepflegten Schweigen zu entreißen, ist beglükkend, ein Anlaß zum Fest.

Und dieses Fest findet statt – als Gedenkgottesdienst, als Station auf einem Pilgerweg in den Tagen vor Pfingsten 1989, vor der Europäischen Ökumenischen Versammlung in Basel. Vom Friedens-Zeugnis des einzelnen als erwünschtem Hoffnungszeichen wird in den ökumenischen Erklärungen gehandelt. Eine Formel taucht auf, zuerst in Dresden, dann in Basel, als Zeichen der spezifischen Gemeinschaft (Koinonia) und des Dienstes (Diakonia) der Kirche in Seoul: *Ökumenische Schalom-Dienste.* Das wäre eine Sache, so könnte die Ökumene in Ortsgemeinden einziehen, die es ja schwer haben, sich beweglich zu halten. Wie ist das vorstellbar?

Ein Vergleich: ein frommer Muslim sieht sein Leben erfüllt an, wenn er einmal nach Mekka gepilgert ist.
Eine Frau, ein Mann, vom christlichen Glauben geprägt, könnte ebenso als Teil der eigenen Lebenskultur betrachten: wenigstens eine Zeit in meinem Leben will ich einen Dienst tun. Ich kann ihn tun als junger Mensch, in der Mitte oder am Ende meines Berufslebens. Ich möchte ihn frei tun, von keinem Staat verpflichtet; meine Kirche soll mich aussenden und wieder empfangen, der Ort und die Art meines Dienstes soll von einer Herausforderung der Gerechtigkeit, des Friedens, der Ehrfurcht vor Gottes Schöpfung bestimmt sein, die entweder von meiner Heimatgemeinschaft oder von einer uns verbundenen Gemeinde erkannt und angenommen ist.

Es kann offen bleiben, wie lange solch ein Dienst währen kann, welche Grenzen von Staaten, der Kirche, der Sprache und Kultur zu überschreiten sind, welche ökonomischen Bedingungen geregelt sein müssen: dies sollte jedenfalls nicht allein die Sorge dessen sein, die oder der sich da als Schalom-Bote auf den Weg macht.

Das wäre ein Beitrag der christlichen Kirchen zu dem, was Bernhard Häring als „gewaltfreie Weltkultur“ anspricht. Zum einen: Gemeinden, die sich auf dem Wege des Schalom wissen und auf diese Weise Lebensneugier zum Frieden wecken; zum andern: Frauen und Männer, die eine Zeit ihres Lebens Schalom-Boten sein wollen; und daraus wachsend zum dritten: einige, die daraus ihre Lebensberufung entdecken, dem Frieden in der Welt längere Zeit zu dienen – ein Friedensdiakonat könnte wachsen.

Der Ernst des einsamen, scheinbar verlorenen Friedenszeugnisses und die leuchtend schöne Vision: Kirchen auf dem Weg des Friedens, müssen zusammen gesehen werden. Auf dem Weg des Friedens gehen, der aus Gerechtigkeit wächst, heißt Gegnerschaft wecken. Menschen, Institutionen werden erkennen, daß diese Art Kirchen ihre Interessen berühren, sie nicht befürwortet, nicht hingenommen werden können. Kirchenvertreter, die nicht gewohnt sind, mit Repräsentanten des öffentlichen Lebens in Konflikt zu geraten, werden eilig ihre Inkompetenz in weltlichen Dingen feststellen: Ob ein Bankenboykott wirklich notwendig ist; ob Daimler Benz wirklich so als Rüstungs-Konzern denunziert werden muß?

Das Lebenszeugnis des Malergesellen aus Malsch sowie vieler anderer Zeugen ist unentbehrlich. Wer aus der Erfahrung dessen kommt, der nicht betroffen ist, braucht Menschen, die aus dem eigenen Leiden, aus erfahrener Ratlosigkeit schöpfen, die stets bereit sind, daraus nicht Ideologie, sondern sensibles, waches, dem Dialog offenes Erkennen werden zu lassen. Da muß dann der gewaltfreie Jesus nicht geschönt werden, er ist gegenwärtig.

Heinz Missalla ist derzeit Geistlicher Beirat der deutschen Pax Christi Sektion. Wir können uns nur darüber freuen.

Carl-Peter Klusmann: Im Blick auf den „Volkstrauertag“

Friedensimpulse und Umkehrbereitschaft im bürgerlichen Milieu

Heinz Missalla hat sie in unserer gemeinsamen Heimatgemeinde noch ebenso wie ich oft genug erlebt: die Tumba. Das ist die Attrappe eines Sarges, die früher anläßlich einer Beerdigung in der Kirche aufgestellt wurde. Über dieses mit schwarzen Tüchern behängte Holzgerüst wurde nach geltendem Ritus die Absolution gesprochen, die einem Verstorbenen zugedacht war. Dabei betete der Priester, Gott möge den Verstorbenen im Gericht verschonen: „Non intres in judicium cum servo tuo, Domine!“ Das Trauermöbel wurde feierlich mit Weihwasser und Weihrauch traktiert, das sollte der Seelenruhe des Verstorbenen förderlich sein.

Die Erinnerung an diesen sonderbaren Ritus kam mir immer wieder in den Sinn, als ich für den Volkstrauertag 1989 eine Ansprache auf dem Hauptfriedhof in Iserlohn vorzubereiten hatte. Vor allem das pseudo-militärische Ritual, das man bei einer solchen Gelegenheit oft erlebt, weckt leicht derartige Assoziationen.

1989: Das hieß 50 Jahre nach Kriegsbeginn. Es waren zugleich 80 Jahre nach Versailles. Wer konnte den Zusammenhang übersehen? Wolfgang Borcherts Wort habe ich nie vergessen: *„Zwischen Langemarck und Stalingrad lag nur eine Mathematikstunde.“* Das kann doch nur heißen, zu wenige hatten nach dem ersten Weltkrieg hinzugelernt. Zum Glück war das nach 1945 wesentlich anders. Dennoch kennt jeder Reste von Revanchismus und aktuelle Beispiele von Nationalismus. Als Gemeindepfarrer trifft man oft, vorzugsweise in privaten Gesprächen, auf solche Relikte der Vergangenheit, ja sogar auf braune Untertöne. Vor diesem Hintergrund war klar, daß mein Beitrag zum Volkstrauertag nicht unverbindlicher Konvention folgen konnte.

Eine Zwischenbemerkung zur vorliegenden Veröffentlichung sei gestattet. Nachdem mein Beitrag fertig war und ich die Liste der geplanten Artikel kannte, habe ich ein wenig bedauert, nicht die „Arbeitsgemeinschaft von Priester- und Solidaritätsgruppen“ (AGP) zum Thema gemacht, deren Geschichte seit 1969 und die Tätigkeit ihrer Mitgliedsgruppen dargestellt zu haben. Die AGP ist aus der Zusammenarbeit von Priestergruppen entstanden, aber seit Jahren nicht mehr auf Priester beschränkt. Sie fügt aber dem Spektrum kirchenkritischer Gruppen Wesentliches hinzu, das vor allem durch ihre Verwurzelung im „realexistierenden“ Katholizismus gegeben ist. So möge mein Text als Beispiel aus dem Alltag eines Gemeindepfarrers gleichzeitig ein Hinweis sein auf Bemühungen, die innerhalb der AGP nicht untypisch sind.

Nicht zuletzt möchte ich aber belegen, daß eine normale volkskirchliche Gemeinde mehr Gelegenheit bietet, die gesellschaftliche Relevanz des christlichen Glaubens kritisch zur Geltung zu bringen, als manchmal vermutet wird. Ich denke vor allem an Zeitgenossen, die ihre Erfahrungen von konkreter Kirche mehr an deren Rändern, vielleicht in den hierzulande existierenden Basisgemeinden oder nur in Basisgruppen machen.

Bevor ich meine Ansprache wiedergebe und einige Anmerkungen hinzufüge, möchte ich noch auf einen besonderen Umstand hinweisen. Der Volkstrauertag des Jahres 1989 war am 19. November. Zehn Tage zuvor war die Mauer in Berlin geöffnet worden. Seitdem überstürzte sich die Entwicklung in Deutschland und in Osteuropa. Ein gewisser Triumphalismus war in der Bundesrepublik nicht zu übersehen. Die Sowjetunion, eine der Hauptleidtragenden des zweiten Weltkrieges, schien nachträglich den von Deutschland begonnenen Krieg, das inzwischen auf der Seite des kapitalistischen Westens stand, verloren zu haben. Jedenfalls hingen Entwicklungen dieser Art in der Luft beim Volkstrauertag 1989. – Nun der Text meiner Ansprache:

„Vor 10 Tagen sei die Nachkriegszeit zu Ende gegangen, kann man hier und da hören. Wenn es so wäre: Kein Toter würde wieder lebendig und kein Verbrechen dürfte vergessen werden. Auch 50 Jahre nach Beginn des 2. Weltkrieges ist deshalb Anlaß zur Trauer, und zwar um alle Opfer der Kriege und der ungerechten Gewalt

Trauer ist mehr als ein unverbindliches Bedauern, eine vorübergehende Emotion. Gefordert ist nicht zuletzt die Anerkennung von Realitäten, den Verlust nicht zu verdrängen. Gefordert ist, dafür zu sorgen, daß Schäden behoben und Wiederholungen unmöglich werden. Das geht nicht ohne Aufrichtigkeit, ohne das Gewissen, erst recht, wenn die Trauer einer Zeit gilt, in der Gewissenlosigkeit herrschendes Prinzip war.

■ Erstmals habe ich vor 26 Jahren beim Volkstrauertag die Gedenkrede gehalten. Zum ersten Mal sprach jemand, der den Krieg nicht aktiv, sondern als Kind mitgemacht hatte. Damals stand die Trauer um gefallene Soldaten für viele im Vordergrund. Ich mußte vom verbrecherischen Krieg sprechen. Es gab zwar keine Kollektivschuld, aber auch keine kollektive Unschuld: Der Grundsatz „Befehl ist Befehl“ hatte als oberstes Gesetz ausgedient. „Wer nicht dabei gewesen war“, konnte der überhaupt mitreden? wurde damals gefragt.

Aber letztlich ging es nicht um die Vergangenheit und damit um einen Generationenkonflikt. Daß die Vergangenheit mehr durch die Brille augenblicklicher politischer Positionen gesehen wurde, war besonders deutlich geworden, als 1953 im Entschädigungsgesetz Opfer ausgegrenzt wurden, die man als solche nicht anerkennen wollte. Mitscherlich veröffentlichte 1967 sein Buch: Die Unfähigkeit zu trauern.

■ Immer mehr stellte sich neben der Frage, was geschehen war, die Hauptfrage, wie wir Späteren damit umgehen. Es entstand bald die „Frage nach der zweiten Schuld“, wo Opfer der Gewalt vergessen wurden. Unser Bundespräsident hat am 8. Mai 1985 auch solche Opfer in Erinnerung gerufen, die weithin vergessen werden: die ermordeten Sinti und Roma, die getöteten Homosexuellen, die umgebrachten Geisteskranken, Opfer des Widerstandes in allen von uns besetzten Staaten, erschossene Geiseln und die Zwangsarbeiter. Er nannte die Widerstandskämpfer aus der Arbeiterschaft, bei Gewerkschaften und die Kommunisten. Damit hat er ein weithin bestehendes Tabu verletzt. Denn viele davon sind z.B. bis heute nur halbherzig oder gar nicht entschädigt worden. Auch beim kürzlichen Polenbesuch des Bundeskanzlers hat es noch keine Entschädigung für die Zwangsarbeit polnischer Bürger im Dienst deutscher Firmen gegeben, Überlebende der KZ sind bis heute auf Spenden angewiesen. Iserlohn geht das Schicksal der faschistischen Arbeitssklaven besonders an, weil vor seinen Toren der Russenfriedhof auf dem Duloh liegt, wo mindestens 20.000 von ihnen begraben sind. Heute, um 15 Uhr, sind wir alle dort zur Gedenkfeier eingeladen.

■ Erst recht wurden Opfer aus dem Widerstand, vor allem wenn es politische Gegner waren, verdrängt. Das ist z.B. bei der Eröffnung der Ausstellung in der Gedenkstätte Deutscher Widerstand am Vortag des 20. Juli dieses Jahres in Berlin deutlich geworden, die übrigens auf eine Initiative R. v. Weizsäckers zurückgeht. Dort wurde Protest laut gegen die Erwähnung des „Nationalkomitees Freies Deutschland“, das im Osten gegen Hitler gekämpft hatte.

■ Jüngst wurden Bestrebungen bekannt, Denkmäler dem „Unbekannten Deserteur“ zu widmen. Sie sind auf laute Ablehnung gestoßen. Im 2. Weltkrieg sind 22.000 Soldaten wegen Fahnenflucht zum Tode verurteilt worden, 15.000 Urteile wurde vollstreckt. (Übrigens: Noch nie ist ein Jurist wegen der Beteiligung an Terror-Urteilen der NS-Zeit belangt worden.) Die Rehabilitierung der Deserteure wäre sicher kein Vorwurf an andere. Aber soll man ihnen gleich ein Denkmal bauen? Ihre genauen Motive sind im Einzelfall unbekannt. Andererseits gibt es überall Denkmäler für den „Unbekannten Soldaten“. Wer fragt nach deren Motiven? Das Verlassen der Hitler-Armee war ein „Widerstand des kleinen Mannes“. Es werden Erinnerungen an den Remer-Prozeß 1952 wach. (Der frühere Generalmajor von Hitlers Gnaden Remer hatte die Männer des 20. Juli als Landesverräter beschimpft.) Damals erklärte Fritz Bauer als Staatsanwalt: „Am 20. Juli 1944 war das deutsche Volk total verraten, verraten von seiner Regierung, und ein total verratenes Volk kann nicht mehr Gegenstand eines Landesverrates sein. Genau so wenig, wie man einen toten Mann durch einen Dolchstoß töten kann.“

■ Warum betone ich heute an erster Stelle die vergessenen Opfer? Ich denke, der Volkstrauertag würde sonst unglaubwürdig. Denn wir trauern nicht um einige mehr, andere weniger, ob ehemalige Soldaten oder Kommunisten. Es geht nicht um Politik sondern um Moral und Gewissen, es geht nicht um unsere Interessen, wer dem einen näher und dem anderen weniger nahe stand, sondern um den Menschen. Mit der Solidarität für alle, die um ihre Würde als Menschen oder ihr Leben gebracht wurden, steht die Würde aller Opfer auf dem Spiel.

Die Fähigkeit zu trauern gewinnen wir nur, wenn wir heute und in Zukunft auf der Seite aller stehen, deren Rechte verletzt werden, auf der Seite von Juden nicht weniger als von Nicht-Juden, auf der Seite von Ausländern nicht weniger als von Deutschen, auf der Seite von Andersdenkenden nicht weniger als von Unseresgleichen.

Grund zur Trauer haben wir nicht nur, weil so viele umgebracht und Menschen um ihre grundlegendsten Rechte betrogen wurden. Grund zur Trauer haben wir vor allem, weil wir uns schämen, daß das alles geschehen konnte, weil die Verbrecher, die unser Volk regierten, sich die Vollmacht anmaßten, zu entscheiden, wer das Recht habe zu leben oder nicht, zu bestimmen, was in unserem Land Recht sei und was Unrecht, und – fast alle gehorcht haben.

Volkstrauertag kann nur heißen: Nie wieder Faschismus und nie wieder Krieg! Nie wieder darf in unserem Volk Recht Unrecht und Unrecht Recht sein!“

Ich brauche sicher nicht hervorzuheben, daß ich um 14 Uhr desselben Tages auf dem erwähnten Russenfriedhof am Duloh niemanden von denen wiedergesehen habe, die am Vormittag bei der offiziellen Feier zum Volkstrauertag waren. Mir scheint, in der Bundesrepublik (die Kirchen eingeschlossen), sind wir eine gespaltene Gesellschaft, die sehr unterschiedlich mit der deutschen Vergangenheit umzugehen pflegt und deshalb auch zu gegensätzlichen Positionen in zentralen Fragen kommen muß. Heinz Missalla, den diese Schrift ehren will, hat es dabei nie an Eindeutigkeit und Entschiedenheit fehlen lassen.

Welche faulen Kompromisse die deutsche Oberkirche hier immer noch versucht, hat man am Jahrestag des Kriegsbeginns, am 1. September 1989, erlebt. Das befreiende Wort blieb ungesprochen. Der Vorsitzende der Bischofskonferenz sprach zwar von den Gewissenskonflikten der Soldaten und verlangte Umkehr. „Viele Deutsche, auch aus unseren Reihen“, hätten sich vom Nationalsozialismus verführen lassen, wiederholte er die bischöfliche Erklärung vom 23.8.45. Daß die kirchliche Obrigkeit durch ihre Unterstützung des Hitlerkrieges die Katholiken selbst in die Irre geführt hatte, wurde weiterhin verschwiegen. Diese Erbsünde zeitigt nach wie vor ihre Folgen, wo immer das kirchliche Establishment sich heute unfähig zeigt, zu den gesellschaftlichen Fragen der Gegenwart hilfreich das Wort des Evangeliums auszurichten. Als Beispiel genüge die Frage der Gewaltlosigkeit und der Kriegsdienstverweigerung.

In die aktuelle Politik verflochten ist die Frage, wie unser Staat die Opfer der NS-Gewalt behandelt. Noch jüngst hat Bundeskanzler Kohl die Anerkennung der Oder-Neiße-Grenze abhängig machen wollen von einem erneuten Verzicht Polens auf „Reparationen". Dabei war anscheinend auch an die Entschädigung gegenüber den Überlebenden deutscher Zwangsarbeit, der Vernichtungspolitik, Konzentrationslager, medizinischer Experimente und Zwangsgermanisierung gedacht. Wie erschütternd das Schicksal der betroffenen Menschen bis auf den heutigen Tag ist, kann man vom Maximilian-Kolbe-Werk (7800 Freiburg, Karlstr. 10) erfahren, das 1964 aus einer Solidaritätsaktion von Pax Christi entstanden ist. Das Maximilian-Kolbe-Werk unterstützt diese Opfer aus privaten Spenden.

Wie unzulänglich und widersprüchlich darüber hinaus das Verhalten der Bundesrepublik gegenüber NS-Opfern ist, darüber gibt die Aktion Sühnezeichen/Friedensdienste (1000 Berlin, 12, Jebensstr. 1) Auskunft mit dem Taschenbuch „Alle NS-Opfer anerkennen und entschädigen". Im Athenäum-Verlag Frankfurt ist 1988 von Christian Pross erschienen: Wiedergutmachung. Der Kleinkrieg gegen die Opfer.

Der in der Ansprache erwähnte Russenfriedhof auf dem Duloh (einer Anhöhe zwischen Iserlohn und Hemer) gehörte zum größten Kriegsgefangenenlager im deutschen Reich, Stalag (Stammlager) VI A genannt. Von dort wurden Kriegsgefangene und Zwangsarbeiter in Fabriken und Zechen des Ruhrgebietes ausgeliehen. Die Lebens- und Arbeitsbedingungen waren mörderisch. Die meisten Bürger beider Städte wissen heute noch nichts von dem Greuel, der sich vor wenigen Jahrzehnten in ihrer Mitte abgespielt hat. Die „Bürgerinitiative für Frieden und Abrüstung" in Hemer versucht mit einer bescheidenen Veröffentlichung gegen die Mauer des Nichtwissenwollens anzukämpfen.

Über die Breite des wenig bekannten nicht-bürgerlichen Widerstandes gegen das NS-Regime informiert Barbara Beuys (Vergeßt uns nicht, Rowohlt 1987). Zum Thema Deserteure im Zweiten Weltkrieg gibt es eine wohlfeile Materialmappe von Publik-Forum.

Reißt man mit einem Beitrag zum Volkstrauertag, wie er oben dokumentiert ist, nicht unnötig alte Wunden auf? Dieser häufig gehörten Frage darf vor allem ein Seelsorger nicht ausweichen. Ich bin jedoch überzeugt, daß nur Wahrhaftigkeit der Versöhnung und dem Frieden dient. Schönfärberei brächte die Opfer um ihre menschliche Würde, aber auch die Täter. Denn diesen würde unterstellt, eine solche Unredlichkeit geschähe in ihrem Interesse und sei in ihrem Sinne. Die Betroffenen können sich oft gegen diese fragwürdige Kumpanei nicht mehr wehren. Das letzte Urteil über die Schuld einzelner steht ohnehin keinem Menschen zu.

Nach dem Volkstrauertag 1989 sind bis zur Veröffentlichung dieser Festschrift für Heinz Missalla einige Monate vergangen. Die bisherige DDR muß mit dem Erbe von 40 Jahren fertigwerden. Eine gewisse Ähnlichkeit mit der Nachkriegszeit liegt auf der Hand. Der Wunsch, möglichst uneingeschränkt und über Nacht an den Segnungen des westlichen Kapitalismus teilnehmen zu können, könnte vergleichbare Auswirkungen haben wie die Restauration, die Mobilisierung für den Kalten Krieg und das „Wirtschaftswunder" zu Beginn der Bundesrepublik. Ob sie wieder einmal auf Kosten moralischer Sensibilität gehen und mit der Unfähigkeit zu trauern bezahlt werden?

Helmut Peukert: „Erziehung nach Auschwitz" – eine überholte Situationsdefinition? Zum Verhältnis von Kritischer Theorie und Erziehungswissenschaft*

Vor fast drei Jahrzehnten hat Theodor W. Adorno unter dem Titel „Erziehung nach Auschwitz" jene Sätze formuliert, die seitdem, sei es unter Zustimmung oder unter Widerspruch, wie ein schmerzender Stachel in der Erziehungswissenschaft gewirkt haben. „Die Forderung, daß Auschwitz nicht noch einmal sei, ist die allererste an Erziehung. Sie geht so sehr jeglicher anderen voran, daß ich weder glaube, sie begründen zu müssen noch zu sollen. Ich kann nicht verstehen, daß man mit ihr bis heute so wenig sich abgegeben hat. Sie zu begründen hätte etwas Ungeheuerliches angesichts des Ungeheuerlichen, das sich zutrug. Daß man aber die Forderung und was sie an Fragen aufwirft, so wenig sich bewußt macht, zeigt, daß das Ungeheuerliche nicht in die Menschen einge-

(Vortrag, gehalten auf dem 12. Kongreß der Deutschen Gesellschaft für Erziehungswissenschaft am 20.3.1990 in Bielefeld)

drungen ist, Symptom dessen, daß die Möglichkeit der Wiederholung, was den Bewußtseins- und Unbewußtseinsstand der Menschen anlangt, fortbesteht..... Man spricht vom drohenden Rückfall in die Barbarei. Aber er droht nicht, sondern Auschwitz war er."[1]

Zu diesen Sätzen gibt es eine Parallele in den autobiographischen Notizen Max Horkheimers. „Wir jüdischen Intellektuellen, die dem Martertod unter Hitler entronnen sind, haben nur eine einzige Aufgabe, daran mitzuwirken, daß das Entsetzliche nicht wiederkehrt und nicht vergessen wird, die Einheit mit denen, die unter unsagbaren Qualen gestorben sind. Unser Denken, unsere Arbeit gehört ihnen; der Zufall, daß wir entkommen sind, soll die Einheit mit ihnen nicht fraglich, sondern gewisser machen. Was immer wir erfahren, hat unter dem Aspekt des Grauens zu stehen, das uns wie ihnen gegolten hat. Ihr Tod ist die Wahrheit unseres Lebens, ihre Verzweiflung und ihre Sehnsucht auszudrücken, sind wir da."[2]

Wer heute die in ihrer Wirkungsgeschichte fast zur Formel erstarrte Wendung „Erziehung nach Auschwitz" oder überhaupt die Wendung „...nach Auschwitz" gebraucht, gerät unter den Verdacht, auf Kosten der Opfer eines ungeheuerlichen Vorgangs Relevanz für das eigene Tun oder die eigenen Überlegungen erschleichen zu wollen. Die Opfer können sich nicht mehr dagegen wehren, instrumentalisiert zu werden. Aber die Frage bleibt, ob die Ereignisse, für die das Wort Auschwitz symbolisch steht, tatsächlich epochalen Charakter in dem Sinn haben, daß mit ihnen eine geschichtlich neue Situation entstanden ist, in der bisherige Orientierungen in Frage stehen und neue sich aufdrängen oder gesucht werden müssen.

Denn in unserem Verhältnis zu Auschwitz tritt ein seltsames Phänomen hervor: je weiter wir uns historisch von ihm entfernen, desto ungeheuerlicher erscheint es. Der Historiker Christian Meier hat das so charakterisiert: „Mit jedem Tag wächst die Zahl derer, die an den Untaten jener Zeit nicht den geringsten Teil mehr hatten ... und zugleich (wächst) das Erschreckende, Grauenhafte der Verbrechen selbst."[3] Für die studentische Aufbruchbewegung von 1968 war das Erschrecken über den Nationalsozialismus noch ein Element im Generationenkonflikt und konnte dazu benutzt werden, überhaupt „bürgerliche deutsche Gesinnung, Lebensführung und Gesellschaftsordnung – und damit weite Strecken der deutschen Geschichte – allgemein in Zweifel zu ziehen".[4] Jetzt werden bald die Großeltern der nachwachsenden Generation nur noch Unbeteiligte sein. Trotzdem scheint Auschwitz an bedrängender Nähe noch

zu gewinnen. Diese Nähe wird uns nicht nur von außen aufgedrängt. Auschwitz selbst tritt in seiner Einzigartigkeit in der bisherigen Geschichte hervor. Jürgen Habermas hat das so formuliert:
„Auschwitz (ist) zur Signatur eines ganzen Zeitalters geworden – und geht uns alle an. Hier ist etwas geschehen, was bis dahin niemand auch nur für möglich halten konnte. Hier ist an eine tiefe Schicht der Solidarität zwischen allem, was Menschenantlitz trägt gerührt worden; die Integrität dieser Tiefenschicht hatte man bis dahin – trotz aller naturwüchsigen Bestialitäten der Weltgeschichte – unbesehen unterstellt. Ein Band von Naivität ist damals zerrissen worden – eine Naivität, aus der fraglos Überlieferungen ihre Autorität geschöpft, von der überhaupt geschichtliche Kontinuitäten gezehrt hatten. Auschwitz hat die Bedingungen für die Kontinuierung geschichtlicher Lebenszusammenhänge verändert – und das nicht nur in Deutschland.“ [5]

In den folgenden bruchstückhaften Überlegungen – und sie können angesichts dieses Themas nur Bruchstücke sein – möchte ich zunächst zu zeigen versuchen, in welchem Sinn Auschwitz als ein epochales Ereignis verstanden werden kann, das einen Epocheneinschnitt markiert und unser Verständnis von Wirklichkeit insgesamt erschüttert. Ich meine sodann, daß die Auseinandersetzung der Vertreter der ersten Generation der Kritischen Theorie mit diesem Ereignis, bei der sie zunehmend Motive der jüdischen Tradition aufnahmen, die Rezeption ihres Denkens in der Erziehungswissenschaft erschwert und teilweise verhindert hat. Und ich möchte schließlich einige der Fragen zu benennen versuchen, die sich mir auf diesem Hintergrund für eine ihre eigenen Grundlagen reflektierende Erziehungswissenschaft zu stellen scheinen.

Auschwitz als epochales Ereignis

Ein Ergebnis des sogenannten Historikerstreits 1986 bis 1988 scheint die Einsicht zu sein, daß die Behauptung der Einzigartigkeit der nationalsozialistischen Verbrechen nicht auszuschließen braucht, daß man sie „historisiert“; man muß sogar ihre Wurzeln aufzusuchen in der politischen Geschichte einer „verspäteten Nation“ und in ihren Defiziten an demokratischer politischer Kultur, in einer bestimmten Klassenkonstellation sowie in einer durch kulturelle Traditionen geprägten Unfähigkeit, Modernisierungsschübe produktiv zu verarbeiten; man muß darüber hinaus aktuelle politische Konstellationen beleuchten und solche Analysen mit quasi psychohistorischen Untersuchungen verbinden, für die sich tiefsitzende Überlebensängste, Todes- und Vernichtungsphantasien als treibende Kräfte enthüllen. Aber gerade einem solch detaillierten Studium langdauernder Grundströmungen und einmaliger, spezifischer Konstellationen können sich Grenzen zeigen, an denen Verstehen scheitert. Solche Grenzen zeigen sich offensichtlich dann, wenn es um die Vernichtungsmaschinerie der Lager und ihr Ergebnis geht, also um das, was wir mit „Auschwitz" bezeichnen. Vielleicht enthüllt sich erst dem Bemühen, das Scheitern des eigenen Verstehens zu verstehen, das, was damals geschehen ist.

Leo Löwenthal, ein Vertreter der ersten Generation der Kritischen Theorie, hat die Phänomene, um die es geht, zum Teil mit Verweis auf den unvergessenen Bruno Bettelheim, in dem Text „Individuum und Terror" zu benennen versucht. Die für das Anfangsstadium des totalitären Terrors typischen Massenverhaftungen sollen individuelle Differenzen auslöschen. Mit der Abschaffung legaler Verfahrensrationalität werden auch noch Reste von Orientierung und Kontinuität der Erfahrung abgeschafft; das Leben wird zu einer Kette von Schocks und von fragmentierten Erfahrungen. Unter diesen Schocks geht die Fähigkeit, mit differenzierten Gefühlen zu reagieren, verloren. Als elementare Reaktion bleibt der Kampf um Selbsterhaltung, der schließlich bei manchen – und das war viele das Furchtbarste – zu einer Assimilation des eigenen Verhaltens an das der Verfolger führt. Das Ende des Prozesses ist die Verwandlung von Menschen in Rohmaterial. [6] Deshalb gehören zu den traumatisierenden Bildern für heutige Besucher der Lager die Räume mit materiellen Überresten, etwa der Raum voller Schuhe, vor allem Babyschuhe, in Auschwitz und der Berg von Häftlingsbrillen in Mauthausen.

Robert Jay Lifton berichtet in seinem Buch über „Ärzte im Dritten Reich" über ein langes Interview mit einem jüdischen Zahnarzt, der drei Jahre in Auschwitz interniert war und die Verwertung des Zahngoldes vergaster Mithäftlinge zu überwachen hatte. Lifton schreibt: „Er ließ seinen Blick über das bequem eingerichtete Zimmer seines Hauses mit der schönen Aussicht auf Haifa schweifen, seufzte tief und sagte: ‚Diese Welt ist nicht diese Welt.'"[7]

Wer die Erfahrung der Lager gemacht hat oder sich mit dem Bemühen zu vestehen auf diese Erfahrung einläßt, gerät offensichtlich an die Grenzen des Verständnisses von Realität überhaupt. Erstaunlich ist deshalb nicht, daß es Tendenzen gibt zu leugnen, daß Auschwitz stattgefunden hat, sondern daß dies nicht viel häufiger geschieht.[8] Die Erfahrung dieser Maschinerie des Tötens ist offensichtlich eine so grundlegende Negation all dessen, was uns überhaupt zu lebendigen, bewußten, verstehenden und sozial handelnden Wesen werden läßt, daß unser Wirklichkeitsbewußtsein zusammenzubrechen droht. „Diese Welt ist nicht diese Welt." Was sich enthüllt, ist die extreme Verletzlichkeit und Störbarkeit einer Existenz, die nur im verstehenden Umgang mit anderen menschlich ist. Und es wird offenbar, was Menschen einander antun können, was sie gegen das tun können, wovon sie leben. Die strukturellen Voraussetzungen menschlicher Existenz treten in dem Augenblick in aller Schärfe hervor, in dem sie zerstört werden.

Daß dieser Angriff auf die soziale Konstitution menschlicher Existenz und menschlichen Bewußtseins systematisch und methodisch konsequent bis zum vernichtenden Ende durchgeführt worden ist, scheint die Bedeutung von Auschwitz als eines epochalen Ereignisses auszumachen, mit dem geschichtlich eine Schwelle überschritten worden ist. Das scheint der Grund dafür zu sein, daß der Holocaust inzwischen, wie Christian Meier es ausdrückt, „in den kleinen Vorrat der Grundvorstellungen eingegangen ist, die die Menschheit von der Geschichte (und von ihrer Selbstzerstörung – möchte man hinzufügen) hat".[9]

Auschwitz und seine Interpretation durch die Kritische Theorie

Wie ist die Kritische Theorie mit diesen Erfahrungen umgegangen? Ich meine, daß die Theoretiker der ersten Generation unter dem Schock dieser Erfahrungen ihren Ansatz wesentlich verändert und verschärft haben. Zwar haben Historiker und Interpreten aufgewiesen, daß es nicht möglich ist, die einheitliche Theorie oder das einheitliche System anzugeben, die so verschiedenartige kreative Denker aus so unterschiedlichen Disziplinen geeint hätten. Aber es gab Erfahrungen, die alle als beunruhigend empfanden, und dazu gehörte schon 1931, als die Gruppe zusammenfand, sowohl die Entstehung autoritärer Bewegungen und schließlich faschistischer Systeme in Süd- und Zentraleuropa wie die Degeneration der russischen Revolution zum Stalinismus. Wollte man diese Entwicklungen erklären, so genügte offensichtlich weder die Theorie von Marx über die Entwicklung kapitalistischer Gesellschaften noch die Interpretation der Entstehung neuzeitlicher Gesellschaften aus Prozessen der Rationalisierung und aus administrativ-bürokratischer Macht von Max Weber. Wenn man von einem harten Kern des Forschungsprogramms der Kritischen Theorie in ihrer ersten Phase, als vom „hard core of a research program" im Sinn von Lakatos, also von einem Paradigma, sprechen will, dann lag er in einem sozial-psychologischen Ansatz, der die Marxsche Gesellschaftstheorie mit Freuds Psychoanalyse verband und die Interdependenz von psychischen und gesellschaftlichen Tiefenstrukturen erklären wollte.[10]

Die Methodologie dieses Forschungsprogramms, in dem sich analytische Psychologie, kritische Gesellschaftstheorie und dialektische Philosophie verbanden, lag also durchaus in der Tradition jener „Hermeneutik des Verdachts", von der Paul Ricoeur später gesprochen hat und die für ihn durch Marx, Nietzsche und Freud begründet ist. Es ist wohl kein Zufall, daß zwei dieser drei Denker Juden sind. Denn diese Hermeneutik ist als solche von einer jüdischen Sensibilität geprägt, die das Ergebnis jahrhundertelanger Stigmatisierung ist und die sich selbst bei Bemühungen um Assimilation, ja Überassimilation durchhält. Es ist jener fremde Blick des Ausgesonderten, dem sich tiefliegende gesellschaftliche Mechanismen wie unter Röntgenstrahlen enthüllen und der die Soziologie etwa von Marx, Durkheim und Simmel bestimmt. Dieser Blick erlaubt es zugleich, die eigenen Reaktionen auf Stigmatisierung und ihre Mechanismen wahrzunehmen und distanziert zu analysieren, bis zu jenen unbarmherzig gegen sich selbst gerichteten jüdischen Witzen, die das Blut in den Adern gefrieren lassen können. Dieser Blick ist die Voraussetzung auch noch einmal für die Psychoanalyse und für jene moderne Literatur, die mit Franz Kafka in der ersten Hälfte unseres Jahrhunderts ihren bedeutendsten Repräsentanten gefunden hat.

Für diese „Hermeneutik des Verdachts" gilt auch das eigene Bewußtsein nicht mehr als Absolutes. Vielmehr wird der Cartesische Zweifel, wie Paul Ricoeur es einmal ausgedrückt hat, „in das Zentrum der Cartesischen Festung selbst" [11] hineingetragen. Aber gerade dadurch sollte in der ersten Phase der Kritischen Theorie ein umfassenderer Begriff von Bewußtsein und von Vernunft sowie das Konzept einer transformatorischen Praxis gewonnen werden, die gesellschaftliche und psychische Mechanismen zu durchbrechen und diese Vernunft zu realisieren erlaubte.

Unter dem Eindruck des Zweiten Weltkrieges und des beginnenden Holocaust verlor dieses Programm jedoch seine Überzeugungskraft. Der Verdacht richtet sich nun gegen den Begriff von Aufklärung und der Vernunft selbst. Die „Dialektik der Aufklärung", von Horkheimer und Adorno 1943/44 geschrieben und von Habermas als das „schwärzeste Buch"[12] der Kritischen Theorie bezeichnet, versucht, die Geschichte der menschlichen Kultur als Geschichte der Aufklärung und damit als Geschichte der Vernunft zu rekonstruieren. Vernunft gilt ihnen als das Vermögen, sich aus einem Naturzusammenhang zu lösen, zu ihm in Distanz zu treten und dadurch autonom zu werden. Diese Fähigkeit zur Distanzierung enthält jedoch zugleich die Möglichkeit, Natur, aber auch andere Menschen und schließlich sich selbst in das Objekt von Herrschaft zu verwandeln. Vernunft wird dadurch für Horkheimer und Adorno widersprüchlich. „Vernunft ... enthält die Idee eines freien Zusammenlebens der Menschen, in dem sie zum allgemeinen Subjekt sich organisieren und den Widerstreit zwischen der reinen und empirischen Vernunft in der bewußten Solidarität des Ganzen aufheben. Es stellt die Idee der wahren Allgemeinheit dar, die Utopie. Zugleich jedoch bildet Vernunft die Instanz des kalkulierenden Denkens, das die Welt für die Zwecke der Selbsterhaltung zurichtet und keine anderen Funktionen kennt als die Präparierung des Gegenstandes aus bloßem Sinnenmaterial zum Material der Unterjochung."[13]

Dieser Widerspruch ist für Adorno nicht zu überwinden. In einer der düstersten Passagen der „Negativen Dialektik" schrieb er zwanzig Jahre später: „Universalgeschichte ist zu konstruieren und zu leugnen. Die Behauptung eines in der Geschichte sich manifestierenden und sie zusammenfassenden Weltplans zum Besseren wäre nach den vergangenen Katastrophen und im Angesicht der künftigen zynisch. Nicht aber ist darum die Einheit zu verleugnen, welche die diskontinuierlichen, chaotisch zersplitterten Momente und Phasen der Geschichte zusammenschweißt, die von Naturbeherrschung, fortschreitend in die Herrschaft über Menschen und schließlich die über inwendige Natur. Keine Universalgeschichte führt vom Wilden zur Humanität, sehr wohl eine von der Steinschleuder zur Megabombe."[14]

Es ist diese Sicht, aus der Auschwitz als Endpunkt einer verhängnisvollen Entwicklung der europäischen und der menschlichen Kultur überhaupt erscheinen konnte: die Subsumtion von Dingen wie von Menschen unter formal identifizierende Begriffe, die gerade deren widerständiges Nicht-Identisches ausschalten; die gesellschaftliche Etablierung von konkurrierenden Systemen der Herrschaftssteigerung in Ökonomie und Politik, die alles für Zwecke der Selbstbehauptung in Dienst nehmen, auch eine auf instrumentelle Rationalität reduzierte Wissenschaft; schließlich die Verwandlung von Menschen in Material; und in all dem die Perversion der Vernunft zum Instrument von Herrschaft. Es ist diese Sicht, die die Rezeption zentraler Elemente der Kritischen Theorie in der Erziehungswissenschaft erschwert oder sogar verhindert hat.

Für diese Rezeption war es vielleicht ein zusätzliches Hindernis, daß die Theoretiker der Kritischen Theorie unter dem Einfluß einer äußersten Grenzerfahrung verstärkt auf jüdische Traditionen zurückgriffen. Ihr Anwalt war vor allem Walter Benjamin. Er hatte sich, angeregt durch seinen Freund Gerschom Scholem, schon während der zwanziger Jahre intensiv mit jüdischer Mystik beschäftigt. 1929 führte er mit Adorno eine Reihe von Gesprächen über das Verhältnis von avantgardistischer Kunst, historischem Materialismus und Theologie. Freilich war es für beide undenkbar, die geläufige theologische Sprache unmittelbar weiter zu verwenden. Dazu war in ihrem Bewußtsein das alttestamentliche Bilderverbot zu sehr mit der radikalen Kritik an jeder objektivierenden Metaphysik verschmolzen; dazu war aber auch das Motiv des historischen Materialismus zu stark, den geschichtlichen Prozeß aus der Perspektive seiner Opfer zu betrachten. Auch für theologische Rede galt der Satz, den Adorno später in der „Negativen Dialektik" formuliert hat: „Nichts kann unverwandelt gerettet werden, nichts, das nicht das Tor seines Todes durchschritten hätte." [15] Benjamin hatte dafür während seiner Auseinandersetzungen mit dem Surrealismus die Formel gefunden, daß „religiöse Erleuchtung" verwandelt werden müsse in eine „profane Erleuchtung, eine materialistische, anthropologische Interpretation". [16] Adorno nannte solche profane Erleuchtung „inverse Theologie" [17]

Kontroversen darüber, was damit gemeint sein könnte, gab es freilich auch innerhalb der Kritischen Theorie, so vor allem in der Auseinandersetzung zwischen Walter Benjamin und Max Horkheimer über die Abgeschlossenheit oder Unabgeschlossenheit der Geschichte, die ich für eine der bedeutendsten philosophischen und theologischen Kontroversen des 20. Jahrhunderts halte. [18] Horkheimer insistierte darauf, daß zu einer materialistischen Sicht der Geschichte gerade das Zugeständnis einer trostlosen Verzweiflung über das nicht wiedergutzumachende Unrecht an den Opfern der Geschichte gehöre. Er schrieb schon 1934: „Was den Menschen, die untergegangen sind, geschehen ist, heilt keine Zukunft mehr. Sie werden niemals aufgerufen, um in der Ewigkeit beglückt zu werden. Natur und Gesellschaft haben ihr Werk an ihnen getan, und die Vorstellung des Jüngsten Gerichts, in welche die unendliche Sehnsucht von Bedrückten und Sterbenden eingegangen ist, bildet nur einen Überrest des primitiven Denkens, das die nichtige Rolle des Menschen in der Naturgeschichte verkennt und das Universum vermenschlicht." [19] Walter Benjamin wandte ein – und er hat diese Sicht in dem letzten Werk vor seinem Selbstmord auf der Flucht vor der Gestapo, in den Thesen „Über den Begriff der Geschichte", entwickelt –, gerade das Eingedenken der Toten, der revolutionäre „Tigersprung ins Vergangene" [20] unterbreche die Kontinuität eines Zeitverlaufs, der als Fortschrittsgeschichte gedacht ist. Das entscheidende Stichwort ist das der „Unterbrechung". Der Augenblick der Erinnerung setzt die Ahnung einer anderen Konfiguration frei, die nicht einfach das Ergebnis einer linearen, herbeigezwungenen Fortschrittsgeschichte sein kann. Viel mehr erlaubt Benjamin sich nicht zu sagen. Insgesamt geht es hier bei Benjamin wie in den Schlußpassagen von Adornos Negativer Dialektik um eine Transformation von Metaphysik, Theologie und Historischem Materialismus in einem. Deutlich ist für sie auf jeden Fall: eine proleptische Solidarität mit zukünftigen Generationen kann es nicht geben ohne anamnetische Solidarität mit den Toten. Es sind die Argumente Walter Benjamins, auf die Jürgen Habermas zurückgegriffen hat, um deutlich zu machen, was humaner Umgang mit einer katastrophischen Geschichte bedeuten könnte.

Man wird nicht behaupten können, daß die Vertreter der ersten Generation der Kritischen Theorie ein in allen Dimensionen ausgearbeitetes Konzept vorgelegt hätten. Vielleicht ist dies ein Grund, warum in der Pädagogik, die gern fertige, auf Praktikabilität zugerichtete Konzepte von anderen Wissenschaften übernimmt, weder Benjamins geschichtsphilosophische Thesen noch Adornos Negative Dialektik und Ästhetik wirklich präsent sind. Aber mit diesen Texten ist ein Problemstand benannt, der auch die Erziehungswissenschaft betrifft.

Auschwitz, Kritische Theorie und Erziehungswissenschaft

Vor welchen Fragen ist die Pädagogik angesichts der Erfahrung von Auschwitz und angesichts der Anstrengung der Kritischen Theorie gestellt, wenn diese nicht nur eine von anderen Wissenschaften abhängige Rezeptionswissenschaft oder eine nur auf kurzfristige Praxisanforderungen reagierende Rezeptwissenschaft sein will, sondern eine fundamentale, im interdisziplinären Gespräch bedeutsame, sich ihrer eigenen Grundlagen vergewissernde Humanwissenschaft? Ich kann nur noch versuchen, einige dieser Fragen zu benennen.

Wenn tatsächlich Auschwitz jene Tiefenschicht „der Solidarität zwischen allem, was Menschantlitz trägt" betrifft, dann ist es eine vorrangige Aufgabe, die Strukturen und Voraussetzungen einer kommunikativen Welt zu untersuchen, in der Menschen mit unantastbarer Würde nicht nur gemeinsam leben, sondern aufwachsen und überhaupt zu eigenem Bewußtsein aufwachen können. Ich halte deshalb bei allen Vorbehalten im einzelnen das Bemühen von Jürgen Habermas im Ansatz für berechtigt, eine Rekonstruktion der Kritischen

Theorie auf der Basis der Analyse kommunikativen Handelns im Horizont einer von vornherein kommunikativen Vernunft zu versuchen.

Schon Emmanuel Levinas hat gegenüber der Tradition der Subjektphilosophie die Frage gestellt, ob das primäre Phänomen nicht das Auftauchen des anderen als eines störbaren und zerstörbaren Anfangs ist. Das wehrlose und verletzliche Antlitz des anderen sagt: „Du sollst nicht töten", nimmt mich dafür in Haftung und macht mich erst so zum antwortenden und verantwortlichen Subjekt. [21] Dies ist ein wechselseitiger Vorgang, mit dem jeweiligen Vorrang des anderen. Subjektivität ist nur als Intersubjektivität denkbar, und Freiheit ist von vornherein ein kommunikativer Begriff. Daß Subjektwerdung und Individuierung soziale Vorgänge sind, ist keine banale Behauptung.

Die vorgängige Kreativität und Freiheit des anderen zeigt sich in der Fähigkeit, im Medium einer historisch gewachsenen Sprache Wirklichkeit und sich selbst zu interpretieren. Die Weise dieser Interpretation trägt Züge unverwechselbarer Individualität. Die Leistung von Sprache – und das gehört zu den zentralen Einsichten der pädagogischen Tradition seit Schleiermacher und Humboldt – ist es, dem einzelnen gerade im Vorgang der Verständigung die unverwechselbare Individualität zuzugestehen und zuzusprechen. Ohne diese Einsicht wird der Begriff des Konsenses als Grundbegriff einer kommunikativen Ethik mißverständlich. Die Theorie eines pädagogischen Handelns, das Leben ermöglichen und die Voraussetzungen dafür sichern will, muß gerade auf dieser Einmaligkeit, ja sogar bleibenden Fremdheit des anderen insistieren und Freiheit als gegenseitige Ermöglichung von Kreativität begreifen. Intersubjektive Kreativität in einer nicht begrenzbaren, universalen Solidarität wäre normatives Grundprinzip eines solchen Handelns.

Deshalb kann Individuierung in diesem Sinn nicht einfach Vereinzelung bedeuten. Mir scheint es bedenklich, in welcher Weise die Thesen von Ulrich Beck [22] in der Erziehungswissenschaft rezipiert werden. Wenn aus der Analyse der „Risikogesellschaft" allein die These vom wachsenden Zwang zur Individualisierung herausgenommen wird, droht die Analyse der Existenz in unserer Gesellschaft nur noch zur Beschreibung der Reaktionen von Individuen auf solche Zwänge zu werden. Die entscheidende und kritische Frage ist ja aber erst, welche gesellschaftlichen Bedingungen zerstörend wirken. Die Aufgabe, die mit wachsender Dringlichkeit auf uns zukommt, ist ja wohl gerade in einer fragmentierenden und singularisierenden multikulturellen Gesellschaft nach der Auflösung traditionaler Lebensformen auf einem neuen Niveau und mit neuer Bewußtheit kommunikative Verhältnisse zu rekonstruieren, die Individuen stärken und widerstandsfähig gegen totalitäre Vereinnahmungen machen.

Die Schwierigkeiten, in die wir dabei geraten und die uns veranlassen könnten, die radikalen Analysen der Klassiker der Kritischen Theorie noch einmal zu verschärfen, lassen sich vielleicht auf folgende Weise erläutern. Ich halte zunächst die These für plausibel, daß der Übergang zu Hochkulturen und schließlich zu modernen Gesellschaften die Ausdifferenzierung von Handlungssystemen mit sich bringt, wie immer man den Systembegriff genauer bestimmen mag. Diese Handlungssysteme sind durch Steigerungsphänomene beherrscht, vor allem haben sie eine innere Tendenz zur Machtsteigerung. Der Machtbegriff ist mehrschichtig. Macht bezeichnet zunächst die Fähigkeit, mit einer Handlung bestimmte Folgewirkungen zu erzielen. Sie wird gesteigert durch die Erweiterung von Handlungsmöglichkeiten im Rahmen der allgemeinen kulturellen Entwicklung. Aber der Charakter von Macht wird erst deutlich, wenn sie – so sah es Max Weber – als die Fähigkeit auftritt, einen Willen in sozialen Konfliktsituationen auch gegen Widerstand durchzusetzen, wenn dabei die erweiterten Handlungsmöglichkeiten systemisch organisiert werden, wenn solche Machtsysteme in Konkurrenz zueinander treten und sich unter den Zwang stellen, in dieser Konkurrenz sich gegenseitig zu überbieten, indem sie ihre eigene Macht steigern. Die Erscheinungsform von Macht ist dann die sich steigernde Konkurrenz von Machtsteigerungssystemen im politisch-militärischen, im ökonomischen und im – von Medien bestimmten – kulturellen Bereich. Das Grundproblem unserer seit langem sich abzeichnenden geschichtlichen Lage scheint zu sein, daß diese Steigerungsmechanismen kaum mehr beherrschbar sind und mit ihren Rückwirkungen zur Selbstzerstörung zu führen drohen.

Ich halte es noch nicht für absehbar, was uns diese Situation abverlangt. Die Fragen, die dabei auftauchen, reichen weit über die Pädagogik hinaus. Theoretisch gewendet geht es um die Grundprobleme einer Theorie der Demokratie, der Ökonomie und der Kultur im engeren Sinn, also um nichts geringeres als um eine – prospektive – Kulturtheorie im umfassenden Sinne. Damit geht es aber auch um eine Bildungstheorie, die nach den notwendigen Handlungskompetenzen und der möglichen Identität von Individuen in einer dramatisch sich verändernden geschichtlichen Lage fragt.[23]

Ich möchte hier nur auf die Schwierigkeiten verweisen, in die wir allein schon geraten, wenn wir den Status und Charakter des professionellen pädagogischen Wissens zu bestimmen versuchen, das in unserer geschichtlichen Lage erforderlich wäre. Das läßt sich auf dem Hintergrund unserer bisherigen Überlegungen erläutern.

Unsere Situation und ihre voraussehbare Zuspitzung löst Überlebensängste und Todesphantasien aus. Robert Jay Lifton hat in seiner schon genannten paradigmatischen Studie „Ärzte im Dritten Reich" die psychische Struktur derer untersucht, die wissenschaftlich gebildet waren und sich dem Heilen verpflichtet hatten, in einem an Selbstbehauptung orientierten gesellschaftlichen System aber mit zu töten begannen. Die psychische Struktur, die dabei entsteht, bezeichnet er als „doubling", als Prozeß der Doppelung des Selbst. Das Selbst, das Normalität in alltäglichen persönlichen Beziehungen aufrecht erhält, spaltet unter dem Druck von kollektiven Todesphantasien von sich ein Selbst ab, das die Vorstellung der Überlebenssicherung durch „heilendes" Töten entwickelt. Die Ängste und Konflikte, die dadurch im ursprünglichen Selbst entstehen, werden durch das Selbst, das Lifton sich nicht scheut, das „genozidale Selbst" zu nennen, ausgeschaltet. Wissenschaftliches Wissen, das zunächst Antwort auf isolierte Ja-Nein-Fragen gibt und deshalb anfällig für ideologische Totaldeutungen ist, wird dabei für das genozidale Selbst und damit für das dominierende gesellschaftliche System in Dienst genommen. – Solche Untersuchungen könnten wohl ebenso für Physiker und Biologen, aber eben auch für Pädagogen und Juristen angestellt werden. So viele Probleme eine solche Deutung aufwirft, sie kann ein Stück weit das irritierende Phänomen der „Banalität des Bösen", wie Hannah Arendt das genannt hat, oder eben die Normalität des Ungeheuerlichen erklären.

Wie muß dann aber die Art von kritischer kommunikativer Rationalität bestimmt und in Bildungsinstitutionen verankert werden, die eine Instrumentalisierung wissenschaftlichen Wissens für ideologische Systeme verhindert, die vielmehr eine professionelle und persönliche Identität ermöglicht, in der wissenschaftliche, soziale und biographische Reflexivität integriert sind, die deshalb nicht durch Doppelung des Selbst stabilisiert werden muß, sondern zum Widerstand fähig ist, weil schon zur Grundstruktur der sie begründenden Rationalität eine Ethik universaler Solidarität konstitutiv gehört?

Mir scheint, daß wir auf solche Fragen nur Antwort finden werden, wenn wir Traditionen wie die der Kritischen Theorie und damit auch ein Stück jüdischen Denkens nicht aus unserer Weise des Denkens ausschließen. Es könnte sein, daß wir sonst die Fähigkeit verlieren, uns nicht nur zu unserer Geschichte, sondern auch zu unserer Zukunft und damit zu uns selbst denkend zu verhalten. Und das wäre dann ein später Sieg eines totalitären Systems.

Anmerkungen:

1) Th. W. Adorno, Erziehung nach Auschwitz, in: ders., Gesammelte Schriften, Bd. X/2, Frankfurt a.M. 1977, 674-690. 674.
2) M. Horkheimer, Notizen in Deutschland, hg. v. W. Brede, Frankfurt 1974, 213 (aus dem Aphorismus „Nach Auschwitz").
3) Ch. Meier, Vierzig Jahre nach Auschwitz, 2. Aufl. München 1990, 94.
4) Ch. Meier, a.a.O., 57.
5) J. Habermas, Eine Art Schadensabwicklung, Frankfurt 1987, 163.
6) Vgl. L. Löwenthal, Individuum und Terror, in: D. Diner (Hg.), Zivilisationsbruch. Denken nach Auschwitz, Frankfurt 1988, 15-25, 16-21.
7) R. J. Lifton, Ärzte im Dritten Reich, Stuttgart 1988, 1.
8) Vgl. Lifton, a.a.O., 3.
9) Ch. Meier, a.a.O., 48.
10) Vgl. H. Peukert, Pädagogik und Kritische Theorie, in: ZfPäd 30 (1983), 195-217.
11) P. Ricoeur, Die Interpretation. Ein Versuch über Freud, Frankfurt 1974, 46.
12) J. Habermas, Der philosophische Diskurs der Moderne, Frankfurt 1985, 130.
13) M. Horkheimer/Th. W. Adorno, Dialektik der Aufklärung, Frankfurt 1971, 76.
14) Th. W. Adorno, Negative Dialektik, Frankfurt 1966, 314.
15) Th. W. Adorno, Negative Dialektik, a.a.O., 382.
16) W. Benjamin, Der Surrealismus, in: ders., Gesammelte Schriften Bd. II, 1, Frankfurt 1980, 297.
17) Th. W. Adorno, Brief an Benjamin, 6. November 1934; zit. nach S. Buck-Morss, The Origin of Negative Dialectics. Theodor W. Adorno, Walter Benjamin and the Frankfurt Institute, Hassocks 1977, 282, n. 34.
18) Vgl. H. Peukert, Wissenschaftstheorie, Handlungstheorie, Fundamentale Theologie. Analysen zu Ansatz und Status theologischer Theoriebildung, 2. Auflage, Frankfurt 1988, 305 ff.
19) M. Horkheimer, Kritische Theorie, Bd. I, Frankfurt 1977, 198.
20) W. Benjamin, Über den Begriff der Geschichte. In: Ders., Gesammelte Schriften, Bd. I/2, Frankfurt a.M. 1980, 691-704.
21) Vgl. E. Levinas, Totalität und Unendlichkeit. Versuch über die Exteriorität, Freiburg – München 1987.
22) Vgl. U. Beck, Risikogesellschaft. Auf dem Weg in eine andere Moderne, Frankfurt 1986.
23) Vgl. H. Peukert, Die Frage nach Allgemeinbildung als Frage nach dem Verhältnis von Bildung und Vernunft, in: J.-E. Pleines (Hg.), Das Problem des Allgemeinen in der Bildungstheorie, Würzburg 1987, 69-88.

Joachim Garstecki: Übergänge: Volk, Nation und Kirchen im Prozeß der deutschen Einigung

Der evangelische Landesbischof von Sachsen, Dr. Johannes Hempel, hat 1990 auf einer Tagung des Ökumenischen Rates der Kirchen in Genf gefragt: „Welche Würde hat ein Volk? Inwieweit hat es einen christlichen Wert, einem Volk anzugehören, dessen man sich nicht zu schämen braucht – und wo beginnt überheblicher, ja verwerflicher Nationalismus?"

Die Fragen nach der Würde eines Volkes, nach dem Wert einer Nation und nach den Anfängen von Nationalismus sind durch den gewaltfreien Aufbruch der Deutschen in der DDR vom Herbst 1989 und durch seine eher gewalttätig zu nennende anschließende Vereinnahmung in den real existierenden Markt der BRD überraschend aktuell geworden. Sie haben eine öffentliche Brisanz durch unübersehbare Phänomene von Nationalismus und Ausländerfeindlichkeit in den neuen Bundesländern bekommen. Sie müssen schließlich, dem geweiteten Horizont christlicher Weltverantwortung entsprechend, im Kontext ökumenischer Einsichten aus dem konziliaren Prozeß bedacht werden.

Der Satz „Wir sind das Volk!" vom Oktober 1989 war deutlicher Ausdruck der wiedergewonnenen Souveränität des Volkes in der DDR. Dieses „Wir" richtete sich gegen den Machtanspruch der SED, alleinige Vertreterin des Volkes zu sein; mit diesem „Wir" wurden die Menschen der DDR von Objekten der Beherrschung durch eine Partei wieder zu Subjekten ihrer eigenen Angelegenheiten. Diese Subjektivität wurde geboren im Protest der Wahrheit gegen die Lüge, im Widerstand des Rechts gegen das Unrecht, im Aufstand der Freiheit gegen die Unterdrückung. Indem die Menschen die Ohnmacht der Mächtigen vorführten, gewannen sie ihre Würde zurück. Viele bedauern heute, daß dies so spät (und offenkundig zu spät) geschah. Ein Taxifahrer aus Erfurt meinte kürzlich resigniert: „Das hätten wir alles 20 Jahre eher haben können."

Die Würde des „Wir" resultierte aus einem emanzipatorischen Akt, nicht aus nationaler Bewußtwerdung. Bevor die Herbst-Revolution in der DDR zu einer deutschen Revolution werden konnte, war sie eine demokratische. Beides liegt keine sechs Wochen auseinander, ist aber im nachhinein von einiger Bedeutung für eine zutreffende Beschreibung der Ereignisse jenes Herbstes.

Wer - wie häufig im Westen - notorisch von der „November-Revolution" in der DDR spricht (aber wer tut das eigentlich noch?), verrät seine eingeschränkte Wahrnehmung. Vielleicht kam die „richtige" Revolution im Oktober zu plötzlich und war zu kurz, um wirklich wahrgenommen zu werden; vielleicht bleibt die nationale Revolution im November deshalb so nachhaltig prägend in der Erinnerung, weil sie die Überlegenheit des Westens demonstrierte und damit die kurzzeitig verrutschten Maßstäbe wieder korrigierte? Wie dem auch sei, das Ereignis wird durch die Geschichte bestätigt, und die Geschichte lehrt uns, daß demokratische Revolutionen in Deutschland immer die Ausnahme sind.

Das Bewußtsein, Deutsche(r) zu sein, ist in der DDR immer systematisch unterdrückt worden. Der monströse Begriff „DDR-Bürger" trat an die Stelle, wo ursprünglich „deutsch" gestanden hatte. Die Verstaatlichung des Volkes ging mit einer Enteignung alles Deutschen einher. Diese Enteignung ist von jenen Deutschen in der alten Bundesrepublik unreflektiert mitvollzogen worden, die in aller Regel Deutschland sagten, wenn sie ihre Bundesrepublik meinten. DDR hieß übersetzt „Der dämliche Rest" und kam praktisch nicht vor.

In der DDR sollte allein der „reale Sozialismus" zum identitätsstiftenden Kennzeichen der „DDR-Bürger" werden. Kein Wunder, daß der Zusammenbruch dieses „realen Sozialismus" nicht nur das Ende einer Partei, sondern auch das Ende des Staates DDR bedeutete. In das entstandene politische Vakuum strömte allerlei Deutsches mit umso größerer Wucht. Mit dem Ruf „Wir sind ein Volk!" haben die Menschen in der DDR nach dem 9. November 1989 wieder von ihrer schon verlorengeglaubten nationalen Identität Besitz ergriffen. Mit dem Ruf nach staatlicher Einheit Deutschlands haben sie die Entstaatlichung der DDR beschleunigt. Daß dabei aus der Bundesrepublik kräftig nachgeholfen wurde, ist ebenso wahr wie aufs Ganze gesehen unerheblich: Der nationale Charakter des Aufbruchs in der DDR folgte mit innerer Zwangsläufigkeit aus der Tatsache, daß die demokratische Revolution des Volkes ihren staatlichen Rahmen gesprengt hatte. Was dahinter zum Vorschein kam, war nichts anderes als die „Einheit der Nation".

In dem Maße, in dem sich die „Einheit der Nation" zu materialisieren beginnt, beginnen auch neue deutsch-deutsche Verteilungskämpfe und ein neuer deutscher Nationalismus. Die Würde des Volkes ging über der würdelosen Jagd nach der schnellen D-Mark verloren. War es das Kennzeichen der alten DDR, daß an Knappheit kein Mangel herrschte und damit alle und alles egalisiert wurden, so brachten die beginnenden Segnungen der Marktwirtschaft eine neue, so nicht gekannte Differenzierung zwischen Starken und Schwachen. Ihre ersten Opfer sind die Ausländer in der DDR. Die neugewonnene nationale Identität der Deutschen droht unversehens in einen schäbigen „DM-Nationalismus" abzugleiten, der sich Opfer sucht, wo er sie finden kann. Voraussetzung für diese nationalistische Fehlentwicklung war der völlige Ausfall einer öffentlichen Auseinandersetzung mit dem Phänomen von gesellschaftlichen Minderheiten Land. Was jahrzehntelang unterdrückt worden war, brach jetzt umso unkontrollierter hervor.

In den alten Bundesländern förderte die Angst um den eigenen materiellen Besitzstand eine Entfremdung gegenüber den „Landsleuten" aus dem Osten, ehe wirkliche Nähe zu ihnen entstehen konnte. Prof. Jens Reich vom Bündnis 90/Grüne erzählte kürzlich folgende Anekdote: Trifft ein Ostdeutscher einen Westdeutschen und sagt zu ihm: „Wir sind ein Volk!" Antwortet der Westdeutsche: „Wir auch!" An den Wurzeln solcher neu-deutschen Entfremdung stoßen wir auf die gleichen Motive, die in der ehemaligen DDR gegenüber den Ausländern wirken: Mangelndes wechselseitiges Verständnis und die Angst, als die „besseren Deutschen" zu kurz zu kommen. „Die Lage der Nation" ist unter den Deutschen durch Ent-Solidarisierung gekennzeichnet, zwischen Deutschen und Ausländern durch einen aggressiven Nationalismus.

Unbestreitbar ist die „Einheit der Nation" für die Deutschen in Ost und West gegenwärtig mehr ein Wissen, das etwas mühsam der politischen Dynamik der Vereinigung folgt, als eine lebendige Erfahrung, die diese Entwicklung politisch mitgestaltet. Das „einig Vaterland" blieb auch nach dem 3. Oktober 1990, dem Tag der deutschen Einheit, eine Nummer zu groß, als daß es wirklich schon erlebbar wäre. Was dagegen schon als Einheit erlebt wird, ist ein Gefühl der Zugehörigkeit zu Landschaften und Volksgruppen, die sich jetzt aus dem alten Einheitsstaat als selbständige Größen wieder herausbilden. Die alten Länderstrukturen sind wieder hergestellt worden. Die Greifswalder dürfen sich wieder Pommern nennen, die Sachsen hissen gleichsam zur Bestätigung ihrer Freistaatlichkeit die grün-weiße Fahne des sächsischen Königshauses, und die Eichsfelder haben einen symbolischen Massenexodus nach Westen inszeniert, um ihre Verbundenheit mit den bislang im Westen wohnenden Landsleuten zu dokumentieren. Gewaltsam unterdrückte Pluralität bricht auf, „Heimat" wird zur identitäsvermittelnden Bezugsgröße, wo die Nation noch seltsam anonym und unwirklich bleibt - und wo sie zunehmend bedrohlich wirkt. Die nie gelungene Identifizierung der „DDR-Bürger" mit „ihrem" Staat nach dem Motto „meine Heimat - die DDR“ gelingt nach fast 40jähriger Zwangsunterbrechung nahezu mühelos in alten, verlorengeglaubten Mustern...

Auch in den Kirchen war die „Einheit der Nation“ seit dem Mauerbau 1961 eigentlich kein Thema mehr. Der katholische Bischof Otto Spülbeck von Meißen hatte auf dem Kölner Katholikentag 1956 einen letzten Versuch unternommen, die ideologische Unvereinbarkeit von katholischer Kirche und sozialistischer Staatsdoktrin auf einen klaren Nenner zu bringen: Die Katholiken in der DDR leben in einem Haus, an dem sie nicht mitgebaut haben und dessen tragenden Fundamente sie für falsch halten. Daraus konnte konsequenterweise eigentlich nur die alte Exodusforderung abgeleitet werden: „Let my people go!“ Viele gingen damals in den Westen; jene, die dennoch blieben, mußten sich nach dem Mauerbau mit dem Gedanken vertraut machen, daß die DDR doch kein so kurzlebiges Provisorium sein würde, wie sie bis dahin geglaubt hatten.

Das faktische Arrangement der katholischen Kirche in der DDR mit dem sozialistischen Staat und seiner Partei hatte das Ziel, die unverzichtbaren Lebensfunktionen der Kirche zu sichern, jegliche Veränderung ihres Rechtsstatus in Richtung einer kirchenrechtlichen Verselbständigung ihrer Jurisdiktionsbezirke zu verhindern und durch eine unauffällige Diplomatie zu garantieren, daß die Lebensadern – mehr materielle als geistliche – zur Kirche in der Bundesrepublik nicht abgeschnitten wurden. Im großen und ganzen ist dieses Arrangement auch gelungen, allerdings um den Preis einer weitgehenden gesellschaftlichen Abwesenheit der katholischen Kirche, wenn man sie mit dem parallel eingeschlagenen Weg der evangelischen Kirchen in der DDR vergleicht. Daraus allerdings zu folgern, „Wir (die katholische Kirche, J. G.) dienten der Einheit unserer Nation“, wie es Kardinal Joachim Meisner (ehemals Berlin) in einem Interview vom Januar 1990 behauptete, ist angesichts des überaus mageren Befundes recht gewagt – und eher damit zu erklären, daß die katholische Kirche im Augenblick des politischen Aufbruchs in Richtung deutsche Einheit im Frühjahr 1990 in einen günstigen Fahrtwind gebracht werden mußte. Denn allein aus der Tatsache eines konsequenten „Sich-Verweigerns“ gegenüber den Souveränitätsansprüchen des sozialistischen Staates ließ sich noch kein nationaler Lorbeerkranz flechten. Die stets wiederholte Beteuerung, die katholische Kirche in der DDR sei „katholische Weltkirche in einem Land, nicht Landeskirche“, hätte, richtig verstanden, nicht nur Distanz zu den politischen Umarmungsversuchen der SED, sondern auch zum freiheitlich-demokratischen Staatswesen der Bundesrepublik erheischen müssen – eine, wie man weiß, irrige Annahme. Unverkennbar trägt die gesellschaftspolitische Ortung der katholischen Kirche in der DDR nach der Wende apologetische Züge. Sie soll im nachhinein die gesellschaftliche Abstinenz der katholischen Kirche rechtfertigen und ihren Weg in 40 Jahren DDR als den richtigen, ja einzig möglichen ausweisen. Dies fällt insofern leicht und kommt dem herrschenden Zeitgeist entgegen, als die evangelischen Schwesterkirchen mit ihrem Versuch einer gesellschaftlichen Ortsbestimmung als „Kirche im Sozialismus" fatalen Schiffbruch erlitten haben. Untergründig hat die positive Verhältnisbestimmung von Kirche und Nation, bezogen auf 40 Jahre kirchlicher Existenz in der DDR, eher Stellvertreter-Funktion für die weitaus wichtigere Frage nach der Art der Präsenz von Kirche in einer realsozialistischen Gesellschaft.

In dieser Frage sind die evangelischen Kirchen einen signifikant anderen Weg gegangen. Sie haben sich in ungewöhnlicher Deutlichkeit auf die gesellschaftlichen und politischen Realitäten in der DDR eingelassen. 1969, acht Jahre nach dem Bau der Mauer, trennten sie sich – nicht ohne äußeren Druck – von der evangelischen Kirche in Deutschland (EKD). Was auf eine Lähmung der Kirche zielte und längerfristig das „Absterben der Religion" beschleunigen sollte, erwies sich jedoch bald als Gewinn an Eigenständigkeit, Eigenprofil und innerer Freiheit. Die Synode des Kirchenbundes erklärte 1971, eine Kirche, die als „Zeugnis- und Dienstgemeinschaft" in der DDR leben wolle, müsse den Ort genau bedenken, an dem sie existiert: Nicht gegen diese Gesellschaft, nicht neben ihr, sondern mitten in ihr. Was später in der Kurzformel „Kirche im Sozialismus" auf einen allzu griffigen Nenner gebracht wurde, war in Wirklichkeit das Ergebnis einer sorgfältig überlegten und differenzierenden Ortsbestimmung, war bestimmt von einer Option für die wirkliche, uneingeschränkte Anwesenheit der Kirche in dieser DDR-Gesellschaft. Gerade in ihrer Kürze war freilich diese Formel nicht abgesichert gegen Mißverständnisse und Fehldeutungen. Aber Kirche in dieser so gestalteten Gesellschaft sein zu wollen, bedeutete eben nicht notwendigerweise Anpassung an den sozialistischen Staat und die Ideologie der SED. Kirche konnte, ohne ihr Kirche-Sein zu verraten, auch unter den Bedingungen des „realen Sozialismus" authentische Kirche sein.

Der Erfurter Propst Heino Falcke hat den Weg der Einwanderung der Kirche in die Gesellschaft der DDR 1972 so beschrieben: „Christus befreit aus der lähmenden Alternative zwischen prinzipieller Anti-Stellung und unkritischem Sich-Vereinnahmen-Lassen zu konkret unterscheidender Mitarbeit. Das ist gerade nicht eine Ideologie des Sich-Heraushaltens oder eines Dritten Weges. Es ist der Weg einer aus Glauben mündigen Mitarbeit, die von einer besseren Verheißung getragen ist, als der Sozialismus sie geben kann, die einen verbindlicheren Auftrag kennt, als Menschen ihn erteilen können, und die darum konkret engagiert ist."

Es wirkt vor dem Hintergrund einer solchen theologischen Interpretation wenig überzeugend, wenn der Weg der evangelischen Kirchen in der DDR im nachhinein zum historischen Sündenfall umstilisiert wird. Angesprochen auf die Rolle der Katholiken in der DDR als „Trittbrettfahrer der Protestanten" nach der Wende, antwortete der Bischof von Berlin, Georg Sterzinsky, auf dem Katholikentag 1990 mit dem Hinweis, die katholische Kirche habe „immer nein zum Sozialismus und nein zur 'Kirche im Sozialismus' gesagt". Der Makel der gesellschaftlichen Abstinenz der Katholiken sollte hier mit dem weitaus schlimmeren Makel des politischen Opportunismus der Protestanten aufgewogen werden. Leider leistet ein solches Aufwiegen nichts zur Beantwortung der Frage, wodurch Kirchen zu Subjekten gesellschaftlicher Veränderung werden. Es verdeckt eher das eigentliche Problem: Wieso konnten gerade jene Kirchen eine tragende Rolle bei der gewaltfreien Revolution in der DDR spielen, die sich auf die gesellschaftliche Realität dieses Landes eingelassen hatten? Wieso ging die Kraft zur Integration der unterschiedlichsten gesellschaftlichen Veränderungskräfte nicht von der katholischen Kirche aus, sondern ausgerechnet von den evangelischen Kirchen, die sich auf die riskante Berührung mit einem höchst fragwürdigen Sozialismus-Experiment eingelassen hatten?

Geht man dieser Frage nach, so macht man eine interessante Entdeckung: Die Fähigkeit der Kirche zum kritischen Nein wurde erst möglich auf der Basis ihres kritischen Ja zu dieser Gesellschaft. Aus ihrer Bereitschaft, sich einzulassen, erwuchs die Möglichkeit, sich auseinanderzusetzen; das Risiko des Einwanderns war die Voraussetzung für das Risiko des Widerstehens. So konnten die evangelischen Kirchen in der DDR eine erstaunliche Integrationskraft nach außen entwickeln und an vielen Orten zu Ausgangspunkten und geistiggeistlichen Zentren der Erneuerung werden.

Zu einer Nation gehört, wer sich zu ihr bekennt; zur Heimat wird einem, wozu man sich elementar zugehörig fühlt. Aber einen „christlichen Wert" (Bischof Johannes Hempel) haben Nation und Heimat ebensowenig wie die Zugehörigkeit zu einem bestimmten Volk. Christen wissen, daß ihr Glaube die Unterschiede zwischen Menschen, Völkern, Rassen und Klassen zu etwas Vorläufigem macht. „Da ist nicht mehr Grieche oder Jude, Beschnittener oder Unbeschnittener, Nichtgrieche, Skythe, Sklave, Freier, sondern alles und in allen Christus“ (Kol 3,11). Für Paulus ist das In-Christus-Sein die schlechthin bestimmende Realität, die alle anderen Unterschiede relativiert. Sie sind nicht zu leugnen, aber sie haben für Christen kein entscheidendes Gewicht mehr.

Diese Glaubensüberzeugung korrespondiert auf überraschende Weise mit dem säkularen Wissen von der Einheit der Welt und von der Unmöglichkeit, als Nation die Lebens- und die Überlebensprobleme dieser Erde allein lösen zu wollen. Die Ökumene der christlichen Kirchen in Europa hat das Bewußtsein der transnationalen Verbundenheit der Christen bekräftigt. Die Europäische Ökumenische Versammlung in Basel hat 1989 erklärt: „Als Christen leben wir in Gottes Bund mit uns und der ganzen Schöpfung. Wir gehören alle zu dem einen Leib Christi... Ihm, unserem Gott, sind wir zur vorrangigen Treue verpflichtet. Alle anderen Loyalitäten (gegenüber Staat, Kultur oder sozialer Gruppe usw.) sind demgegenüber zweitrangig...“ (Nr. 77). Ähnlich formuliert die Ökumenische Versammlung in der DDR im April 1989: „In der Spannung zwischen unseren staatsbürgerlichen Pflichten und unserer ökumenischen Verantwortung entdecken wir uns als Glieder des universalen Friedensbundes Gottes.“

Aus der Perspektive eines christlichen Universalismus hat es keinen christlichen Wert, einem bestimmten Volk anzugehören. Aber es ist zumindest für die Menschen nicht wertlos, zumal dann, wenn sie sich dieser Zugehörigkeit nicht zu schämen brauchen. Noch besser wäre es allerdings, Völker lebten so zusammen, daß sie sich voreinander weder zu schämen noch auf irgendetwas stolz zu sein bräuchten.

MIT ANDEREN AUGEN SEHEN

▶ **Publik-Forum** lesen. Das heißt: Mit anderen Augen sehen. In einer anderen, von Sachzwängen und Modetrends befreiten Sichtweise, die Gegenwart entziffern.

AUSBRUCH AUS ALTEN RASTERN

▶ Kampf und Kontemplation, Analyse und Betroffenheit, Aktion und Meditation, Dialog und Gebet, Kopf und Herz, Wandlung des Systems und des Bewußtseins. Das ist die geistige Linie, die Spiritualität von **Publik-Forum.**

▼

Publik-Forum, die Zeitung kritischer Christen, **erscheint 14tägig im Umfang von 40 Seiten. Mit dem nebenstehenden Coupon können Sie Publik-Forum befristet abonnieren. Das Abonnement verlängert sich nicht automatisch.**

3 ☐ **Monate für nur 20 DM.** **6** ☐ **Monate für nur 40 DM.** **8** ☐ **Monate für nur 50 DM.**

JA Ich bestelle **Publik-Forum** für ___ Monate zum Kennenlernen für nur _____ DM. Dieses Abo verlängert sich nicht automatisch.

NAME, VORNAME:

STRASSE:

PLZ: | ORT:

DATUM: | UNTERSCHRIFT:

☐ Ein Verrechnungsscheck liegt bei. ☐ Bargeld liegt bei.

Ich weiß, daß ich diese Bestellung innerhalb von 7 Tagen nach Absendung in schriftlicher Form widerrufen kann. Zur Fristwahrung genügt die rechtzeitige Absendung des Widerrufs.

DATUM: | UNTERSCHRIFT:

Coupon bitte ausschneiden und einsenden an: Publik-Forum, Postfach 2010, D-6370 Oberursel